"Déjame que te cuente…"

- En español -

Presentación

"Cada historia que no se cuenta, es una historia olvidada" escuché decir alguna vez… y eso me motivó a invitar a los colegas que he conocido a través de los años que hemos tenido la oportunidad de trabajar juntos en la evaluación de exámenes AP de español: a que no dejaran que su historia se perdiera en el olvido. Durante las breves pausas de las que disponemos en esa intensa jornada anual de trabajo a la que nos lleva nuestra profesión como maestros de español, poco a poco me llegaba a enterar de muchas historias personales, algunas fascinantes, otras terriblemente dolorosas y unas más tan cómicas que ocasionaban carcajadas al unísono. Ese ambiente enriquecedor y vasto se convirtió en una fuente inagotable de experiencias que a mi parecer tenían que mantener su propio lugar en la posteridad… y he aquí el primer intento.

La idea se transmitió a otros que comparten de igual modo la enseñanza de nuestra lengua materna, la separación de la tierra que nos vio nacer, la vida que dejamos atrás –con las vicisitudes que todo esto implica, y las ilusiones que todavía deseamos realizar para pensar que nuestro exilio, voluntario o involuntario, no ha sido en vano.

Ana María González

"Déjame que te cuente…"

Volumen I

- Antología -
Historias de inmigrantes hispanos

Compiladora y editora:
Ana María González
Asistente editorial:
Amalia Barreiro de Gensman

Chiringa Press
Seguin, Texas 2014

Portada: Niño nieve. República Dominicana, 2004.
Fotografía: Ana María González
Diseño: Michael Godeck

Volúmenes I, II y III en español
Primera edición 2014
©Ana María González et al.
chiringapress@gmail.com
Print: 978-1-61012-033-3

A los que vendrán...

Déjame que te cuente...

Coplas

Alicia Migliarini

Déjame que te cuente...
maestro, hermano, colega
que aquí te traemos sin tregua
memorias, vivencias, historias
de la más bella lengua de todas:
nuestro español, que como maestros
sentimos, impartimos y enseñamos... y todo de sí damos.

Y gustosos respondimos
al llamado de Ana María,
quien es un tornado de energía
y el pilar de esta antología,
pues ella nos ha convocado
a compartir nuestro rico legado
de trayectorias, vivencias, ponencias.

Déjame que te cuente...
latino amigo, colega lector
memorias de nostalgias y esplendor
recuerdos de nuestras tierras lejanas
pero a nuestro corazón muy cercanas
y por eso de compartirlas tenemos ganas.

Déjame que te cuente...
que nos une la hermosura de nuestra cultura
en alma, vida y corazón...
ya sea al ritmo de un danzón, reguetón, cumbia o ranchera,
bachata, bolero, tango, música dicharachera,

Déjame que te cuente...

merengue o chachachá, que más da.
Hermanos hispanos, latinoamericanos y americanos
unidos en un camino cual peregrinos
de amor por esta lengua castellana que tal campana
nos envuelve y nos auna tal cual una
gran familia hispana
con su hermosura arrastrándonos a la locura...

La de querer enseñar que es sinónimo de dar
de llevar, de llegar, de entregar y de amar,
sí, de amar a esta lengua y su cultura
que por su riqueza y belleza te atrapa, te embelesa
y te entregas a enseñarla como si fuera una promesa.

Por eso déjame que te cuente...
que aquí tendrás una fuente de colegas varios
quienes se han unido a volcar
sus experiencias académicas, personales,
políticas y hasta polémicas
que los llevaron a dar, alcanzar y llegar.

Amalia con sus "dos en una"
nos emociona como ninguna
Ana María quien su puestecito de dulces mantenía
dándonos vívidos detalles de su morralito de colores
de gustos, olores y sabores
y su trayectoria académica como una de las mejores.

Déjame que te cuente...
que es largo el puente y en él podrás
apreciar los relatos que desde México
vinieron con Jorge Lizárraga Rendón
porque con encontrados sentimientos y pasión
al leerlos llenan de emoción.

Desde Colombia José Lobo Fontalvo
relata con flor y nata su aprecio
por esta nuestra lengua y su cultura,
que los llevó a Londres y luego
los trajo a este país del norte

poesía a la rosa fragante y de porte.
Y también de Colombia talentosa,
donosa y cantarina nos provee la valiosa,
valiente y brillante autora Clementina
su "destino y laberintos"
con tantas vueltas y recintos
que rescatan valores casi extintos.

Déjame que te cuente...
que nuestra colega nicaragüense
generosamente comparte su poesía
y su encuentro cercano con la guerra civil
y a pesar de que a veces no se haya sin su Naraya
sigue adelante con su "corazón gitano" y no en vano.

Déjame que te cuente...
relatos de un peninsular
que el océano decidió cruzar
para en esta tierra llegar a dar
sin la cabeza doblegar
y enseñar a más no dar.

Déjame que te cuente...
que esta antología es un puente de conexión
que todos y cada uno cruzamos
porque contando, narrando lo que en el alma llevamos
compartimos aquí en América una misma pasión.

Déjame que te cuente...

Conny Palacios

Déjame que te cuente: "Nací un día cuando todavía en el ambiente flotaba el olor a pólvora de los triquitraques y en las cocinas, las tinajas de chicha ciliano, chicha de jengibre, chicha bruja, chicha raizuda, chicha de yuca y chicha de bijagua ocupaban su puesto de honor..." (*En carne viva,* 14) Mi niñez transcurrió entre el campo y la ciudad. De mis estadías del campo recuerdo las historias que contaba mi padre cuando llegaba de sus viajes. Era cazador empedernido y siempre al regreso había una historia floreciendo en sus labios. Cuentos de almas en pena, de cadejos, de ceguas, donde él era protagonista. Por lo que no dudo que cuando me cargaba en brazos para que no llorara, estoy segura que me contaba una de sus historias. Él siempre me decía que por el día dormía y por la noche lloraba. Así pues, este amor por la literatura, lo mamé en la leche. Fui una adolescente rebelde, detestaba las reglas de los adultos, pero al mismo tiempo era sumisa, callada y bastante solitaria. Siempre me gustaron los libros, y mi madre me cuenta que cuando cumplí el primer año, como de rigor, me sentó en una estera y me puso a escoger entre un libro, una flor y no sé qué más. Lo que yo cogiera entre las manos indicaba mi inclinación futura. Para sorpresa de mis padres, cogí entre mis manos un libro y me lo llevé a la boca. Y creo sinceramente que mi amor por los libros comenzó allí. Con el tiempo encontré en ellos además de conocimiento, refugio, y por qué no decirlo, guía durante mis años de adolescencia. Siempre fui una buena estudiante. Mis notas en el sistema escolar eran las mejores. Era estudiante de diez, que era lo máximo, y generalmente al final del año escolar las monjitas del Colegio San José donde estudiaba me regalaban algún libro como premio. De esa época todavía conservo un hermoso librito que era como una guía de vida para la alumna josefina, cuyo lema era: "Estima de sí misma, amabilidad con los demás…"

Como buena sagitariana de flecha escondida –según la descripción de uno de mis amigos de estudios graduados– ansiaba libertad, quería tomar decisiones por mí misma. Olvidé decirles que vengo de una familia católica muy estricta, educación que ahora reconozco, hizo bien en mi formación. Me casé muy jovencita cuando apenas me había graduado de bachiller, pero sí recuerdo con claridad que le dije a mi novio, esposo ahora: –Me caso contigo, pero me dejas seguir estudiando–. No me imaginaba encerrada entre cuatro paredes. Pero el cambio trajo a mi vida otras responsabilidades no previstas por mí. Tuve que buscar trabajo, ya que mi esposo al igual que yo, otro muchacho, todavía no terminaba sus estudios. Conseguí un empleo como secretaria que me duró unos seis meses y renuncié. Le dije a mi esposo que no podía ser secretaria porque no me gustaba recibir órdenes de ningún hombre todo el día. Fue así como comencé la universidad. Para ayudarme con mis gastos, acepté una plaza interina de maestra que duraba tres meses. Fui maestra rural y me encantaba enseñar. De este modo inicié, sin saberlo, mi carrera en la docencia a la vez que descubría mi vocación.

Al final de la década de los setenta, la situación política en mi país, Nicaragua, se hizo muy difícil. Se respiraba un ambiente de inseguridad, de incertidumbre. Había mucha represión por parte del régimen de Somoza. La situación escaló a tal grado que se nos vino encima una guerra civil. Dos bandos contrarios se disputaban la supremacía en el poder: los sandinistas y los partidarios de Somoza. Los muertos y desaparecidos estaban a la orden del día. Por fin en julio de 1979, triunfó la Revolución Sandinista, la cual tuvo un gran apoyo internacional. Recuerdo esos primeros días como una pesadilla, pues después del triunfo, los muertos se seguían sumando. Bastaba una acusación para que fueras asesinado. El horror y el caos imperaban en el país. En ese tiempo conocí las tarjetas de racionamiento, supe de los CDS (Comités de Defensa Sandinista) que controlaban cada barrio y cada cuadra de las ciudades. Ya casi hasta para respirar tenías que pedir permiso. En esa época yo trabajaba como profesora de español en un instituto y después de la revolución, me inscribí en las brigadas de alfabetización. Otros idealistas al igual que yo soñamos con ir al campo y enseñar a leer a los campesinos. De esa experiencia, recuerdo una que quedó grabada en mi memoria: la alegría que sentí cuando un campesino con su mano tosca, fuerte, pudo escribir en la pizarra su nombre. Casi lloré de la emoción… Pero pasados unos meses, los comandantes en jefe –como se hacían llamar pomposamente, comenzaron a quitarse la máscara bondadosa y sacaron a relucir el metal oscuro de sus corazones. Ya para 1981 la situación seguía empeorando, y me di cuenta con mucho dolor, que si seguía en mi país quizás lo que podíamos esperar mi familia y yo era la muerte. Y entonces decidimos emigrar e irnos a cualquier lugar del mundo. Cualquier lugar era mejor que quedarse en Nicaragua. Conseguimos una visa americana y el 5 de julio de 1981, mi esposo, yo y nuestra pequeña Naraya de sólo nueve años, abandonamos el país con una maletita. Atrás quedaban nuestra casa, nuestros padres, amigos, conocidos…

Llegamos a Miami y claro está: el choque cultural nos dio en la cara; pero teníamos que comer y sobrevivir, y sobre todo buscar cómo salir adelante. Éramos jóvenes todavía y como tales teníamos sueños qué lograr. Los primeros años fueron durísimos, trabajaba en el día como cajera en un supermercado y por la noche comencé a ir a la escuela. Tomé algunas clases de inglés y por fin pude inscribirme en Saint Thomas University; tuve la dicha de que esa universidad me reconociera 81 créditos académicos. Cuando salí de Nicaragua estaba ya en mi último semestre para graduarme con un título en Ciencias de la Educación, con especialidad en español. Me gradué, pero me di cuenta que un nivel de "bachelor" no me sacaba de apuros, y siempre había soñado con recibir un doctorado en español. Presenté mi solicitud en la Universidad de Miami y me pusieron en una lista de espera con la esperanza de obtener una beca, pues no había dinero para pagarme los estudios. Después de tres años en la lista, por fin me aceptaron y comencé a estudiar. Me dediqué en cuerpo y alma a prepararme. El tiempo

Déjame que te cuente...

se me iba entregada a los estudios y al trabajo durante el día, pero por las noches, era atormentada por los recuerdos de la guerra civil. Así comencé a escribir y fui guardando mis papeles. En el verano de 1994 los revisé y me di cuenta que tenía una novela en mis manos. Salió a la luz ese mismo año en Miami y la titulé *En carne viva*, pues de esa manera me sentía vivir. No solamente grito en esa novela la denuncia al mundo de los muertos en la guerra civil, del asesinato impune, de la injusticia, sino también que está dedicada a mi hijo nacido en los Estados Unidos. Me daba mucha angustia pensar que mi hijo fuera absorbido por completo dentro de la cultura norteamericana y que olvidara su raíz, su lengua y todo lo que nos define como hispanoamericanos. Así que la mitad de esa novela *En carne viva* recoge leyendas, cuentos que yo había oído cuando era muy niña y está dedicada a mi hijo Edgar José: "Me dices que te cuente un cuento... Y te contaré muchísimos y podrás tapizar de cuentos tu cuarto. Te los contaré de una sola manera para que no se te olviden. Tú serás mi memoria y construiré en ti un nido para todos mis pájaros huérfanos de abrigo". (*En carne viva*, 8)

El año siguiente, el 95, fue memorable para mí. En mayo nació mi tercer hijo, Isaac, y en junio me gradué de la Universidad de Miami con un doctorado en español, con una concentración en la poesía del siglo XX. Mi disertación fue sobre Pablo Antonio Cuadra, poeta nicaragüense. Tuve la bendición de que mi poeta admirado estaba vivo y pudo leer mi disertación. Un día recibí una llamada telefónica de parte de la Academia Nicaragüense de la Lengua, para comunicarme que la Academia publicaría mi disertación. En 1996 apareció con el título: *Pluralidad de máscaras en la lírica de Pablo Antonio Cuadra*.

En 1997 obtuve mi primer trabajo como profesora de español a tiempo completo en Withworth College en Spokane, en el estado de Washington. Fueron tres años duros por el clima, pero sobreviví y comencé a escribir poesía como una loca. De esa vivencia nacieron dos poemarios: *Percepción fractal* y *Exorcismo del absurdo* publicados ambos en 1999. La experiencia fue invaluable, ayudó a mejorar mi inglés entre otras cosas, pero la nostalgia me estaba matando y decidí buscar un lugar más acogedor, y por eso llegué a Southeast Missouri State University, a orillas del río Mississipi: "Así pues un día, arribé a su playa empujada por los vientos, con los pies descalzos, con mi vestido de algas, con mi canasta rebosante de poesía y un hondo naufragio detenido en mis pupilas". (*Percepción fractal*, 26). Había comenzado a aquietarme, pero en 2002, en agosto, uno de los meses más aciagos de mi vida, se trastornó por completo mi vida. Mi Narita –como yo llamaba a mi hija, la que traje de Nicaragua, falleció súbitamente víctima de un aneurisma cerebral. Realmente no sé cómo lo hice, quizás fue el instinto de supervivencia lo que me hizo seguir adelante... fue terrible y cada vez que recuerdo esos días me estremezco. Quedé huérfana de hija y también de amiga. Enseñaba mis clases casi perdida, ausente y con un gran nudo en la garganta. Me refugié en la escritura y comencé a parirla de nuevo pero esta vez para sus hijos. Cada día lloraba y escribía, la gesté en cinco años y en 2008 la publiqué. Me obsesionaba la idea de que a mis nietos se les llegara a borrar su recuerdo, y quería contarle a todo el mundo de lo linda que era mi hija, quería honrar su memoria y así quise dejar constancia como por ejemplo de cada uno de nuestros días compartidos sobre todo cuando era una niña y contarles a mis nietos cosas que sólo yo sabía, como el día en que nació:

"FUE SIMBÓLICO SU NACIMIENTO EN EL MES DE FEBRERO y en una antífona este mes ha sido descrito como un mes joven, que muere corto de días. *Mes enamorado e inconstante. "Febrero loco, de todo un poco", dice el refrán. Días calurosos, días frescos, días calmos, días ventosos. Días de sol, días nublados. Noches de estrellas encendidas por el aire... Hojas secas y polvo giran en los remolinos del viento en los recodos del camino...*

Los pequeños "tlamachas" –ángeles nahuas– recogen rocío en los amaneceres... En la noche –desde febrero a septiembre– cruza el cielo la "Carreta nahua" –la Osa mayor– con su boyero maldito. Y un extraño dios brujo asoma sus ojos en la constelación que los antiguos llamaron de "Los gemelos".

Naraya nació un domingo de mucho viento casi a finales del

Déjame que te cuente...

mes más veleidoso del año, a las 7:10 de la mañana en el hospital San Vicente en Matagalpa, ubicado al otro lado del río Grande, exactamente en la parte noroccidental. Supe desde el primer momento que la sentí en mi vientre que era una mujercita y así me lo confirmó la partera que llegó a verme el viernes por la mañana cuando ya se me anunciaban los dolores del parto.

–Es una hembrita– me dijo doña Chica sobando mi vientre crecido.

–Se está acomodando… te falta mucho todavía… espérala para mañana o el domingo.

Y NARAYA llegó con sus grandes ojitos negros abiertos a la vida, con su carita redonda… y desde que tuvo tres meses comenzó a hablar con los pequeños tlamachas en su lengua de pájaro. Me despertaba su gorjeo y elevaba sus manitas para que la sacara de la cuna…

¡Ay! Muchachita mía…

–¿A dónde has ido?

–¡Qué solita me dejaste!

–¿Quién me llamará para saber si he regresado con bien de algún viaje?

–¿A quién le describiré ciudades visitadas por vez primera?

–¿A quién le contaré mis impresiones de otras gentes?

Antiguo era nuestro amor de madre a hija… ya que las dos compartíamos la misma reverencia por los misterios de la vida… a veces nos comunicábamos telepáticamente y en el espacio nuestros dedos encendidos se tocaban". (*Naraya*, 14-15)

Unos meses antes de la muerte de Naraya, tuve presentimientos, por las noches muchas veces cuando me despertaba y al abrir mis ojos veía la figura de la muerte alzada sobre la puerta de mi cuarto. Vi su imagen cuatro veces… "sé que en realidad me rondaba, pero me equivoqué al pensar que era yo la escogida, y pensar que hablé con él muchas veces, interrogándolo:

Tú, el de los ojos insomnes

Tú, el de las pupilas innumerables
Tú, el del paso silencioso
¿Qué perfume delatará tu presencia?
¿Qué sonido te anunciará?
¿Vendrás encendido de luz?
    Quizás ya ahora me rondas...
    Tal vez ya me acechas...
Tú, el de las cuatro alas,
Tú, el de los cuatro rostros
Tú que conoces el beso del tiempo
Tú, cuya inmensidad es más vasta que el cielo
¿Qué palabras me dirás?
¿Te traerá el mediodía o el atardecer?
¿Podré distinguir tu presencia en la sombra?
Tú que eres sombra-luz
¿Me dejarás despedirme de los que amo?
¿De los hijos, rosales que sembré en la tierra?
¿O celoso sin darme tiempo me segarás con tu hacha?
    Quizás ya ahora me rondas...
    Tal vez ya me abrasas...

La escritura de esta novela me sirvió de catarsis, he aprendido a vivir con el dolor, pero todavía no estoy exenta de algunos días que yo llamo "malos", sobre todo cuando se acercan sus fechas, la de su nacimiento y la de su muerte.

A raíz de la partida de Naraya me mudé nuevamente. Creo que fue un acto de angustia, buscaba estar más cerca de mis nietos, ellos viven en Miami, y así un día empaqué mis cosas y el viento nuevamente me empujó hacia el sur, ahora estoy en Anderson, Carolina del Sur. No puedo decir si me quedaré, tengo corazón gitano, y siempre estoy abierta a nuevas experiencias. Aquí en mis vacaciones de verano, escribo y he podido publicar dos libros de ensayo que van de acuerdo a mis intereses en la investigación. Quise encontrar sentido a mis investigaciones, aportar algo y no publicar por publicar, eso me llevó a seguir trabajando en la poesía y como fruto de ese trabajo, un colega, Omar Antonio García Obregón y yo, nos pusimos de acuerdo y publicamos una antología titulada: *El Güegüense al pie de Bobadilla: Poemas escogidos de la poesía nicaragüense actual.*

Déjame que te cuente...

"Esta amplia selección poética, con igual número de mujeres y de hombres que aportan a la poesía nicaragüense, tanto dentro como fuera del país, muestra que ante la posible evangelización ante el poder, la poesía nicaragüense, en general, no ha perdido su rebeldía al mostrar su diversidad, su polifonía, contra los discursos dominantes que insisten en imponer su uniformidad –elemento este último que esta muestra poética desmiente". (44-45) "Esta selección en su variedad se propone probar lo que los propios poetas de hoy ya vienen manifestando: sus diferencias, ya sean sexuales, sociales, étnicas, culturales, geográficas y políticas". (*El Güegüense*, 45)

También del 2008 es mi ensayo titulado: *Helena Ospina: La voz encendida de la poesía mística en Centroamérica. Un análisis del proceso místico y poético*. Me interesó este tema porque: "lo religioso ha sufrido una tremenda crisis en el mundo en estos dos últimos siglos, y quizás una consecuencia directa de esto sea, la escasez de estudios serios sobre este tipo de manifestación en la literatura. Y acuciada por esta carencia, y como una estudiosa que soy de la literatura centroamericana, especialmente de la lírica, me di a la tarea de buscar poesía que manifestara el tema religioso de una manera constante". (*Helena Ospina*, 9)

En conclusión, puedo decir que he sido moldeada por una experiencia de desarraigo, de exilio y de transculturación. Además de las experiencias personales y muy dolorosas a las que he tenido que enfrentarme. Todo esto ha sido para mí un caudal de aprendizaje, conocimiento que se ha transmutado en una manera muy especial de ver la vida; y que de alguna forma me han dado respuestas a mis interrogantes del papel que desempeñamos en esta tierra. Y por eso, mi última novela publicada en septiembre de 2011 se titula *Silarsuami*, que en una lengua de Groenlandia, el kalaallisut, significa *estar en el universo*. Y: "ESTAR EN EL UNIVERSO / Es darse cuenta que la única realidad es el Divino Amado... / Es buscar la sabiduría espiritual. / Es internarse en nuestro tupido bosque / para iniciar desde ahí nuestro periplo hacia / el encantado jardín del Espíritu". (*Silarsuami*, 131)

Y por último, me gustaría que mis descendientes no perdieran la conexión con el origen de sus antepasados. Que mantuvieran la lengua, las tradiciones, que aprendieran a vivir en el presente, que vivieran cada día como el último. Que todas sus relaciones incluyendo las laborales estuvieran basadas en el amor y el respeto por lo que uno hace. Y en última instancia integrarse no sólo a su comunidad circundante, sino ser y vivir como ciudadano del mundo, es decir, respetando otras culturas y otras formas de vida.

Dos en una

Amalia Gensman

Dios me colocó dentro de un dualismo. He vivido dos tercios de mi vida en los Estados Unidos y veo que soy dos personas en una. Soy gringa en México y mexicana en Oklahoma. Soy rubia en México y morena en Oklahoma. Me consideran alta en México pero soy baja en Oklahoma. Soy hija en México pero soy madre en Oklahoma. Enseñaba inglés en México y enseño español en Oklahoma. Mi vida es y ha sido esta realidad: soy dos en una. Por un lado soy esposa, madre, abuela; por otro soy profesora, consultora, profesional, directora del ministerio hispano. Soy la maestra Amalia, soy Barreiro, soy Mrs. Gensman.

Soy la quinta de una familia de once hermanos. Mi padre, Plutarco Barreiro fue uno de los pioneros de la música folklórica mexicana. Por medio de su trabajo en la Universidad Nacional Autónoma de México (UNAM), hizo amistad con la señora Ada Knight, maestra de español de Lawton High School en Lawton, Oklahoma. Desde niña me divertía entreteniendo y agasajando a miembros del grupo "The Youth Ambassadors" (estudiantes de la Señora Knight que con ella visitaban México cada verano). Además de enseñarles bailes folklóricos en mi casa, cada año a uno de nosotros nos tocaba visitar Lawton, vivir en casa de la señora y ayudarle en su clase de español. Con la finalidad de sacar fondos para el viaje, anualmente se presentaba un festival de bailes folklóricos mexicanos montado por nosotros y sus alumnos y se ofrecía una cena para todos los estudiantes de la región.

Ser miembro de una familia de once no parecía gran cosa en la colonia donde viví. En el Pedregal de San Ángel, (en México, Distrito Federal) casualmente en el Boulevard de la Luz había varias

Déjame que te cuente...

familias muy numerosas y casi todos nuestros amigos, tanto míos como los de mis hermanos vivían cerca de mi casa. Cada verano, nos convertíamos en la familia más popular del Pedregal pues en mi casa se hacía una gran fiesta para los Youth Ambassadors a la que todos asistían para conocer a los gringos y practicar el inglés. Por lo general, los americanos eran grupos de treinta más o menos, entre estudiantes y adultos. Eran prácticamente los que cupieran en el decrépito autobús escolar amarillo con el rótulo de "Lawton High School" impreso afuera; mismo que causaba gran impresión por las calles de México pero que destrozaba la espalda de los pobres chicos después de 48 horas de camino. "Ya vimos el camión... ¿cuándo es la fiesta?" Era el comentario que se hacía entre nuestros amigos en cuanto el autobús se paraba enfrente de la casa.

Mi camino permanente hacia Oklahoma comenzó en julio de 1964 cuando Larry Gensman, presidente de los Youth Ambassadors de ese año se presentó en mi casa. Cuando lo vi por primera vez, no me imaginé hasta donde iba a cambiar mi vida. Ese año y el siguiente fue mi oportunidad de vivir en Lawton y trabajar con Larry y los Youth Ambassadors. Comenzando desde entonces un romance que continúa hasta la fecha. Él aprendió a bailar la bamba y hasta hacer el moño con los pies. Pasamos muchas tardes vendiendo dulces, chocolates y pasteles para sacar fondos para esos viajes a México. Hasta la fecha, el ver una barra de chocolate de la compañía World Famous Candy me trae recuerdos innumerables de tardes enteras pasando de oficina a oficina vendiéndolos. Al igual recuerdo ver a la Señora Knight confeccionar más de ochenta pasteles en un día. El 26 de febrero de 1966 nos hicimos novios durante un baile escolar de Lawton High School.

Entre los años de 1966 y 1968 Larry viajaba a México para verme y tuvo que adaptarse a las tradiciones culturales del noviazgo. Tuvo que hablar con mi papá para pedirle permiso de ser mi novio. Tuvimos que salir con chaperones. Ya que mis cursos en la carrera de historia en la UNAM se daban por la tarde, sólo podíamos vernos por las mañanas y como mis hermanos estaban en la escuela, mi mamá era nuestro chaperón. Claro que a mí me podía atropellar un coche, pero Larry llevaba a mi mamá del brazo para cruzar las calles. Mi marido supo ganarse el cariño y la confianza de mi familia. Siendo él el novio oficial, mi padrino nos invitó un día a cenar a su casa. Para comenzar, le ofreció un poco de chile chipotle como aperitivo. El chile todavía contenía semillas y venas. Después de probarlo, él pidió más. Esto lo convirtió, a ojos de mi tío, en el americano más mexicano de la familia. La tía decana de la familia lo conoció durante una cena en mi casa. Esa noche cuando mi hermana y mi cuñado (con quienes Larry se quedaba) la regresaron a su casa, él no sólo la ayudó a bajar del coche, sino que le pidió las llaves, le abrió la puerta y entró primero para encender la luz. Mi tía y toda mi familia lo adoptaron como miembro especial. Hasta la fecha, Mr. Larry es bienvenido con comidas, cenas y agasajos cada vez que visita México.

Nuestro matrimonio se celebró el 16 de enero de 1969. Escogimos esa fecha porque es muy importante en mi familia. Era el cumpleaños de mi abuela paterna, el aniversario de boda de mis abuelos paternos y el aniversario de boda de mis papás. En esa forma me aseguré que nuestro aniversario no fuera fácil de olvidar. Aunque la fecha ya estaba decidida, tuvimos problemas y por poco se canceló. Debido a la guerra en Vietnam, el gobierno americano lo llamó a alistarse al ejército el 10 de diciembre. Creo que Dios estaba de nuestra parte, pues al llegar a la oficina de reclutamiento lo regresaron por no tener el peso adecuado. (Larry es muy delgado, algunos amigos me han dicho que a ellos les recuerda a don Quijote). El 15 de diciembre tuve que llamar a todos los sitios a reordenar todo para casarnos y volver a sacar el permiso de gobernación.

Después de una corta luna de miel en Puerto Vallarta y un sólo mes de espera, recibí mi permiso de migración. Tuve que tramitar una serie de documentos y cartas que acabaron selladas en un sobre tamaño oficio con el que entré al país. Cuando me preguntan mi situación legal en Estados Unidos, les digo que yo no nadé el Río Grande sino que lo pasé por alto aunque con todo lo que traía cargando, pensábamos que el avión no iba a poder sobrevolar el río.

Déjame que te cuente...

El avión a Dallas, Texas hizo escala en San Antonio para pasar la aduana, con mi papelerío, nos tardamos más de dos horas en pasarla. Bueno, no eran únicamente los papeles sino también los muchos bultos con regalos, las maletas con mi ropa, la lámpara que mi mamá insistió me trajera, etc., etc. Es fácil decir que los otros pasajeros no estaban muy contentos con la tardanza. Así que mi entrada a este país fue con gran pompa y circunstancia. Al llegar a Lawton, me encontré con una familia que me abrió los brazos y me trató siempre como parte integral de los Gensman. Puedo decir que soy tan Gensman como Barreiro.

Por herencia y por experiencia mi vida tiene dos bases muy fuertes: la Fe en Dios y la educación. Desde niña aprendí del ejemplo de mis padres que los obstáculos que se nos presentan no son sino escalones que hay que subir para convertirse en una mejor persona. El impedimento de la vista de mi padre (él quedó ciego al nacer por un tratamiento médico equivocado), lo superó desarrollando una habilidad auditiva que le llevó a ser músico profesional. Mi padre decía que los milagros vienen en muchas formas y que su éxito como profesor de música, como director de orquesta, como folklorista y más que nada como padre, era debido a la superación de todo obstáculo usando la Fe en Dios como escalera.

Mi madre quedó huérfana a los catorce años. El obstáculo de la orfandad, ella lo superó con trabajo constante. Si su educación terminó en el sexto grado de primaria, superó este obstáculo leyendo, viajando y visitando museos. Era admirada constantemente por sus conocimientos. Recuerdo que en cada cuarto y recámara de mi casa había libreros llenos con colecciones de libros con todo tipo de información y la recuerdo a ella sentada en la sala leyendo el periódico y comentando las noticias con mi papá o con quien estuviera presente.

Comparados a los de mis padres, mis obstáculos han sido menores y me han dado la oportunidad de crecer. Al ser zurda aprendí a inclinar el papel para poder escribir al estilo Palmer que era el requerido en el Colegio Francés donde estudié desde el kínder hasta la preparatoria. Frente al obstáculo de la distancia geográfica entre Larry y yo, aprendí a escribir cartas diarias, a veces hasta dos al día; lo que me ayudó a aprender mejor el inglés. La traba de no poder enseñar en Estados Unidos porque no tenía el título de maestra del estado, me mandó a la universidad a estudiar. Mientras aprendía la historia de Estados Unidos, comprendía con profundidad su cultura y su forma de funcionar. Al cerrar la compañía donde trabajaba Larry y su desempleo por un año, recibí una fuerza interior que me ayudó a aprender a economizar, a valorar mi aportación a la familia y a saber lo que era el amor incondicional.

Por medio de la Fe y la educación he logrado subir la espiral de mi vida hasta donde estoy. Los años de experiencia, el amor y el apoyo emocional de mi esposo y de mis cuatro hijas me han ayudado y permitido crecer en el área profesional. Mi trabajo de treinta y cuatro años me ha dado miles de satisfacciones. Los estudiantes que han pasado por mis manos han sido muchos y aunque no recuerde su nombre, ellos me recuerdan a mí. La satisfacción de ver exalumnos que ahora son maestros de español o tener alumnos que son hijos de los que fueron mis alumnos, es tener un recorrido completo.

Hace quince años empecé a enseñar el curso de Advanced Placement de Lengua Española porque me encontré con una de mis exalumnas y ella estaba enseñándolo. Me di cuenta en ese momento que me estaba estancando profesionalmente y tuve que enfrentarme al obstáculo de la mediocridad. Ante esto tuve que superar mi forma de enseñar y preparar un curso con mayores intereses académicos. El haber sido invitada por College Board para servir como consultante y presentar mi material a otros maestros, ha abierto para mí la oportunidad de pasar a otros mi legado profesional.

Como expliqué, tengo dos nacionalidades y estoy muy orgullosa de ambas. Mi origen, mi sangre, mi raíz están plantadas en el D.F. Tengo que regresar cada año a respirar un poco de la contaminación y el smog para llenar mi espíritu de energía; pero mi tronco

Déjame que te cuente...

y mis ramas están en los Estados Unidos. Mi esposo, mis hijas y mis nietas están aquí. Ellos, mis seres más queridos, conocen mis sentimientos y mi ser. La relación de mis hijas con la familia Barreiro es tan íntima como la es con la familia Gensman. Este lugar me abrió los brazos, me aceptó tal como soy. He sido reconocida, admitida y respetada. Mis cuarenta y dos años de vida americana han estado plasmados de momentos felices, de una vida en paz.

Con el paso de los años, he podido dar de mí misma, encabezar la comunidad hispana de la iglesia a la que pertenezco y he podido hacer que mi gente sea reconocida como parte de la comunidad y no como extranjeros. He trabajado con angloparlantes y con hispano-hablantes y de ambos he recibido aprobación, aliento, ejemplo y cariño.

Creo que puedo resumir las experiencias de mi vida con el poema que escribí hace unos años para el Día de Gracias:

Experiencias

Experiencias son los pasos que por la vida se dan.
Que nos llegan día con día y que vienen y que van.

Unas pequeñas, efímeras, que vienen cual respirar.
Que nos dan gusto o disgusto y que pasan sin parar.

Otras en cambio profundas, que causan transformación.
Que dan molde a nuestro espíritu, que son una gran lección.

Que llevan a etapas nuevas, que nos fuerzan a crecer.
Que cambian nuestro camino, que nos hacen entender.

Experiencias que dan ánimo, felicidad e ilusión.
Experiencias que dan penas, dolor y desilusión.

Todas ellas forman parte del ser y la identidad.
Todas forman nuestra historia, nuestra personalidad.

Siempre serán bienvenidas, aunque causen gran dolor.
Porque sabemos que ayudan a forjar al corazón.

Por ellas a Dios doy gracias en el día de gracias dar.
Pido que cada experiencia mi vida pueda llenar.

Cartas de mi padre

María Dolores Torrón Gómez

Las pequeñas letras de trazo fuerte y seguro, inclinadas hacia la derecha en triángulos puntiagudos... me asaltan la vista. Son cuatro cartas que enseñan la letra y el trazo único del alma de un hombre complicado, profundo, incomprendido y demasiado importante para mí: mi padre.

Esas cartas han soportado el paso de más de veinte años. Fueron enviadas desde Puerto Rico a Miami y cubren un periodo de un año a finales de la década de los ochenta. Para mí, son un legado eterno y un tesoro incomparable, que sigue adquiriendo más valor al sentir el peso de mis propios años sobre mis canas y arrugas.

Don José Torrón Álvarez salió de España por el Puerto de Vigo, en su nativa Galicia, a mediados de 1957. Contaba con diecisiete años y una fisonomía que recogía por igual la sangre de su madre gallega y la de su padre vasco. Delgado, enjuto, muy serio y de cabello muy negro, sus ojos azules y casi líquidos eran una absoluta ventana a su alma. En ellos se veían las turbulencias de un espíritu viejo, maduro y austero. Un carácter recio y callado, que estallaba como la tormenta de verano para calmarse casi inmediatamente... Carácter que le ganó el sobrenombre de "Vinagrillo" entre sus familiares y amigos.

Con sólo diecisiete años, el mayor de los varones de sus padres fue enviado en un trasatlántico a buscar fortuna y camino en América. El destino lo llevó a la República Dominicana, donde permaneció cuatro años trabajando en almacenes y viviendo en una pequeña comunidad de inmigrantes españoles.

Contaba siempre que la travesía en el barco fue terrible, y que no se acostumbraba al vaivén y la zozobra del buque. En un momento dado, casi se desmayó, y luego de un rato sintió una mano suave en su cara, tratando de espabilarlo con un té o bebida que le calmara el estómago. Al abrir los ojos finalmente, vio a una mujer enorme, vestida con un paño de colores en la cabeza, y hablándole en una mezcla papiamentosa de inglés, español y creole. Agradeció las atenciones, luego de que el susto y la primera impresión pasaron. Ese fue su primer contacto con una persona de la raza negra. Jamás olvidó esa bondad, ni su propia ignorancia.

Pasados cuatro años en Santo Domingo, su querido tío José le mandó a buscar para una visita a San Juan de Puerto Rico. Llegó al puerto un día de Acción de Gracias en pleno noviembre, fecha muy significativa que se celebró siempre en casa. Comenzó a trabajar en los negocios de calzado de su tío, y decidió quedarse en tierra boricua. En algún momento en 1961, vio caminar por los adoquines de San Juan a una joven rubia y bien vestida. La siguió, indagó dónde trabajaba y quién era su padre. Le envió pastelitos y café por varias semanas, manteniendo la distancia. En su momento, se apareció en la oficina de abogados donde la joven era recepcionista. Se presentó, se identificó como el autor de los pastelitos incógnitos, y luego de un año de noviazgo, decidieron casarse. Don José se casó con Marie Rose Lebron, y así nació mi familia.

A la edad de mis cinco años regresamos con papá a España. Hacía catorce años que él no regresaba a Galicia. Mi hermano y yo fuimos a conocer a nuestro abuelo. El regreso fue en febrero, durante un invierno nuevo y extraño para nosotros. Papá quiso regresar a despedirse de su padre, el vasco Don Antonio que yacía en cama y que ya contaba las horas para marcharse.

Apenas con cinco años, recuerdo las lágrimas de mi padre al llegar a su casona de piedra, donde pasó la mayor parte de su vida, y ver a su padre vestido y levantado esperándonos en la gran puerta de hierro. Don Antonio, mi abuelo, tenía su boina puesta y a pesar del frío, salió a recibir a sus hijos y nietos. En ese momento comprendí algunas cosas… Comprendí por qué papá lloraba a solas a veces, cuando escuchaba música de España. Entendí por qué insistía en mantener viva su lengua materna, y por qué me hablaba en gallego desde chica. Sobre todo, entendí por qué su corazón siempre estaba abierto en dos, como si esas dos mitades tuvieran un abismo de distancia y saudade de por medio...

Mi abuelo murió justo unas semanas después, en los brazos de mi padre. Recuerdo que a los cinco años recién cumplidos en marzo, aprendí a consolar las lágrimas calladas de papá. En momentos así, él era una fiera herida. Nadie podía acercársele... sólo yo. Yo le hablaba o le cantaba en gallego, lo poco que sabía, y podíamos llorar juntos. O sólo guardar silencio. Ya tenía una idea de lo que encierra el alma de un inmigrante...

En su momento, después de haber cumplido con mis estudios universitarios, decidí irme a Miami a probar fortuna como maestra. Un ciclo de vida muy difícil se cerró para mi padre, al ser él quien tuvo que despedir a su hija mayor, su "Loliña" en el aeropuerto. Le tocó a él abrir las puertas de su corazón para dejar a su paloma volar a su destino. Sé muy bien que pensó en su madre, despidiéndolo a él en aquel barco, con un pañuelo blanco en la distancia...

Fue muy duro para mí dejar el nido. Un nido fuerte, sin ser perfecto, pero pleno y seguro. Un nido en el tronco de un árbol fuerte, en el que mi padre reinaba supremo en mi corazón. Y en medio del dolor y la soledad más grandes, llegaban aquellas cartas. Algunas venían a máquina, otras de su puño y letra. Siempre decían afuera "Profesora María Torrón" a pesar de que estuve un año entero trabajando hasta en cafeterías, mientras obtenía mi licencia de maestra bilingüe. Mi padre siempre veía mi destino más allá... y siempre impulsó mis alas.

Eventualmente trabajé diecinueve años en Miami como maestra, me casé y tuve a mi hijo en esa ciudad. Mi familia logró reunir ese nido nuevamente y todos vinieron a Miami, lo que significó una tercera migración para mi padre. Su nieto "le haló las barbas" como él decía... Obtuvo trabajo como guardia de seguridad, y logró retirarse tranquilo y en paz. Una severa diabetes le minó el sistema, lenta pero consistentemente. Pasó ocho años en proceso de diálisis, sufrió una operación del corazón y varios problemas relacionados que le quitaron la salud poco a poco...

Aún así, el cedazo del sufrimiento físico le fortaleció el alma y le dio sabiduría para dejarme ir con su bendición una vez más. Mi hijo aceptó estudiar en Boston, y decidimos venir a esta ciudad en apoyo y solidaridad a sus planes. Renuncié a mi trabajo en Miami, y decidí tomarme un año para efectuar la transición con mi familia. Al partir, mi padre me bendijo y me deseó suerte. Pero noté, como siempre, su cualidad de fiera herida y su silencio en el adiós...

Entendí nuevamente cuán duro es vivir en la dualidad de la inmigración, entre el adiós y la bienvenida, entre la distancia y el abrazo, entre la vida que sigue y los recuerdos...

Papá falleció el 2 de marzo de 2010. La distancia cruel no me permitió llegar a tiempo. Pero me encargué de seguir sus deseos, dictados tres años antes en plena claridad mental. Regresé a Boston con la evidencia de su última humanidad: la cajita de sus cenizas. Y nuevamente nos hicimos compañía. En duros momentos de adaptación, de trabajo fuerte, de frustración, papeleos y choque de culturas, mi padre y sus cartas me acompañaron y me dieron paz y sentido de permanencia.

En julio de 2011 me tocó finalmente ser la autora de su viaje final. Pude regresarlo a España, a su tierra gallega, y me tocó a mí despedirlo en su monte favorito, justo al lado del río Miño, en una tarde fresca y soleada llena del olor de los eucaliptos...

He tenido la bendición de despedir en amor y bondad a quien tantas despedidas vivió en esta tierra. El círculo, finalmente, está completo. Le dejé mis castañuelas en el monte, junto al río y el mar que le dieron la vida. Espero que la música de mi corazón y el eco de mi voz le acompañen y guíen siempre. Así sea...

Como en las películas

Antonio Gragera

Crecí durante la última década de una dictadura, viendo películas americanas, viejas películas americanas. Los revolucionarios años sesenta apenas se sintieron en un pueblo del suroeste de España. El optimismo y la despreocupación que retrataban aquellas películas contrastaba con la sórdida realidad de un país que apenas empezaba a surgir de años de aislamiento y pobreza. En aquel entonces, imaginaba la vida en los Estados Unidos con los vibrantes colores del tecnicolor, mientras que en España la vida no era sino una película en blanco y negro de bajo presupuesto.

A mediados de los años setenta, la reciente adquirida democracia empezó a cambiar el trasfondo en el que los sueños de la niñez dieron paso a los sueños de la adolescencia. Aunque España empezaba a despertar al mundo, yo aún estudiaría, y quizás trabajaría, en los Estados Unidos. Pero aun teniendo tal certeza del fin, no sabía cuáles serían los medios, que burlones se presentaban ante mí como monstruos nocturnos decididos a asfixiarme bajo los cobertores de la cama.

De repente, un día, cuando los monstruos parecían haber devorado los sueños, la suerte quiso que pasara un año en los Estados Unidos, puliendo mis conocimientos de la lengua. Esto fue hace veinte años. Como si se tratara de un pacto inquebrantable con el niño pegado a la pantalla que fui, permanecería desde entonces en los Estados Unidos, un visado tras otro.

El día 28 de agosto del año 2010 me hice ciudadano americano. La ceremonia de nacionalización marcó el final de un trayecto que comenzó, como para muchos otros europeos antes que yo, en la ciudad de Nueva York. El aeropuerto Kennedy, mi Isla de Ellis particular, fue mi puerto de entrada. Supe entonces que el año que tenía por delante sería un punto de inflexión en mi vida, que la historia de mi existencia se dividiría en un antes y un después de mi aventura americana.

Nada deja en la memoria una impresión mayor que el sentido del olfato. Mi vida anterior huele a pan recién salido del horno. Mi vida posterior a bollos de canela, pues éste fue el penetrante aroma que me recibió en el aeropuerto de Nueva York. De Nueva York volé a Boston, y de Boston a Bangor, Maine, mi destino final. Visitaría Nueva York unos meses después, pero ese primer día sólo pude adivinar su silueta en la distancia. Pasé mi primera noche en Boston. A medida que el taxi me acercaba del aeropuerto al corazón de la ciudad, su figura emergía recortada contra el fondo oscuro de la tarde como un decorado en el nuevo guión que tenía por delante.

La América de mis ensoñaciones estaba hecha de agitados centros urbanos y salas de espectáculos. Bangor, Maine, no se parecía en nada a los productos de mi imaginación. En su lugar, descubrí la América cotidiana, ocupada por gente sujeta a las mismas fatigas de la vida cotidiana que la gente del país que había dejado atrás. No tardé mucho en entender que el espíritu pionero de las colonias permanecía vivo en la mente de los habitantes de Maine: austeros, reservados, hospitalarios y genuinos. Aún hoy, Maine permanece tan cercano al corazón como los recuerdos de la niñez, un lugar donde refugiarse del a veces caótico ruido que hace el mundo.

Pero tenía que regresar a España después de un año. Dejé el aeropuerto de Bangor sabiendo que volvería –como si me hubiera inyectado alguna dosis del espíritu pionero de los habitantes de las trece colonias, o quizás fuera del de los colonizadores de las Américas que dejaron, quinientos años antes que yo, el mismo rincón del suroeste de España que me vio nacer. Tenía un mundo de posibilidades delante de mí y no iba a dejármelo pasar de largo.

La distancia que separa el blanco de los abedules de Maine del blanco de las playas de Alabama, mi nuevo destino en los Estados

Unidos, va mucho más allá de las millas que los separan. Llegué a Auburn, Alabama, como un pionero de la nueva era, mi vida en una maleta, y no lo digo metafóricamente. Lo que traje conmigo eran las únicas cosas de mi pasado que conservaba, aparte de las memorias impresas en los recovecos del alma. No se trataba de una ruptura con el pasado, sino de un pacto con el futuro. Un viaje sin retorno.

En un principio Alabama tuvo el efecto de choque que todo país tiene cuando uno lo visita por primera vez. Para empezar, el inglés que creía conocer necesitaba algunos ajustes. Acepté con gusto el reto, decidido como estaba a formar parte del paisaje de los Estados Unidos. A medida que entré a formar parte de este nuevo paisaje, la idiosincrasia de los americanos dejó de parecerme extraña. Una cosa, sin embargo, no dejaba de sorprenderme: cuán fascinante era la mezcolanza que había dado origen al carácter nacional.

Desde entonces he vivido en Massachussetts y en Texas. Con los años se me ha hecho más difícil hablar de los americanos de los Estados Unidos. No estoy seguro de si es que las diferencias entre americanos y españoles se han difuminado en mi entendimiento, o es que formo tanto parte de los primeros que no puedo pretender por más tiempo ser un observador externo.

Quise ser un americano más desde el ocho de septiembre de 1990, cuando la silueta de una ciudad me saludó a lo lejos. Lloré esa misma silueta con el resto del mundo otro septiembre, once años después. He sido testigo de escándalos presidenciales, elecciones tumultuosas unas, históricas otras; del desarrollo de tres guerras, del crecimiento y caída de la economía, y de las alegrías y preocupaciones de la vida cotidiana. No, no es como en aquellas películas en tecnicolor, imposiblemente optimistas, pero no siento menos entusiasmo por el futuro de lo que sentía entonces.

En caso de que se pregunten si echo de menos mi país de origen, sepan que sí. Como cualquier otro ser humano, ¿quién no añora su niñez?

¿Por qué me convertí en una maestra de lengua extranjera, por qué de español?

Déjame que te cuente…

María Barrera Sheldon

Mi interés primordial al empezar mis estudios universitarios en México era el terminar una carrera en el área de Relaciones Públicas. Al conocer al consejero en la Universidad de las Américas, en Puebla, México, me enteré que había otros campos como las Relaciones Internacionales. Por sorpresas del destino, conocí a una chica peruana cuyo padre era diplomático y quien vivía en México. Él tenía un doctorado en el área de educación. Al escuchar lo interesante que era su campo de trabajo, al igual que la importancia de su función en las distintas comunidades y la necesidad de tener a personas calificadas para perpetuar el conocimiento –todo esto en conjunto, me llamó mucho la atención. En México nombramos "la chiripa" o bien "por chiripada" al conjunto de decisiones que tomamos a veces sin saber el por qué. El no tener el nivel de certeza para controlar estos eventos tiene siempre un lado positivo. En concordancia a esta situación también tenemos un lado negativo. En muchas instancias, estas oportunidades inesperadas simplemente se nos presentan y las tomamos o las dejamos ir. Ciertamente también menciono que hay responsabilidades con estas oportunidades. En mi experiencia personal, después de haber conocido a esta chica peruana y a su familia decidí estudiar la carrera de Ciencias de la Educación.

En mi formación académica, desde la escuela primaria mis estudios han sido bilingües: español e inglés. Debido a los requisitos académicos de lengua extranjera, en la universidad opté por estudiar francés. Tuve la oportunidad de conocer a Monsieur

Déjame que te cuente...

Joliequeur y fue una experiencia insuperable. De repente me sentí con la necesidad de estar inmersa en la cultura y logré un buen nivel de fluidez en el lenguaje. Al terminar mis estudios trabajé en la compañía Volkswagen y tuve la necesidad de aprender a "descifrar" un nuevo lenguaje secreto, el alemán, y así poder participar en proyectos más interesantes. En el Instituto Goethe, las cintas innumerables de varios métodos para adquirir el idioma fueron divertidos y a decir verdad ¡tediosos! Sin embargo, me dieron la oportunidad de aprender una lengua más.

En el verano de 1990 "por chiripa", una amiga mía se mudó a San Francisco, California. Uno de sus hermanos tenía un piso muy lindo y se mudaba a finales del verano, por lo que necesitaba que alguien permaneciera ahí. Esta chica aprovechó la situación y me invitó para ir a visitarla. Tuve la oportunidad de viajar a finales de julio. Gracias a esto visité la Universidad de Berkeley y con la recomendación de dos profesores de la Universidad en México me presenté en el Departamento de Educación y de Estudios de Asia. Decidí de momento empezar una maestría como alternativa para iniciar un nuevo capítulo en mi vida. Obtuve los documentos necesarios y por chiripada (una vez más) de repente ya estaba encarrilada en los estudios superiores. Recibí el título de Maestría en Desarrollo Político y Económico de los países de la Cuenca del Pacífico de Dominican College. En mi disertación mencioné lo importante que era el proceso educativo para el desarrollo de las comunidades, y en general de la humanidad. En una sección en específico mencioné la necesidad de poder comunicarse en otras lenguas.

Por cuestiones del destino que en forma de chiripa se nos presentan de manera inesperable, en enero de 1993 llegué a Tokio, Japón de recién casada. Mi esposo había sido transferido a una interesante compañía en esa capital. Con su alto nivel de fluidez en el lenguaje, él participaba en varios proyectos y era el único extranjero en su oficina. Yo en casa la primera semana celebré el simple hecho de tener un pequeño departamento. Sin embargo, tuve que correr y escapar del mismo y conectarme con otras personas. Una vez más tuve que enfrentarme a la necesidad de comunicarme. Utilicé todo tipo de metodologías y finalmente en algunos meses pude mantener una conversación "ligera" con las personas de mi comunidad. Trabajé en varios lugares, Berlitz, Sony y en una escuela internacional. Mi experiencia en Japón fue fascinante.

Regresamos a los Estados Unidos y después de trabajar en varias ciudades, decidimos ir a Vermont para que mi esposo estudiara una maestría. Ahí logré obtener un puesto de trabajo como maestra de español. En la escuela SIT (School for International Training) mantuve alrededor de 34 nacionalidades en mis grupos de estudiantes. La principal aportación personal a mis clases era mi conocimiento de la cultura indígena, de la riqueza de nuestro patrimonio en los países hispanoamericanos y la inmediata necesidad de aportar algo para esa cultura a través del lenguaje. Mi plan resultó y varios estudiantes quedaron impregnados de la belleza de la lengua y el interés por conocer más de nuestras raíces. Algunos de ellos decidieron participar en proyectos de comercio justo y aún hoy en día recibo una tarjeta postal indicando lo deleitante que han sido sus aventuras.

Finalmente después de continuar algunas aventuras más por Sudamérica, decidimos asentarnos en Santa Fe, Nuevo México. Actualmente tenemos dos hijos que nos mantienen sumamente ocupados. Mi decisión de llegar a ser una maestra de lengua fue al inicio por chiripa. Como lo he mencionado fue una oportunidad el entrar a la universidad, las varias instituciones, etc. Ahora sin embargo, es la necesidad de perpetuar el lenguaje a las futuras generaciones y en gran cantidad es la dicha de tener un trabajo honorable en la comunidad.

Soy profesora de español en una escuela privada donde también asiste mi hija. Mis hijos han aprendido a "descifrar" el lenguaje secreto que mi esposo y yo manteníamos como "arma secreta". Por necesidad o por chiripada, de forma auditiva mis hijos aprendieron a comunicarse. Ahora estamos en el proceso de comunicarnos en forma escrita y leemos algunas novelas cortas para enriquecer el

Déjame que te cuente...

lenguaje. Generalmente tratamos de visitar un país hispano en el verano y de mantener el enlace con la comunidad hispano-parlante en nuestra vida diaria. Por chiripa una vez más me he encontrado con Ana María que me ha pedido que escribiera esta historia.

El olor de las rosas en medio del caos

José Lobo Fontalvo

Mi nombre es José. Crecí en Colombia entre libros y discusiones sobre pobreza y soluciones sociales por medio de la toma del poder. Nunca me convencí de la validez de esa teoría y en vez de dejarme llevar por esta falacia comencé a estudiar inglés, no tanto por mi interés por ese idioma sino porque el profesor me había reprobado la primera semana del curso.

Durante mi primer mes de clases me enteré que el profe había estudiado en Miami y me habló por primera vez sobre cantantes americanos e ingleses. En ese momento, cantó una canción de Rod Stewart mientras yo pagaba en la oficina principal mi segunda cuota de los estudios. Me llamó la atención la diferencia de ritmo y pensé para mis adentros: "Me gustaría saber más sobre esta cultura aunque es típicamente extraña".

Pasados los años llegué a estudiar en una universidad local de Colombia y entré a mejorar mi inglés y otros idiomas en una academia dirigida por un judío que había terminado viviendo en Colombia después de la Segunda Guerra Mundial. A través de él vi el mundo desde otra perspectiva.

Después de estudiar en Colombia y de soñar con viajar a otro país, trabajé en Inglaterra y vi la belleza de la arquitectura británica y lo intrincado de su historia. En medio del esplendor, aprendí que los latinoamericanos para estudiar en Europa debemos estudiar el doble de los europeos si deseamos ser considerados profesionales que de alguna forma quizás pudiéramos valer la pena.

Sabiendo que en el mundo no todo es color de rosa, se me dio en el Reino Unido por tomar los caminos alternativos a las calles principales y observé las caras de la pobreza: las que nunca vemos

Déjame que te cuente...

en las postales del Palacio de Buckingham y del Big Ben en Londres. En el barrio Whitmore Reans, vi casas sin ventanas y pensé para mis adentros que los pobres nacen estrellados sean de donde sean. El color de estas edificaciones era rojo oscuro y mis ojos no paraban de ver tan triste espectáculo.

Habiendo experimentado lo anterior, llegué a la conclusión que para poder comprender mi identidad, mi nacionalidad, mi personalidad y mi vida, debía viajar a un sitio que me permitiera comprender que en medio de la desigualdad hay siempre esperanza a pesar de los retos a los que nos enfrentemos.

En aquellos días, siguiendo las letras y los significados de los Salmos, soñé siete veces con un poema durante siete días continuos. Soñé en Birmingham y en Wolverhampton con una hoja en color verde con letras blancas en la que podía leer un escrito intitulado:

El Imperio de la Rosa
El olor de una rosa abre el tiempo
evapora los hilos de mis palabras.
Se oye cercano
corre entre personas
roza nuestros pies
el olor de una rosa abre el espacio
toca pupilas
llora sobre labios,
hace caer granizo de pensamientos
e ilusiones.
Sopla el olor de una rosa
ríos llevan sus pétalos
entre piedras y montañas,
polvo, arena, caliche.
el olor de una rosa penetra mi voz
se desliza sin zapatos,
con mantel blanco
tinta y lino
corre del pasado hacia el futuro
se extiende,

penetra,
truena,
vive en las letras
en el alma
y la literatura.

Al terminar de escribir el poema con el que había soñado me preguntaba qué habría querido decirme Dios con tales palabras. ¿Por qué tendría yo que entender el significado del olor de la rosa si sabía cuál era el olor? ¿Cómo debía yo conectar el perfume de esta flor con mi vida y la vida de mi familia? En medio de mis necesidades económicas en Colombia, me sentaba todas las noches a leer la Biblia y oraba pidiendo en silencio bajo un lavaplatos de una cocina ajena poder volver a estudiar.

Un día vi en otro sueño que tocaba una puerta muy grande, pero mi mano era muy pequeña para que alguien me oyera. Toqué incesantemente hasta que la puerta de hojas grandes se abría ante mis enanos ojos. Se me dejó entrar y cayeron sobre mí toneladas de olores a rosas. El olor de las rosas era de rosas de todos los colores, de aquellas cultivadas con amor y paciencia.

Días después, convencí a mi esposa, para que llenáramos los documentos de solicitud de estudios en universidades de Estados Unidos. Todos nuestros compañeros ya tapizados con el color yupi de la clase media latinoamericana nos decían con voz yupezca *"¿Quién los va a escoger si son un par de pobres?"* A pesar de los malos augurios y las burlas ajenas, ambos cruzamos por la puerta de la libertad a pesar de tener manos pequeñas, de ser de color oscuro y de tener un pasado oscuro.

Una vez que arribamos a Estados Unidos, nos enfrentamos a cinco elementos que han sido barreras para algunos, pero que para nosotros sólo han sido retos. El primero fue la adaptación a un nuevo sistema académico y a una nueva forma de pensar. Debíamos escribir ensayos de veinte páginas de una semana para otra en inglés. En un comienzo esto parecía complejo, monumental, infranqueable, pero comunicándonos por teléfono con amigos y cruzando ideas entre mi esposa y yo nos dábamos apoyo el uno al otro. Íbamos a misa los domingos, leíamos para nuestras clases hasta entrada la mañana, y nos repetíamos que caminábamos de la mano de Dios y no solos.

Otro reto al que nos enfrentábamos era la soledad en la que vivíamos. Para contrarrestar esto, nos dimos a la tarea de trabajar ayudando a la comunidad blanca, afroamericana y latina a través de un comedor público de la iglesia. Vimos como muchas personas no tenían que comer en los Estados Unidos y además no les alcanzaba para pagar las cuentas de los servicios públicos. En ese momento nos preguntamos si los medios de comunicación mostraban una idea incompleta del mundo tal como habíamos observado en Europa y en Latinoamérica.

Estudiamos arduamente al igual que los estudiantes de otros países. Nos dimos cuenta del sentimiento nacional contra nosotros cuando, en mi caso, obtuve la nota más alta en un examen internacional en una universidad del norte de los Estados Unidos. Debía dar un discurso por haber obtenido la nota más elevada por encima de los estudiantes asiáticos, de Europa del este, de África, etc. Sin embargo, una de mis profesoras me informó que a mí no se me daría esa oportunidad porque yo era muy tímido y preferían que la persona que hablase fuera un estudiante del medio oriente que trabajase para las Naciones Unidas. Con tristeza miré mis pies y recordé que las rosas dominan el mundo no a la fuerza sino con belleza, con olor fino y silencio penetrante. Fue entonces cuando decidí que debía trabajar más arduamente hasta lograr usar mi voz en público tal como la rosa hace sentir su voz a través de su olor en medio del caos del mundo.

El menosprecio hacia nuestra cultura y las bajas expectativas sobre lo que podíamos y podemos hacer académicamente era y aún es nuestro tercer reto. Para la muestra de otro botón, en un semestre durante mis estudios en otra universidad del norte de América obtuve la puntuación más alta en las evaluaciones que los estudiantes dan a sus profesores. A pesar de esto nunca se me dio una nota de felicitación o de agradecimiento, pero comprendía la frase de una de mis ex-profesoras: "Nunca te quejes, antes bien trabaja con dedicación".

En las cabezas de mi esposa y la mía nunca retumbaron las palabras de dejar de luchar. Muy por el contrario, así como de la flor expele un fuerte olor a bondad, amor y amistad, de igual forma nosotros seguimos trabajando en nuestras escuelas para ayudar a nuestros estudiantes, colaborar con los padres de familia, con los administradores, pero ante todo para ayudar a salir adelante a otras personas sin importar raza, clase, género o nacionalidad.

Para repeler nuestro resentimiento y el de otras personas hemos decidido trabajar con niños de la comunidad pobre de Estados Unidos. Organizamos los cursos de la escuela dominical de la iglesia, llevamos a niñas necesitadas al cine con permiso de sus padres, colaboramos para comprar comida y abrigos para el frío a personas carentes de recursos económicos en el país que nos ayudó a buscar una voz entre las montañas, los riscos, las praderas, las costas del mundo.

En pocas palabras, los hispanos debemos estudiar arduamente y 'echarle ganas' como dicen nuestros hermanos mexicanos. Debemos mostrar nuestra casta y unirnos en todas las causas que nos favorezcan y que nos desfavorezcan. Debemos los hispanos en los Estados Unidos y en Latinoamérica recordar que Dios nos dio un idioma hermoso y una diversidad cultural de la que no debemos sentirnos avergonzados sino que debemos cuidarla y darla a conocer por todos y en cada uno de los rincones del mundo.

De los números a las letras

Marinelly Castillo Zúñiga

Jamás pasó por la mente de los que me conocían que la contadora exitosa que trabajaba en una importante compañía multinacional, que amaba los trajes formales, los viajes y una vida social muy activa, podía llegar a cambiar todo esto por un salón de clases en donde en vez de tener reuniones con altos ejecutivos, tendría charlas con chicos que empezaban sus estudios universitarios. Cualquier persona pensó que algo así era imposible o tal vez un sueño o una pesadilla.

En septiembre del año 1998 vine de vacaciones a los Estados Unidos y visité varias ciudades en Florida e Illinois. Estando por una semana en Boca de Ratón, Florida, me sentí desconectada con el mundo exterior porque no hablaba el inglés. Pasé algunas dificultades y eso me hizo tomar una decisión drástica: necesitaba aprender inglés. Más que una decisión se convirtió en una obsesión.

Al regresar a Venezuela después de mis vacaciones comencé mis clases de inglés con un profesor particular e hice todo lo posible para aprender, pero sentía que para dominarlo bien debía viajar a un país en donde se hablara inglés.

Trabajé por un año más y renuncié a la compañía en donde había trabajado por ocho años y decidí darle un cambio de 180 grados a mi destino. Con un plan de vida, ilusionada por aprender inglés, conocer un nuevo país y hacer una maestría en negocios, en agosto de 1999 vine a los Estados Unidos. Recuerdo la fiesta de despedida que me organizó mi familia. Esto fue lo que me dijo mi padre: "Hija recuerda, si no te gusta o no te sientes bien, regrese, acá estamos nosotros". También me dijo: "Si no entiende algo siempre diga no, así evitará tener problemas". Me reí como loca porque me imaginaba diciendo "no" a todo.

Llegué a Bloomington, Illinois porque en esta ciudad vivía una de mis mejores amigas. Todo iba como lo había planeado, estudié inglés por año y medio y llené la solicitud para iniciar mi maestría en negocios en Illinois State University, pero había algo que me inquietaba y no sabía qué era. Me imaginaba trabajando al terminar mi maestría en negocios y volviendo a mi vida anterior y esa idea no me hacía feliz y no entendía por qué.

Una tarde tuve una conversación con una de mis profesoras en el instituto de inglés. Ella me habló de que el Departamento de Idiomas estaba buscando hispano-hablantes para que enseñaran español en los niveles básicos y mejorar así el nivel del programa de español. Para poder entrar en este programa debía hacer una maestría en español, me ofrecieron una beca que pagaba mis estudios y que además incluía una compensación monetaria, de mi parte debía enseñar español a los estudiantes de primer año.

Al principio me pareció una locura pero a esa altura de mi vida en donde tenía un conflicto de existencia con mi vida cualquier cosa era posible. Tuve una entrevista con la directora del programa y le comenté que le agradecería cualquier comentario, positivo o negativo porque le hice saber que de ahí dependía mi futuro. También trabajé muy cerca con una de mis profesoras, a quien tengo en un lugar muy especial en mi vida por toda la ayuda brindada y quien me alentó a seguir adelante en la maestría de español debido a que vio en mí lo que yo jamás me imaginé ser o tener. Recuerdo sus palabras como si fuera ayer: "Tienes una capacidad nata para entender e interpretar la literatura como pocos de mis estudiantes. Creo que puedes tener mucho éxito en esta profesión". Salí ese día de clase con una sonrisa dibujada en mi alma, en ese momento recobré la confianza en mí nuevamente y no me sentí perdida. Supe que un nuevo capítulo en mi vida estaba por comenzar. Era consciente de que mi vida había tenido un giro no de 180 grados como llegué a imaginar, sino de 360 y estaba convencida de que una etapa muy bonita en mi vida estaba por empezar.

Nadie podía creerlo, el ser una contadora a querer ser una profesora de español era una idea que muchos de los que me conocían todavía no podían entender y toda esa desconfianza que veía en mis seres queridos y amigos no me ponía nerviosa, por el contrario, yo me sentía muy tranquila y ansiosa por un futuro incierto, en un país extraño y en una profesión completamente nueva para mí.

Trabajé por dos años como profesora de español mientras estudié mi maestría. Durante mi nueva profesión como maestra en dónde no sólo me encanta enseñar la lengua sino también ser una especie de embajadora de la cultura hispana reafirmé que no me había equivocado. Hacer esto día a día, semestre a semestre, me dio la confianza necesaria para conocer nuevos alumnos, cada uno con una vida en particular, una historia propia. Mi recompensa: verlos hablando en español, saber que algunos de ellos terminaron la clase sabiendo la diferencia entre la música salsa y el merengue, o que en España uno de los platos favoritos es la paella y que en Venezuela se comen arepas, entre muchas otras diferencias existentes en la maravillosa y rica cultura hispana.

Contar mi historia de migrante en estas páginas puede parecer corta o larga, pero lo que sí es cierto es que entre 1998 al 2004, fecha en que terminé mi maestría, pasaron muchas cosas, unas buenas que me dieron fuerza para continuar adelante y alcanzar mis sueños como por ejemplo el haber conocido al amor de mi vida y mi esposo hoy en día; otras cosas malas que me preocuparon pero que no hicieron posible que pensara en fracasar, como la crisis económica al menguar mis ahorros, y en donde me vi obligada a aceptar trabajos que jamás pensé hacer en Venezuela, como en la cafetería de la universidad, recepcionista en las residencias estudiantiles, coordinadora para un plan vacacional, de obrera en una empaquetadora de chocolates o hasta de niñera. Hoy recuerdo esos días y le doy gracias a Dios por la oportunidad de permitirme ganarme el pan de cada día honradamente y ayudarme a mantenerme en pie y a

Déjame que te cuente...

tener fortaleza para seguir adelante. Estos trabajos más que dinero me dieron alegría, buenos amigos y amiguitos como los niños que tuve el placer de cuidar siendo una niñera, Thomas y Claire. Otras cosas fueron inevitables, como la muerte de mi adorado padre.

Hoy en día soy ciudadana americana y a veces ni yo misma lo creo. Gracias a Dios, que los venezolanos tenemos la dicha de la doble ciudadanía porque hubiese sido una decisión muy difícil el tener que dejar de ser oficialmente venezolana. En este momento me siento muy agradecida a este hermoso país por todas las oportunidades dadas, consciente de que las he aprovechado de la mejor manera. Tengo una familia hermosa y un trabajo que adoro. Viajo a Venezuela por lo menos una vez al año y lo único que lamento de haber emigrado es el haber dejado a mi querida familia y a mis amigos. Haberme negado la oportunidad de ver crecer a mis sobrinos, de ver envejecer a mi madre y hermanos. Pero jamás me arrepentiré del cambio tan brusco que le di a mi vida. No sólo cambié de país, de lengua, de cultura, de amigos, sino también de profesión. No ha sido todo perfecto pero creo que mi experiencia ha sido bastante satisfactoria y gratificante.

El pasar de los números a las letras me ha dado la oportunidad de tener una carrera profesional exitosa, en donde encuentro alegría en los ojos de mis estudiantes, y en donde me siento digna representante del gentilicio hispano. En mi caso, tengo una profesión en donde la satisfacción se deletrea y no se calcula.

No puedo quejarme

Lillian Taylor

¡Hola! Déjame que te cuente amiga, que hace muchos años, más de cuarenta, mi papá me hablaba sobe la tradición de la docencia en la familia norteamericana. Tenía una tía abuela en Michigan cuyo nombre aparecía en un edificio de la Universidad de Michigan en Ann Harbor. A mí se me encrispaba el pelo nomás de oírlo... Pero ¿es que acaso no me conocía mi papá? ¡Yo no quería ni podría ser maestra! ¡Era super tímida! ¡Nunca podría pararme enfrente de una clase! ¿No me conocía mi papá? Pues eso mismo lo recordaba a la edad de cuarenta años al tener que decidir una especialidad en la universidad. ¡Cómo dio vueltas mi vida! ¡Cómo cambié! Después de varios meses de estudios me di cuenta que sí sería capaz de hacer lo que venía tan natural a los profesores... no era algo de otro mundo: yo poseía la capacidad y atributos para emular a los mejores y formar mi propio estilo de enseñanza; aportaría mi experiencia junto con mis conocimientos a los estudiantes. Enseñaría español, puesto que era lo más práctico y lógico para mí que siempre leí muchísimo. Ayudaría a los estudiantes del Valle del Río Grande a que escucharan el idioma de sus padres para tal vez modificarlo o aprenderlo de lleno, así como conocer detalles sobre la cultura de sus padres o abuelos. Y ahora, casi veinte años después de aquella decisión ¡me da gusto! Me da gusto pensar en mi carrera de estudios y mi carrera de enseñanza.

¿Tienes otras cosas que hacer? Bueno... luego me llamas.

Amiga, ¿cómo estás? ¿Quieres que siga contándote? Pues bueno... te cuento que descubrí que era mexicana-americana. Lo descubrí cuando me vine a vivir a los Estados Unidos. Ya sabes, en el D.F. es raro que nos enteremos de apodos como chilanga o grupos étnicos como méxico-americanos. Pero soy de la capital y además, qué ventaja, soy trilingüe ya que estuve casada con un francés y ¡me inspiré en aprender esa lengua tan linda y romántica! En realidad mi historia es diferente a la de muchos profesores de por acá que realmente pasan por tragedias al venirse. Fíjate que mi padre era de Michigan, no Michoacán y residió en la ciudad de México durante cuarenta años antes de jubilarse en Texas. Entonces mis hermanos y yo aprendimos el inglés desde chicos. Con el apoyo materno y paterno, más la educación proporcionada por monjas americanas logramos ser totalmente bilingües y biculturales. Sí, ¡fue una ventaja! Por eso del inglés, cuando me propuso mi padre que estudiara para profesora, ¡yo no podía hacer más que bostezar! Sabía que podría trabajar como secretaria y seguir mi corazón, muy ocupado a los diecinueve años, puesto que estaba enamorada y no podía ver más lejos de los ojitos azules de mi novio francés guapísimo, trabajador, ambicioso, deportista, etc.! No veía el futuro… ¡sólo sus ojos azules!

¿Y que pasó con el francés? ¡Pues te cuento que nuestro matrimonio nos condujo a conocer México! ¡Qué formidable la pasamos! Sí, la compañía hotelera para la que trabajaba nos mandó a muchos hoteles en las costas. Estuvimos en Cancún, comí *papatzules* y *panuchos*, escuchaba con placer el acento precioso de los yucatecos, me bañaba con mi nena en las aguas tibias del Caribe. Mis amigas hoteleras preparaban *queso relleno y chocinita pibil*, escuchando música de marimba y riéndonos de las *bombas* yucatecas. La única radio que se escuchaba era Radio La Habana. ¡Imagínate! Luego vivimos en Puerto Vallarta, ¡qué lindo pueblito! Comí *ceviche* y también *tamales dulces de elote* y *pozole colorado* durante navidades. ¡Qué delicia! ¡Inolvidables! El *helado de plátano fresco* que era especialidad de una rica heladería que gozaba al columpiar a mi peque en una hamaca en el malecón. Mi familia creció porque pronto llegó otro nene, Daniel. Pero mi vida de esposa iba mal.

De pronto, el destino nos dio otra oportunidad. ¡Vida nueva! Gran amor y atenciones y llegamos todos a Manzanillo para vivir en un hermoso condominio en la playa. Allí mis hijos Valerie y Daniel se criaron nadando, practicando deportes, estudiando sus primeros años en una idílica escuelita Montessori sobre la playa. ¡Imagínate los recuerdos que ellos tienen!

Pasaron cinco años lindos, conocimos a otros franceses. ¿Cómo? Pues figúrate que son muy aventureros y se lanzan a donde hay bonitas playas. Trabajan en lo que sea. Pues bueno, me convino porque practicaba un poco mi medio francés que iba aprendiendo; pero mientras, mi esposo conoció a otras personas también. Y la vida idílica de mis hijos tendría que terminar. Me dolía quitarles a su padre, pero ya casi no contábamos con su presencia. Sería un adiós a la costa de Manzanillo, los atardeceres maravillosos, los pirulíes, las tortas ahogadas, el ceviche raspado, la linda playa, las preciosas ballenas que pasaban por la bahía cada invierno, y las grandes amistades que nunca dejarían de serlo...

Un buen día, como augurio del porvenir, el suelo se extremeció en un grandísimo temblor que llegaría hasta la ciudad de México como suele pasar cuando el epicentro se encuentra en el Pacífico. Era el mes de septiembre de 1985. Empaqué mi auto y emprendí hacia la frontera norte, donde ya estaban mis dos hijos de visita con sus abuelos. El temblor sirvió de anuncio y por fin enfrenté mis temores, encontrando la energía para hacer milagros con mi vida. Sin titubeos, pero sin estudio ni carrera, una mujer que pronto sería divorciada, no tenía lugar en la sociedad mexicana. Me dirigía directamente al norte, donde me esperaban mis padres y mi hermana. Iba a rehacerme a mí misma, con las cualidades que yo escogiera, en ese país de oportunidad.

Pues todos esto pasó hace mucho tiempo. Mis padres, mi hermana, mi cuñado y su familia nos recibieron con gran amor y apoyo, sin condiciones. Hasta puse en efecto la famosa tarjeta verde que ya poseía puesto que Gabriel y yo la habíamos solicitado un par de años atrás, antes del éxito de su nuevo restaurante en Manzanillo. Dadas las circunstancias, yo podría aprovechar nuestros ahorros, la tarjeta verde, y me iría para siempre... Y así, con un carro lleno de cajas, ropa, juguetes, regalos y objetos de plata que habíamos recibido como regalo de bodas, los cuadros lindos que mi mamá había pintado y demás, emprendí carretera. ¡Bienvenida la tranquilidad de espíritu que me llegó muy pronto! La oportunidad que tendría yo en los Estados Unidos sería mi meta.

Cuatro años más tarde, el día de mi graduación como maestra de español, sonreía al tener mi diploma en las manos. Podría ganarme los dólares necesarios y tomar decisiones más trascendentales en mi vida. Mi esposo Chet estaba a mi lado, su apoyo era imprescindible para sacar adelante a mis dos lindos hijos, mis padres que nos albergaron, mi hermana y mi cuñado que siempre me habían ayudado, y ¡ahora mi nuevo esposo! McAllen High School me ofrecía trabajo de planta. Después de casi cuatro años de estudios, desveladas en preparación de exámenes, de trabajos y de ensayos de la mano de mi hermana, mi fuente de apoyo constante, con la presión emocionante de encontrar por fin la carrera que podía ejercer con gusto. ¡Qué regalo es la educación! Mis profesores de español estaban felices por mí y me veían como excelente prospecto de profesora de lenguas con algo más que los profesores locales. Mis profesoras de francés querían que me especializara en francés, y al fin decidí que me convendría certificarme también en esa lengua con la finalidad de poder solicitar trabajo para enseñar los dos idiomas.

Ahora todo parece un sueño… algo sin mucho chiste, puesto que he recapacitado tantísimo sobre mi vida. Mi esposo y yo tenemos diecinueve años de casados, mi actual estatus de abuela, con una hermosa casa al lado de un río, sigo impartiendo clases en la universidad, ya que Chet me animó a seguir superando mi nivel de educación, abriéndome las puertas para una mejor vida. Pero para qué te cuento… mi vida ha vuelto empezar… ¡ahora son mi hermana y mi cuñado queridos que vendrán hacia mí para estar cerca de nuestros nietos! Y el río sigue su cauce. ¡Ah! Mis hijos estudiaron y se casaron con norteamericanos y viven cerca de nosotros. ¿Verdad que tuve suerte?

Lillian Taylor

Les digo a mis queridas nietas, las ternuras de mi vida: "Quiero que sepan que su abuela dejó México con mucha tristeza en el corazón. Aquí en los Estados Unidos no saben lo que es la vida en México, tan llena de alegrías, el cariño sincero y constante de los amigos, el colorido tan padre, la comida tan rica, la música, ¡ni se diga! Las amistades que hicimos son de por vida… Lo tuve que dejar porque en los Estados Unidos encontraría la oportunidad que en México no había, los estudios universitarios que son indispensables para salir adelante en todos los aspectos. Siempre encontré aceptación entre los profesores, los jefes y los estudiantes, y quiero que sepan que ustedes podrán hacer lo mismo en cualquier área de estudio, y mejor que todo, ¡durante su juventud!"

Bueno, pues como te comenté, ¡no puedo quejarme! Podría seguir contándote pero ya tengo que colgar. ¡Hablamos pronto!

En el país de las limousines

Lourdes Sabé Colom

Quiero dedicarle esta breve narración a mi papá,
a quien le fascinaban mis relatos de trotamundo.

Déjame que te cuente por qué, cuándo y cómo llegué a un país que, desde mi remoto barrio de Gracia barcelonés parecía un vibrante, atractivo, seductor lugar. Mi naturaleza aventurera y el afán de independencia y superación me llevaron hasta Connecticut, un lugar para mí totalmente desconocido excepto a través de alguna referencia en el cine. Sin duda, un espacio ajeno a mí, pero cuyos pintorescos paisajes nevados lo pintaban a la vez que frío, acogedor y algo intrigante.

Era el mes de noviembre de 1991 cuando mis padres y José María, mi hermano mayor, me acompañaron a una estación de autobuses en la ciudad condal. Allí tomaría el bus a Madrid y de la capital el avión a Nueva York. Un largo, pero emocionante trayecto. La agencia de Au Pairs no pagaba el vuelo desde Barcelona, de modo que decidí como buena catalana llegar hasta Madrid del modo más económico posible: en autobús. Recuerdo como si fuera ayer la imagen de mis padres y mi hermano en el iluminado andén de la estación, saludándome mientras esperaban la salida del autobús, ya lleno de pasajeros. Haciendo de tripas corazón me sonreían con rostros desencajados. Sabía que estaban apenados, desconcertados. Incrédulos a lo que veían, no podían detener lo inevitable, la partida de la hija menor al otro lado del charco atlántico. Era un viaje nocturno y las estrellas, medio risueñas, observaban aquel adiós, aquel hasta pronto y aquel ¡buen viaje! con complicidad.

Mi ciudad natal se me había encogido con los años. ¿Cómo

había ocurrido tal cosa? La escuela donde había estudiado y hasta hacía poco tiempo impartía clase se había convertido en una siniestra trampa que me iba tímidamente enredando en sus redes. Veía a las antiguas maestras de mi infancia aún allí. Se habían convertido en mis colegas del profesorado en la escuela. ¿Iba yo a seguir su misma suerte y permanecer allí por los siglos de los siglos? "De ningún modo" –me decía a mí misma–. "¡Qué afortunada! ¡Trabajas en el barrio, en la escuela de toda la vida, qué maravilla, con lo majas que son las monjas!" –me decían algunos–. Ay, cómo explicarles que esa breve ruta que había hecho de casa a la escuela y de la escuela a casa durante veinte años, no me interesaba recorrerla veinte años más. Cómo explicar que a mi vida le habían crecido unas grandes y aparatosas alas que no podía ni quería cortar o ignorar. Estas alas iban a acompañarme en ese vuelo a Nueva York, en ese viaje que iba a cambiar por completo mi vida. Mi alma se abría a ese sino que me esperaba ansioso al otro lado del océano, fuese cual fuese.

Sentir que me alejaba de las aulas, de esa majestuosa, pero a la vez rutinaria imagen de la Sagrada Familia que podía entrever a través de los diáfanos ventanales de la clase, era reconfortante. A medida que el avión avanzaba en su destino sentía acelerarse en mí el entusiasmo ingenuo de la edad juvenil. El avión iba medio vacío. Era temporada baja, así que había asientos libres por doquier y varios pasajeros a mi alrededor con ganas de conversar. Mi espíritu, inquieto por esa aventura algo quijotesca que acababa de empezar, se abría a conversaciones triviales, sencillas, amenas. Cuando las luces de la megaciudad empezaban a divisarse por la ventanilla, podía sentir el fuerte palpitar. "Aquí estoy Nueva York. Estados Unidos, vedme, ¡Lourdes está apunto de aterrizar! Preparaos porque voy por vosotros, no os podréis librar de mí fácilmente". Iba a comerme el mundo a mis pies o, por lo menos, a pegarle un mordisco tan grande como las circunstancias me permitieran.

El vuelo llegaba al JFK de Nueva York a tiempo. Todo había salido como estaba previsto, aún mejor, había hecho amistades en el avión. Curiosamente, unas amables señoras me habían dado sus señas, "en caso de que la familia de hospedaje en Connecticut no te trate como es debido", me dijeron. Según ellas, eso ocurría a menudo, y había que ir con cuidado con el riesgo de explotación o abuso laboral. Bueno, por si las moscas, puse a buen recaudo su número de teléfono y agradecí sus advertencias y trato maternal.

Ya fuera del avión y recogidas las maletas seguía al pie de la letra las instrucciones que mi madre de hospedaje me había mandado por fax. Mi inglés macarrónico y mi desconocimiento del mundo americano hacían que me sintiera como pez fuera del agua. Sin embargo, no por ello estaba incómoda, todo lo contrario, me sentía fascinada por un mundo tan distinto al mío. Las instrucciones indicaban: After picking up your luggage and going through Customs, continue to Ground Transportation. At the Ground Transportation desk ask for the Connecticut Limousine. The Connecticut Limousine will take you to Waterbury. No conocía yo a nadie que hubiera viajado en limousine. "¡Imagínate! ¡En limousine! Acaba uno de aterrizar en este país de vacas gordas donde se encuentra uno oro bajo las piedras, y ¡zas! por si fuera poco, hay un servicio de limousines esperándote en la puerta del aeropuerto para llevarte a tu destino"–pensaba–.

Llevaba un buen rato esperando la llegada de la limousine cuando de pronto alguien pronunció la versión americana de mi nombre: "Maria Seib". ¿Quién sería esa tal Maria Seib? Yo no, desde luego. Parece que hay muchos hispanos aquí porque están llamando a una María. Y lo escuché de nuevo. Y de golpe me di cuenta. Ese nombre me sonaba. "Dios mío, ¿así iban a llamarme en los Estados Unidos? ¿Y mi apellido materno? Cuando se lo cuente a mi familia se mueren de la risa y de pena a la vez", me decía. Pero eso de que me llamaran María en lugar de Lourdes no me hacía mucha gracia. Después de oír el nombre una segunda vez reaccioné y el conductor del vehículo me acercó a un gran autobús con enormes letras coloreadas a ambos lados. Decía: Connecticut Limousine. Pero… ¿iba yo a viajar en autobús o en limousine? Esta fue la primera decepción en un país que recibía a esa tal Maria Seib con los brazos abiertos, siempre que ésta se adaptara bien a las circunstancias y a ese sino al que atrevida e intrépidamente iba a lanzarme sin reservas. En cualquier caso, si las cosas no me iban bien con mi familia de hospedaje –me decía para mis adentros– siempre podía llamar a las señoras del avión. O si al cabo de mi año de Au Pair sentía que este país de los autobuses limousine me seguía decepcionando, siempre podía regresar a Barcelona, al barrio de Gracia, a la escuela que me vio crecer y florecer como maestra, a las monjitas que seguían tratándome como si fuera aquella niñita con trenzas que salía en las funciones y tocaba la guitarra en misa. Siempre podía volver a casa, donde sin duda mis padres serían los padres más felices del mundo al ver regresar a una de sus ovejas medio descarriadas. Pasara lo que pasara había un plan de ataque o, mejor dicho, de defensa. Pero sin duda, ese regreso involuntario sería un trago amargo.

El mes de noviembre de 2011 cumplí veinte años en el estado de Connecticut. No pasa un día que celebre la entereza de subirme a ese avión que me permitió extender las alas al destino. El azar me ha tratado bien a nivel, doy gracias a Dios. El apoyo familiar a lo largo de los años ha sido decisivo, y ahora mi columna vertebral es mi marido, Elliott. A mi sobrina, que es la única nieta de mis padres, me gustaría que aprendiera con esta historia que los sueños son realizables cuando se desea algo con pasión y uno se entrega de lleno a la realización de este sueño. No hay que temer. "¡Laura, abre tus alas y déjate llevar!"

Siguiendo sus pasos

María Hardy-Webb

Cuando me pidieron que hablara de mujeres que me habían servido de inspiración, inmediatamente pensé en mi madre y mi abuela. Tuve que pensar un rato para descifrar cómo me habían inspirado ya que eran mujeres a quienes yo consideraba "invisibles".

Mi abuela era libanesa y había llegado a Cuba pensando que ella y su esposo volverían al Líbano luego de haber visitado a unos parientes. Algunos eventos que ocurrieron y que yo sabía de niña pero que ya no recuerdo, hicieron que mis abuelos no pudieran regresar a su país de origen. Mi abuelo trabajaba para un pariente y mi abuela cuidaba a sus seis hijos que habían nacido en Cuba. Ella esperaba a su séptimo hijo cuando su esposo murió. Mi padre, el mayor de los hijos, tenía diez y siete años cuando quedó huérfano así que tuvo que dejar los estudios y buscar un trabajo para sostener a su familia y así lo hizo.

Todos los hijos tuvieron que trabajar para sostener a la familia. Mi padre trabajaba para un comerciante que tenía una industria de fabricación de productos textiles y los hermanos menores hacían los trabajos que les daban, por ejemplo, ellos repartían el pan de una panadería ubicada en el vecindario y les pagaban con el pan que llevaban para su casa. Eran cinco hijos y dos hijas, una que padecía de retraso mental. Era una familia muy pobre, pero llegaron a ser comerciantes renombrados en la ciudad donde vivían.

Mientras se iban haciendo mayores, los de más edad ayudaban a los menores hasta que podían valerse por sí mismos y sostenerse por su cuenta. Finalmente todos los mayores se unieron para proporcionarle al menor de todos una educación universitaria de primera calidad. Lo mandaron a España para que estudiara Medicina y hoy es un cirujano conocido en Santiago de Cuba. Es además poeta.

¿Cómo era mi vida en Cuba? Yo tuve una niñez de ensueños. De niña asistía a la escuela donde la Educación Física era un requisito, pero no se exigía la participación en los deportes. Ese detalle me iba muy bien, pues no tengo ningún talento para los deportes, ni deseos de competir. Yo hacía mis deberes y jugaba con los otros niños del vecindario. Mientras me iba haciendo mayor, mi abuela y mi madre incluían a los niños en todas sus actividades. Por ejemplo, aprendíamos a coser, a cocinar y a hacer numerosos trabajos prácticos. Estas actividades eran parte de lo que aprendíamos cotidianamente. Uno de los recuerdos que tengo era que caminaba con mi madre todos los días para llevarle comida a una mujer enferma que tenía varios hijos, lo que hice por meses o años. Había un nivel de participación en la vida diaria que se expandía a través de la ciudad y más allá. Siempre había alguien necesitado (de la calle) a quien se le servía comida todos los días en mi casa.

Cuando había que celebrar, las mujeres se esmeraban en extremo. Durante los festejos del Carnaval las calles se cerraban, los vecinos decoraban la calle, contrataban músicos, hacían enormes quioscos y se vestían de acuerdo con el tema que se escogía para ese año. Estos festejos duraban dos semanas.

Mi madre estuvo varias veces a cargo de organizar las actividades del carnaval, de encontrar jueces, de aconsejar a los residentes de distintos vecindarios. El alcalde la nombró a ella para estos cargos. ¡Era un hombre inteligente!

Cuando había enfermedades o muertes, toda la comunidad (principalmente las mujeres) se hacían cargo de las personas afectadas y las ayudaban y consolaban todo el tiempo que fuera necesario.

Aunque mi madre pertenecía a una familia española-cubana muy respetable, no pudo celebrar su boda porque un pariente suyo acababa de morir y estaban de luto. Por eso el cura los casó, se retrataron y eso fue todo. A pesar de que no hubo ceremonia nupcial los recién casados no derramaron ni una lágrima ni lamentaron que no la hubiera. De hecho, el padre de mi madre les compró su primera casa y empezaron su vida de casados tranquilamente gracias a los ahorros que tenían destinados a su nueva casa. Años más tarde mi padre hizo lo mismo para sus dos hijas. Yo tuve una boda muy pequeña, así lo decidí y mis padres nos regalaron una casa, la misma donde vivo todavía. Ese matrimonio duró sesenta años, hasta que mi padre murió.

Creo que mi madre aprendió de su suegra a disfrutar de la vida, a enfrentarse a la adversidad con benevolencia, a tener una perspectiva optimista y a escoger con cuidado sus preocupaciones.

No sería justo decir que las mujeres a las que me refiero lo hicieron todo solas. Mi padre estaba siempre disponible y además las animaba, apoyaba a todas las mujeres en su vida dándoles libertad y mucho amor; decía que era el hombre más feliz del mundo.

Años después de haberse casado y ya con dos hijas, mis padres tuvieron que salir de Cuba por razones políticas, donde una revolución comunista derrotó al presidente que dirigía el gobierno en ese momento. Mis padres perdieron su negocio y casi todos sus ahorros. Mi madre decidió que saldríamos de Cuba y mi padre se comunicó inmediatamente con algunos contactos de negocios que tenía en España y en los Estados Unidos. De esa forma pudo mandar dinero a varias personas quienes le depositarían el dinero en un banco extranjero hasta que él pudiera salir del país. Mi familia no pudo salir junta de Cuba y por eso mi madre decidió que mi hermana y yo saldríamos primero y más tarde ellos se reunirían con nosotros. Mi padre se opuso a ese plan y propuso que esperáramos a que pudiéramos salir juntos, pero mi madre no cedió y nos mandaron para Miami a un campo de refugiados que cuidaba a menores cubanos. ¡Había tanto sufrimiento en mi familia, me daba pena ver a mis padres tan afligidos!

Cuando pienso en esos tiempos, no sé cómo fue que sobrevivimos. Nos mandaron para Louisville, Kentucky, donde la organización de Catholic Charities recibió a varios niños y jóvenes

Déjame que te cuente...

hasta que sus padres salieran de Cuba o encontraran familias que los alojaran. Mi hermana tenía doce años y yo diecisiete. Extrañábamos a nuestra familia y amigos y sabíamos muy poco inglés. Pudimos sacar poca ropa y nada más, ni siquiera llevamos fotografías de la familia.

Con el paso de los días y los meses, conocimos a personas muy buenas que nos ayudaron y encontramos algunas oportunidades. Sin darnos cuenta, empezamos a aplicar los principios que las mujeres en nuestras vidas nos habían dado con su ejemplo: trabajar mucho, ser optimista, ser agradecidas, aprender todo lo que pudiéramos, ayudar a otros y ser ingeniosas.

Aunque no teníamos un plan definido, teníamos el legado de unas mujeres que sabían amar, ser valientes, cuidar de sus familias y sus comunidades, y pronto empezamos a hacer lo mismo que ellas hacían sin pensarlo siquiera.

Años después de haberme casado y con dos hijas, todo nos iba muy bien y entonces nació mi tercer hijo con retraso mental. Lo primero que pensé fue que yo tenía mucho que aprender. Debía encontrar opoutunidades para que mi hijo se desarrollara y aprendiera lo más que pudiera.

Trabajé de voluntaria en una organización donde yo era el primer contacto de otros padres que tenían hijos que habían nacido como mi hijo. Les decía: "Miren a mi familia, tenemos una vida normal, somos felices", y nos respondían con asombro, "en verdad tienen razón, este hijo o hija me va a enseñar todo lo que necesito saber y entonces seré maestro de otros".

Yo no he vuelto a Cuba, pero Cuba ha venido hasta mí a través de mi abuela y mi madre, las mujeres que junto a muchas otras, educaron a sus hijos, les enseñaron el valor de los principios de sus propias familias y establecieron contactos a través de los continentes; es decir, que crearon la historia de su gente, como diría el escritor español Miguel de Unamuno, la intrahistoria, la historia de tradiciones que sirven de fondo permanente a la visible y siempre cambiante historia.

EE.UU, mi nuevo hogar

Jorge Alfonso Lizárraga Rendón

Comenzaré con el comienzo (valga la redundancia). Nací en la Ciudad de México el 7 de enero de 1964. Fui el séptimo hijo de una familia de ocho: seis varones y dos mujeres. Cuando nací, nos fuimos a vivir a una colonia nueva en el Estado de México, Ciudad Satélite. Fuimos una de las familias pioneras en lo que sería después el área más importante y habitable del norte del área metropolitana del Distrito Federal. Esa colonia, como muchas en todo el país, estaba mezclada entre ricos, la clase media y media baja. Nosotros pertenecíamos a la clase media. Mis padres venían de familias muy bien establecidas económicamente; mi abuelo paterno se dedicaba a los negocios y hasta la fecha existe un edificio de su propiedad cerca del zócalo del centro del D.F. donde viven dos de mis hermanos, una prima y otros inquilinos. Mi abuelo materno fue en su momento jefe de la policía en Morelia, Michoacán de donde es oriunda mi madre. Después, en la Ciudad de México, tuvo un puesto de importancia en la Lotería Nacional Mexicana. Como mi padre no era ambicioso y éramos muchos en mi familia, no había excesos y vivíamos casi, casi "al día". Mi madre siempre fue muy "luchona" y nos consiguió becas a mis hermanos y a mí para estudiar en escuelas privadas ya que ofrecen un nivel académico mucho mayor que las públicas en México.

La memoria más grata que tengo de mi niñez es cuando viajábamos en vacaciones al estado de Michoacán donde mis abuelos maternos tenían una casita incrustada en un cerro rodeado de vegetación subtropical. Cuando era presidente Lázaro Cárdenas, se apropió de esas tierras donde corren manantiales de aguas termo-medicinales, empezó a regalar terrenos y se construyó un hotel en las faldas del cerro y arriba de un cañón donde pasa un río, al lugar lo nombraron Agua Blanca. Para bajar al hotel desde el pueblo llamado Jungapeo, se construyó un camino de un kilómetro de un sólo carril con piedras de río y con alambrado de púas; por un lado (barranco) y del otro lado la pared del cerro. Era toda una aventura llegar a ese lugar tan místico donde los coches tenían que maniobrar para darse paso por ese camino tan estrecho cuando uno bajaba al hotel y el otro subía de él y viceversa.

Creo que la libertad y la seguridad que sentía en ese lugar con abundante vegetación y clima templado-caliente y constantes lluvias, es lo que hizo que se grabara tanto en mi mente esa experiencia de mi niñez. Y a pesar de que lo único que hacíamos mis hermanos y yo era nadar en las albercas de aguas templadas de manantial, era muy agradable visitar ese paraíso que ocupa un lugar muy importante en mi memoria y mi corazón. Otra razón por la cual me gustaba mucho viajar allí era porque no me sentía solo, pues iba acompañado de mis hermanos y mi mamá (no recuerdo a mi padre con nosotros allí). De vez en cuando iba algún invitado, pero en general, tenía a mis hermanos para mí sin tener que compartirlos con sus amigos.

Digo esto porque aquí es donde comienza una de las causas por las cuales emigré a los Estados Unidos. Desde muy chico me percaté que yo era diferente a los demás, que me gustaban los niños en vez de las niñas y por consiguiente, comencé a apartarme de la sociedad pues no quería que me conocieran a fondo. Bueno, pues así transcurrió mi niñez y adolescencia, con el gigantesco temor de que la gente conociera mi realidad. Tampoco fui un ermitaño ya que para mí siempre ha sido muy fácil hacer amistades y en aquél entonces tenía amigas de mis escuelas. Pero en vacaciones, cuando pasábamos más tiempo en casa, es allí donde me daba cuenta de que me estaba alejando de la sociedad. Recuerdo que mi hermano menor salía de la casa y se dirigía hacia la derecha de la calle y mi hermano mayor hacia la izquierda y se iban a jugar con sus amigos mientras yo me quedaba solo en la casa. Claro que no era así siempre, pues recuerdo que pasé muchos momentos alegres en compañía de sus amigos y mis hermanos haciendo travesuras por las calles y jugando hasta altas horas de la noche.

Durante el transcurso de mis estudios de preparatoria, ya era más independiente, pues mi padre se había ido de la casa, mis otros hermanos se habían casado y el menor se había ido a vivir al norte, a Ciudad Juárez, Chihuahua. Después de graduarme de la preparatoria, ingresé a una universidad subsidiada por el gobierno, la Universidad Autónoma Metropolitana, en la cual cursé solamente un semestre. Luego comencé a trabajar en una oficina de seguros en el Distrito Federal e ingresé a una universidad privada, la Universidad Tecnológica de México. Por conflictos de horario con mi trabajo cursé allí solamente un año para después decidir mudarme también al norte, a Ciudad Juárez y eventualmente pasarme "al otro lado" a El Paso, Texas. Esta decisión fue motivada por dos razones principalmente; la primera, por el deseo de imitar los pasos de mi hermano menor que, viviendo en Ciudad Juárez, simultáneamente se cruzaba a El Paso a cursar estudios en inglés, y la segunda razón que mencionaba anteriormente, fue por alejarme de mi familia y la sociedad que me conocía en México por el temor de que se dieran cuenta de mi orientación sexual y que llegaran a rechazarme.

En aquel entonces, México contaba con una sociedad más conservadora, y los de mi familia, creyentes de la religión católica que condena la homosexualidad, me orillaron a tomar la decisión de vivir en otra ciudad. Una vez establecido en Ciudad Juárez en la casa de mi hermano, me inscribí en la Universidad Autónoma de Ciudad Juárez para continuar mis estudios. Tuve tres trabajos en esta ciudad para ayudar a solventar mis gastos. El deseo que tenía era cruzarme al otro lado, a los Estados Unidos, para seguir mis estudios. Después, gracias al "job placement" de El Paso Community College, conseguí un trabajo de ayudante de mesero en un restaurante de comida mexicana. Me hacía pasar por "Juan Lizárraga" pues mi hermano me dio una tarjeta falsa de seguro social a su nombre para así poder trabajar en los Estados Unidos. Cruzaba todos los días a estudiar inglés y a trabajar, hasta que finalmente una tía de mi cuñada me permitió vivir en su casa en El Paso.

Déjame que te cuente...

De ahí en adelante ya hacía mi vida en este país, estudiando con visa de estudiante y trabajando con documentación falsa. En 1991 me casé con una anglo-americana que conocí cuando trabajábamos juntos en El Paso Community College como tutores académicos y tuvimos una preciosa nena, Daniela. En el año 1995, obtuve la ciudadanía norteamericana y en el año 2001 nos divorciamos. Pasó un año y en el 2002 conocí a Richard Garret, con quien he vivido por diez años y juntos hemos criado a dos preciosas perritas schnauzers: Sasha y Lacie.

Extraño mucho a mi familia, especialmente a mi madre que vivía en la ciudad de Querétaro... y quien falleció el 22 de diciembre de 2011. Me quedo tranquilo de saber que se fue de este mundo en paz y sin mucho sufrimiento, pues vivía con uno de mis hermanos, su esposa y sus tres hijos ya adultos. Es una familia muy religiosa y le proporcionaron a Chachá (mi mamá) un nivel de vida superior en cuanto al cariño, cuidados y espiritualidad se refiere. También me quedo tranquilo pues hice lo que estuvo a mi alcance para mostrarle amor y compañía física cada vez que me era posible, ya que desde que sufrió una embolia, aprovechaba cada temporada de vacaciones para viajar a Querétaro a visitarla y proporcionarle cuidados y mimos necesarios. Creo que estas circunstancias nos hacen recapacitar en cuanto a la muerte y en mi caso, creo que en un futuro querré irme a vivir los últimos años de mi vida a un lugar agradable en México. A pesar de esa decisión, considero a los Estados Unidos un segundo hogar y le estoy muy agradecido a este país por las oportunidades que me ha ofrecido para lograr una vida exitosa y con una mayor libertad de vivir con mi propia pareja.

Sueños y esperanzas de una salvadoreña

Alma Alfaro

Para las mujeres de mi casa
Las mujeres en el círculo de la vida
A los inmigrantes en búsqueda de esperanzas
A los que buscan paz
La vida que todos anhelamos tener
Un lugar de reconocimiento
Una comunidad imaginaria donde todos somos iguales

Fue en septiembre de 1987 que llegué a LAX con mi *family*. La abuela había vivido en *the United States* desde noviembre de 1978. Tenía sólo once años y era mi *first time* volando. Volamos por Pan Am (1927-1991). Así tenía que ser; iba a llegar a ser *the first "American" in my family*. Aunque el vuelo fue largo no me importó que duró entre cinco y seis horas, porque era una niña y estaba super emocionada, desde SAL-El Salvador hasta LAX-*USA*. *Everything was new* y bonito. Me sentía cómoda porque la mayoría de las personas abordo de Pan Am eran *Latinos*, una palabra que llegó a ser parte de mi reportorio al ser parte de lo que es "*América*" y saber que aquí me llamarían así.

Mi primera experiencia americana fue en Virgil Junior High School, donde la abuela me registró en el sexto grado. Me dejó ahí con los maestros, después de hacerme unas evaluaciones escolares me dieron un boleto para ir a comer a la cafetería fue ahí que empezó mi nueva vida a lo "americano". Todavía lo recuerdo como si hubiera sido ayer, *my first meal was "Sloppy Joe"*. En esta escuela aprendí inglés como segunda lengua por dos años junto a *immigrants* de México, El Salvador, Korea, Guatemala y muchas naciones más. Como no crecí en ningún suburbio sino que en la ciudad, mi único contacto con *American life* fue en la escuela

Déjame que te cuente...

con los maestros y los directores, la enseñanza y la comida. En *my neighborhood* sólo había "latinos" o asiáticos. Crecí en un barrio cerca de un área muy conocida como la Pico-Union y Koreatown.

La escuela secundaria no fue muy diferente de la otra escuela. Belmont High School, mi secundaria, está en el corazón de Los Ángeles, fue y es una escuela con un gran índice de hispanos y otros grupos minoritarios también. Aquí también lo que era *"American"* y lo que me conectaba con ese mundo eran los maestros y los directores, la enseñanza y la comida.

Siempre he tenido una devoción por la escritura y la lectura y *I love to read a lot*. Los maestros me inspiraron a estudiar. Fui galardonada con premios por sobresalir en lectura y en las matemáticas cuando estaba en Virgil Junior High School. *But for me books are* y para siempre serán *my passion*. En Belmont aprendí francés y en casa hablaba español con *mom*, la abuela, *and with other relatives* pero les hablaba *in English* a mi hermana y a los primos. En la secundaria era trilingüe, durante la clase hablaba inglés y francés, pero a la hora del almuerzo hablaba en *Spanglish* con un grupo de amigas.

Los años en la *junior high school* y la secundaria pasaron volando; y en junio de 1994 me gradué y fui parte del 1% superior de mi clase. Desde 1987 o tal vez desde antes –posiblemente desde mi nacimiento en 1976– todas las estrellas se alinearon para darme éxito. Desde el último año de *junior high school* hasta terminar la secundaria fui un *Fulfillment Fund Scholar*, por eso tuve acceso a muchas oportunidades que muchos estudiantes no tenían. Tuve la oportunidad de visitar muchas universidades; sin mi madre, pero con un grupo de estudiantes. Ahora como profesora me he dado cuenta que los jóvenes visitan las universidades con los padres y esa es la manera "americana" de vivir la experiencia de asistir a la universidad; estoy agradecida de haber sido parte de este grupo que me dio la oportunidad de hacer lo que las familias "americanas" de la clase media hacen: asistir a la universidad.

Desde 1994 he vivido una realidad diferente. Hice mis estudios universitarios en Occidental College (1994-1998), me gradué con dos carreras, una en *English and Comparative Literary Studies* y otra en español. Ahí empecé un nuevo embarque. Dejé mi *ghetto* para vivir en las residencias estudiantiles por cuatro años. La vida ahí era diferente, era un MUNDO totalmente nuevo, esto era "América" el verdadero *United States of America*. No había mucha gente morena como yo. Esto fue un choque cultural, llegué a ser una "minoría". Lo chistoso era que todavía vivía en Los Ángeles pero este lugar era muy diferente de Virgil y de Belmont, ambas escuelas públicas y urbanas, llenas de gente que se parecía a mí, con casi la misma historia, inmigrantes o hijos de inmigrantes. En Occidental College había pocas caras "latinas".

Esta nueva realidad encendió una chispa de curiosidad y mi interés por saber más de mí, Alma, una salvadoreña, en el vasto *The United States*. Bueno, queda decir que en *junior high*, tuve que aprender inglés y por eso de alguna manera tuve que desarroparme de y guardar el español, en la secundaria fui parte del grupo de honores y la literatura inglesa y americana llenaban cada espacio de mi vida, y por eso creo que decidí aprender francés. Todavía no sé por qué nunca tomé ninguna clase en español en la secundaria, quizás quería otro desafío y por eso decidí aprender una tercera lengua. En Occidental College, aprendí más sobre mis raíces salvadoreñas.

En la primavera de 1996 hice el primer curso en español. Me había convertido en *"American citizen"* por el proceso de naturalización el año anterior. Creo que es simbólico para mí haber hecho mi primera clase en español en una institución estadounidense justo al año de haber recibido la doble ciudadanía, era a la misma vez salvadoreña por nacimiento y estadounidense por naturalización. Es simbólico también que el acto de juramento de esta nueva identidad sucedió el día que cumplí los diecinueve años, el 17 de febrero de 1995. Estaba lista para explorar y desarrollar mi conocimiento. Durante el semestre del curso de español para hispano-hablantes me di cuenta que no sabía mucho sobre mis raíces. Hablaba español peno no tenía idea de cómo escribirlo bien. Aunque había

Déjame que te cuente...

nacido, vivido y estudiado en El Salvador hasta la edad de once años, para ese tiempo ya estaba muy fuera de práctica. Como me interesaba lo que aprendía con la profesora Guillén decidí estudiar una carrera en español.

Recuerdo muy bien cómo llegué a la literatura. Fue un día después de una reunión de *CASA (Central American Student Association)* que me encontré con un amigo. Omar B. me habló de Roque Dalton. En esa época no sabía nada de literatura salvadoreña y le pregunté ¿De dónde es Dalton? Y para mi sorpresa Omar me dijo "*Salvadoran*" y fue así que llegué a estudiar español y luego a graduarme con la Maestría y el Doctorado en Literatura.

He enseñado español desde el otoño de 1998. Mi primer trabajo fue en *University of California Santa Barbara* y comencé como un *graduate student instructor* y en 2004 empecé a enseñar como *Assistant Professor* en *Walla Walla College*, ahora Walla Walla University. Mi trabajo como profesora de español me ha llevado a varias conferencias nacionales e internacionales. Mi conocimiento de español y mi educación han sido de gran valor para mí. Ambos han abierto muchas puertas a esta salvadoreña-americana que vive biculturalmente y bilingüemente en un cambiante *United States*.

El dinero no se recoge con la escoba

Ana María González

Con un puntero de veinte pesos empecé mi puestecito de dulces que mantenía desde las nueve a las doce entre semana antes de irme a la escuela y todo el día los sábados y domingos. Además, tenía que llevar a moler el maíz con la recomendación de que fuera "payanado" para que por la tarde mi madre, después de trabajar todo el día lavando a mano sábanas del hotel donde trabajaba, llegara a vender gorditas por lo menos hasta las once de la noche.

Tener mi propio negocio me hacía mucha ilusión y lo celebraba con un revuelo de mariposas en el estómago, pensando que de alguna forma podía ayudar con los gastos y darle algo a mi madre, quien como decía, que ella "no recogía el dinero con la escoba" porque cada centavo le acababa los pulmones.

En la escuela era si no la más inteligente, sí la más aplicada y el oír los halagos de la gente por esta dedicación me daba más ánimos para seguir trabajando, con la seguridad de que estaba cumpliendo con todo mi deber de hija y buena alumna. Atesoraba cada uno de mis artículos escolares, acarreados primero en una mochila café hecha con una imitación cuero que no me duró tanto tiempo y luego en un morral de ixtle, mucho más resistente aunque sí cortante al hombro por el peso de mis cosas para la escuela. Ordenaba los libros por materia, empezando siempre por el de español, seguido del de matemáticas, ciencias naturales y ciencias sociales y cada pequeño artículo tenía un lugar específico en mi morralito de colores desteñido por el sol. Me iba caminando a la escuela, un recorrido de bajada que nos llevaba diez minutos si lo hacíamos con diligencia y tal vez media hora de subida por el peso de las cosas y del cansancio al final del día escolar, además de las distracciones

Déjame que te cuente...

con los compañeros, el goce de los dulces comprados a la salida de la escuela o el hielito adquirido a la mitad de la pesada cuesta. Si me compraba un chocolate Carlos V por ejemplo, le daba una pequeña mordida cada día para que me durara toda la semana. Era realmente feliz, muy a mi manera.

Sabía que tenía que llegar a ser alguien en la vida, sin contar con la certeza de un quien exactamente. Se me identificaba como la niña aplicada y pobre en contraste con mis compañeros, tal vez menos aplicados y ciertamente mucho menos pobres. Yo competía con ellos por la calificación más alta y aunque casi siempre ganaba, mis desventajas eran más objetivas: nunca tuvimos libros en casa, lo primero que leí fueron "Los viajes de Marco Polo" y "Viaje al centro de la tierra" porque mi nuevo cuñado los trajo cuando se vino a vivir a nuestra casa; mi familia se entretenía con las telenovelas y los programas tal vez cómicos pero vacíos de contenido; mi casa de adobe con piso de tierra no era para recibir visitas, tener fiestas de cumpleaños o invitar a los maestros a comer; mi hermana me hacía mi ropa y era yo tan delgada que en una ocasión de las holgadas piernas de un pantalón estilo acampanado que ya no usaba, me sacó dos faldas que decoró muy a su gusto para que yo estrenara; tampoco conté con un padre que me llevara a nadar a los ojos de agua y me ayudara a vencer ese gran miedo de quedar ahogada. Nuestras diferencias siempre fueron evidentes.

Los estudios eran mi mayor empeño y todos mis maestros fueron testigos de ello, por lo que me proveían con cualquier oportunidad posible para poder destacar porque sabían que no los defraudaría y creo que nunca lo hice. Empecé a declamar poesía desde el jardín de niños y salí en cuanto baile y programa los milagros de costura de mi hermana me permitieran para conseguir los trajes que cada función pública requería. Fue uno de mis maestros quien me llevó a realizar incluso un programa a la estación de radio local –en la que para mi gran sorpresa descubrí que los músicos no llegaban a tocar, ¡sino que usaban discos! Su apoyo era a tal punto, que una vez terminada la secundaria uno de ellos decidió hablar con mi madre para convencerla de que me dejara estudiar porque ella pensaba que con los estudios secundarios y a los quince años, mi vida académica estaba más que completa. Este maestro tenía una academia para formación de secretarias y su deseo era que por lo menos ahí pudiera seguir con algunos estudios y como dueño que era, hizo el compromiso de que no me cobraría absolutamente nada. Mi madre, quien nunca pisó una escuela en calidad de alumna, por supuesto no accedió.

La lucha vino después, cuando mi hermana convertida en hembra recelosa que defiende a su cría, trató de rescatarme de las garras de la ignorancia al enfrentar a mi propia madre para que me dejara ir a tomar un examen de entrada a la escuela normal regional que quedaba a unos 35 kilómetros de mi ciudad natal. Mi propia hermana había experimentado la gran falta de oportunidades cuando a escondidas se fue a tomar dicho examen a la universidad para estudiar medicina y al enterarse mi madre de lo que había hecho, la golpeó y no la dejó marcharse. ¡Con lo difícil que era y sigue siendo ser aceptada en la universidad!

Ante esta fiera decisión, lo único que le quedó fue decirme que a partir de entonces me quedaba sin madre y al ver que ni mi hermana ni yo cedimos, se dedicó el resto de mi carrera a vigilarme la panza que esperaba verme abultada como señal de que tenía razón en no darme permiso para estudiar, pero tuve la buena fortuna de demostrarle que estaba equivocada. Tuve bien claro que ser madre a esa edad era una tragedia, pero mucho después aprendí que no llegar a serlo, era una desgracia.

Terminé mis estudios y a los veinte años de edad empecé mi carrera docente en una zona rural al margen del área metropolitana de la Ciudad de México, donde también comencé a conocer otras realidades de las que no hablaban los libros. Seguí con la especialización en español y cada paso que di, me llevó a un nivel que no me esperaba. Poco a poco ascendí en el territorio académico y también en la extensión geográfica: primero, de mi ciudad natal a la ciudad donde estudié para maestra; de ésta a la capital; de la capital a lanzarme a la aventura de conocer más de medio país viajando en

Déjame que te cuente...

tren o en autobús y de ahí hasta los Estados Unidos. Todo ha sido una serie de saltos a veces largos de señalar y difíciles de asimilar, pero fue la posibilidad de un intercambio rotario lo que me llevó a conseguir por primera vez un pasaporte y cruzar las fronteras de mi país. Primero, en un viaje espontáneo a Guatemala durante el conflictivo gobierno de Vinicio Cerezo de quien no tenía ni la menor idea de su existencia, pero del que aprendí de inmediato a cuidarme ocultando mi profesión de maestra porque de lo contrario me habrían considerado automáticamente enemiga de su gobierno. En ese viaje relámpago me tocó ser testigo del éxodo que los países centroamericanos estaban experimentando y la misma situación casi me hizo imposible regresar a mi propio país por la constante sospecha de que yo era una integrante más de la peregrinación de huída. Y luego, en ese mismo año experimentar una indescriptible experiencia opuesta: con una beca auspiciada por el Club Rotario llegué a Wisconsin en la época más colorida del año. Cada casa parecía una foto de postal, el azul celeste de las paredes en maravilloso contraste con los tonos cálidos del otoño. Nada que ver con la imagen que me acababa de encontrar en Guatemala, donde el mercado de la capital era más pobre que cualquier mercado que yo hubiera visto en México que pudiera haber merecido esa categoría.

En una intensa semana de preparación con una joven maestra en el Instituto Berlitz, se esperaba que yo pudiera reconocer los sonidos que me señalaran el significado de cada palabra que escuchara; y yo, muy campante de poder entender casi todo lo que esta joven instructora decía me sentí muy segura de mis habilidades lingüísticas sin imaginarme siquiera a lo que me enfrentaría.

Era una beca para profesionistas y me acomodaron en un grupo de chicas de la alta sociedad, que tenían auto y habían estudiado en escuelas privadas donde el aprendizaje del inglés era parte del programa de toda su carrera. De cinco participantes, cuatro éramos Ana: Ana Araceli, Ana Aurora, Ana Bertha y yo; la quinta se llamaba Maricarmen. Siempre fue cómico presentarnos, pero aunque tuviéramos el mismo nombre las diferencias eran muy obvias y de todas la única que no sabía inglés era yo. Lo que me rescató fue mi habilidad cultural porque a diferencia del equipaje tan personal (y tal vez tan innecesario) que ellas traían, con la magia de mi maleta me gané el corazón de cuanta gente conocimos porque siempre tuve un detalle, por muy pequeño que fuera, para complacerlos y deleitarlos: un separador de papel amate, unas tablitas que suben y bajan, una sonaja colorida, lo que fuera. Y lo mejor: mis propios trajes típicos que podía lucir bailando "La Negra". Me convertí en una verdadera embajadora de mi patria y eso no había manera de superarlo.

En ese mismo viaje, una mujer argentina me habló de un campamento de lenguas donde una sobrina suya trabajaba en el verano. Otra oportunidad que no desaproveché y en julio de 1991, con el gran dolor de perderme el único eclipse total de sol que podía haber visto en la vida, llegué de México a Minnesota a ser instructora de español para jóvenes de preparatoria que buscaban crédito para la escuela. Ahí descubrí otro mundo, ya que más de la mitad de mis jóvenes colegas eran de otro país y el resto había por lo menos visitado un país hispano.

Fue durante mi estancia en ese lugar que aprendí del programa Amity para ser auxiliar en una escuela en la enseñanza del español y gracias a la incondicional ayuda de una amiga que entendía muy bien mis dificultades del idioma, logré enviar una solicitud para permanecer un año en este país y así, de una vez, aprender a masticar las palabras de un idioma que sólo conocía por las canciones de los Beatles de los discos del cuñado que también me enseñó lo que era un libro. Un año estuve en Saint Paul, primero con una familia que me hizo sentir muy humillada y luego, maravillosamente, con otra familia que me enseñó el acento puertorriqueño y me aceptó como la hermana mayor de sus cuatro hijos. Verdad es que el poder (y el deber) hablar español en tal puesto y con una familia tan linda, no me ayudó mucho con el dominio del inglés, pero sí me dio la oportunidad de saber que había otra manera de ver el mundo y lo acepté con emoción. Gracias a una compañera que conocí en el campamento pude cruzar el Atlántico y visitar la Madre Patria por

Déjame que te cuente...

un mes entero, Madre, que a decir verdad, era bastante diferente de las dos hijas que hasta entonces le conocía (México y Guatemala) pero que no por eso dejó de fascinarme.

Después de un año en Minnesota, pasé por Nueva York y regresé a Taxco, lugar donde se iniciaba el programa de español para extranjeros dependiente de la Universidad Nacional Autónoma de México, UNAM. Otra oportunidad llegada del cielo y todo por contar con una licenciatura en el área y un enorme deseo de hacer más con mi carrera. Fue otra vez mi dedicación al trabajo que capté la atención de un profesor de la Universidad de Toledo en Ohio quien me propuso la idea de realizar una maestría en dicha institución, así es que después de sólo dos años dejé mi codiciado puesto en la UNAM para seguir buscándole la punta al hilo del saber y me instalé otra vez en el lejano norte a orillas del Lago Michigan, gélido e inhóspito para una mexicana que disfruta tanto de las tradiciones, del color y del ambiente que uno sólo puede encontrar en nuestros países y su gente.

Por fin el matrimonio me tocó a la puerta y le abrí mi corazón al viento para ver hasta dónde me llevaba. Cuando terminé mis estudios en Ohio me mudé a Massachusetts para continuar con mi carrera y concluí el doctorado un año después de dar a luz por primera vez, en Texas.

Han sido dieciocho años desde que acepté venir a estudiar a Ohio y más de veinte desde que vi por primera vez la viva postal del otoño en Wisconsin. Desde entonces, he visitado casi cada país de Latinoamérica, una gran parte de Europa y Japón, y todavía aprecio la misión de ser embajadora cultural en el aula, en la comunidad, en donde quiera que me encuentre. Con un espíritu emprendedor mantengo reñida lucha contra la mediocridad, siempre trabajando duro, porque en este país, contrario a lo que muchos que nunca han vivido aquí se imaginan, tampoco "se recoge el dinero con la escoba".

El exilio que vivo es un arma de dos filos: por un lado, me proporciona la satisfacción de haber llegado a un lugar donde mis recursos familiares nunca me lo habrían permitido; pero por el otro, me causa la herida más profunda de una vida partida en dos, tanto en tiempo como en espacio. El consuelo que me queda es escribir y salpicar con palabras una nostalgia que al parecer, no tiene remedio…

Raíces

Una tiene que aprender a vivir con las raíces arrancadas,
con la idea de que una vez transplantada, la vida reverdezca,
y con nuevos retoños vuelva a florecer como antaño,
fertilizada con la ilusión y la entereza de ser,
de pertenecer plenamente a una tierra…

Esa tierra que ahora se desmorona
entre la pesadumbre, la muerte,
la impiedad y la incesante zozobra.
Tierra que nos vio nacer desnudos,
con una desnudez que lejos de terminar
cada día se nota más.
¿Dónde han quedado esas caminatas nocturnas
con las que pretendíamos alcanzar la luna,
jugando a las escondidas
que ahora han dejado de ser juego
para convertirse en pesadilla?

Una mano que se aleja, otra que nos amenaza,
el temor de ser se acrecienta
y la posibilidad de volver se nos escapa.
Nuestras raíces penetran profundamente,
hundidas más y más en la añoranza de esa tierra
que nos tiene extraviados,
que se extravía en el horizonte
de un retorno cada vez más imposible…

Con un hacha nos están cortando el tronco
y cada golpe nos doblega,
nos ahonda la fisura que marca las dos mitades de nuestro corazón
en esa frontera del ayer y el hoy,
del allá y el aquí,
de una vida partida en dos.

Johanny Vázquez Paz

En dos maletas

Uno quiere llevárselo todo.
Empacar las fotos, los diarios, los libros favoritos,
las cartas de amor recibidas, los poemas no enviados,
la muñeca regalo del abuelo, los caracoles ofrendados
por la diosa mar, el vestido del quinceañero con su mancha
de vino tinto y, sobre todo, la almohada,
con tus sueños trazados en su silueta.

Uno quiere cargar con todo.

Empacar el adobo, el sofrito, el sabor familiar de la comida,
el olor singular del café isleño, el caldero imprescindible
para el arroz, la canción melodiosa del coquí, los dulces
de coco y ajonjolí, el güiro (por si hay parrandas), el ron
para las fiestas, la música que rememore tu cuerpo
abrazado a un bolero, y la que invoque la algarabía
de las reuniones familiares.

Uno quiere cargar con todos esos cachivaches
que trazaron tus pasos de niña a mujer
por los adoquines gastados de mar y sol.

Recuerdos que te transportan
a aquel lugar
     que tal vez ya no exista
con aquella persona
     que quizás ya no esté
pero que empecinadamente usurpan el presente
y te llevan a huir cargando con sólo dos maletas

Déjame que te cuente...

        con cargos adicionales por sobrepeso
aunque quisieras llevártelo todo
y no dejar atrás la biografía inconclusa
de lo que fue
y pudo ser
y ya nunca será
tu vida.

Sentada en la arena mirando el mar

Sentada en la arena mirando el mar
aprendí el lenguaje transparente de las olas
y crecí pulgadas y engordé mis ansias
alimentada de sal y espuma.

Sentada en la orilla conocí la risa de la ola
haciéndole cosquillas a la arena
y sentí temor hacia el fondo del mar
eructando olas furiosas en días grises.

Sentada en la arena como una estudiante
aprendí a brincar la soga inmensa de la orilla,
a jugar al escondite con el cielo,
a zambullirme de cabeza antes que el peligro arrope,
a flotar en días de calma y dejarme ir.

Sólo el mar te enseña cuán pequeñas son tus manos,
cuán sensible puede ser tu piel abriéndose camino en el agua,
cuán enorme puede ser el mundo que tus pies
                no alcanzan a tocar.

Sentada en la orilla de una isla mirando la inmensidad del mar
se empieza a soñar con las orillas de otras tierras,
se empieza a zarpar para otros puertos,
se buscan todas las explicaciones
hasta vestir los pies descalzos con zapatos apretados
que te lleven al otro lado del mar.

Déjame que te cuente...

Oda al regreso

vuelvo porque me cuesta
no volver

Mario Benedetti

Vivo regresando a ti, San Juan, como la ola que aterriza en la arena para retornar de prisa a su destierro. Ahora que mi cabello ha blanqueado, te juro que nunca partí; sigo agitando el pañuelo con los ojos anclados a tu puerto. Era la juventud deseosa de catar el sabor de otros mares. Era cuestión de comprar un pasaje de ida, empacar las maletas con experiencias nuevas y volver a ti. Quién hubiera dicho que veinticinco años más tarde seguiría atesorando los sueños que forjé en tus adoquines. Desde la loma más alta de Santurce bajé a conquistar tu espalda. Recorrí todo tu cuerpo con mis pies insaciables de caminos. Y fuiste mi cielo para volar chiringas, mi castillo para besar príncipes, mi catedral con velo de novia. Fuiste mi viejo, San Juan, maestro del pasado, arquitecto de murallas. Asida de tu mano conocí a tus fantasmas y reviví tus leyendas. Ahora construyo día a día la nave que me regrese a tu orilla. Hago planes, trazo rutas, anuncio que éste es mi último invierno, pero el barco se hunde antes de zarpar en este lago sin desembocadura hacia ti. Sé que algún día volveré, San Juan, quizás el año que viene no naufraguen mis sueños, quizás cuando me jubile, quizás...

Déjame que te cuente...

José Ortega

José Hilario nació en México D.F. a mediados del siglo pasado, en el mero corazón de la capital mexicana. El niño creció y asistió a la Escuela España, en las calles de San Jerónimo y Correo Mayor, a unas cuadras del zócalo y muy cerca del convento donde vivió Sor Juana, a quien años después estudiaría con pasión, en el seminario de literatura mexicana con el Dr. Sergio Fernández, mismo que le ayudaría a obtener su primer empleo como maestro de español en la escuela secundaria Montessori del Pedregal y después en la Universidad Iberoamericana.

En la Escuela España empezó su interés por las letras españolas, su maestra de segundo grado, María, le enseñó además de paciencia, a leer y a escribir mejor, pero su maestra de quinto grado, la Señorita María del Carmen Arcaraz le enseñó la literatura y a mirar un mundo de belleza y pasmo al alcance de la imaginación del lector. De igual manera le enseñó el cariño a los estudiantes, así como el aprecio de las artes y la vida. Esta maestra fue su inspiración vital.

Desde muy niño aprendió las dificultades de la vida y tuvo que trabajar, al perder a su padre a los once años, así que por las mañanas caminaba con sus dos hermanas menores a la escuela por las calles de San Pablo, entre los sonidos musicales del campanario de la iglesia y las sinfonolas estruendosas de los restaurantes que despedían olores apetitosos de las comidas del día. Recuerda que le encantaba comerse un sope de salsa verde, con mucho queso, al salir de la escuela, antes de irse a su trabajo en La Merced, ubicado a unas doce calles de su casa donde ayudaba a vender y empacar melones, aguacates, duraznos y fruta de temporada; también vendía jugos de frutas: la paga era de 20 pesos a la quincena, los cuales eran una buena contribución a los gastos de la casa. Su madre, Ceci, hacía milagros con el dinero para mantener la casa y alimentar a sus hijos. También hacía costura y repostería para ganar un dinero extra, el cual complementaba la pensión que recibía para pagar la renta de la casa y el sostenimiento de sus cuatro hijos.

Así, con el transcurso del tiempo, seguía José Hilario creciendo en el entendimiento de la vida, un momento definitivo de la suya, fue el pase de admisión a la Escuela Nacional Preparatoria, esto le daba ya automáticamente el pase a la Universidad Nacional Autónoma de México, UNAM. Eran miles los candidatos que aspiraban a entrar al plantel número 7 de la ya famosa ENP, pero solamente tenía cupo para quinientos y él fue uno de ellos. José Hilario considera que este hecho es el más importante de su vida, de otra manera, lo más probable es que no habría estudiado y que tendría que haber seguido como empleado toda su vida.

Así creció entre el trabajo, los estudios y el juego de fútbol, otra pasión de su vida, que lo llevó a jugar con el equipo de "Los pumas" de su universidad, y que tuvo que dejarlo por una lesión en la pierna y la nariz. La ciudad universitaria era todo su mundo, allí vivió prácticamente los primeros cuatro años de la carrera, por las mañanas asistía a clases y por las tardes tenía práctica de fútbol, iba dos o tres veces por semana al Centro de Lenguas Extranjeras para aprender inglés, leía constantemente y se preparaba para tener éxito en sus cursos; comía en la zona universitaria y cuando no le alcanzaba el tiempo o el dinero, solamente se comía una torta. De vez en cuando iba a una muestra de cine club universitario o a alguna de las conferencias que se ofrecían en la facultad. Otras veces paseaba por el camino de los enamorados donde descubrió el amor, con su novia, una chica de su barrio que estudiaba medicina, la cual le robó la razón y el corazón. El jardín frente a la Facultad de Filosofía era su sitio favorito para estudiar y contemplar la naturaleza. Algunas tardes iba a estudiar a casa de Marcela, quien siempre le prestaba los libros que le hacían falta, allí acudían también Yolanda, Margarita y Diana, su grupo de estudio.

Corría el año de 1973, el último de su carrera de Letras Españolas en la Facultad de Filosofía y Letras de la UNAM, también era la última generación que se graduaba con cinco años de estudios y especialidad, pues el país crecía y se necesitaban profesionistas, por lo cual las carreras universitarias se acortaron un año. Había tenido la fortuna de haber estudiado con profesores-autores como Luis Rius, José Luis González, Sergio Fernández, Rubén Bonifaz, Margo Glanz, Concepción Caso, Margarita Peña y otros destacados profesores. Había escuchado, en el auditorio de su facultad a autores como Carlos Fuentes, Rosario Castellanos, García Ponce, Juan José Arreola, Elena Poniatowska y Carlos Solórzano, quien también enseñaba teatro en la facultad. Este mismo año empezó a dar clases en la Universidad Iberoamericana y en la Femenina y el año siguiente comenzó a dar clases de taller de lectura y redacción en el Colegio de Bachilleres, una nueva institución que abriría muchos caminos a la creciente juventud del país que demandaba más educación. Recuerda que en esos años, el presupuesto de la nación se gastaba mayormente en educación.

En el verano de 1974 fue becado para estudiar cultura española en la Universidad Complutense de Madrid. Recuerda que lo más difícil fue hacer los trámites para ir a España, pues no existían relaciones entre México y la España de Franco. En la Madre Patria José Hilario se entendió mejor, y se dio cuenta de su realidad, pensó en la máxima de Sócrates: "Conócete a ti mismo", la cual lo ha llevado a comprenderse más profundamente como ser humano y consecuentemente a su universo. Este viaje lo había ilustrado, como decía el Barón de Humboltd y le había proporcionado el conocimiento y madurez necesarios para la enseñanza universitaria al volver a México. Ese mismo año su amiga Marcela, para entonces coordinadora de Letras de la Facultad de Filosofía, le preguntó que si le gustaría enseñar español y literatura hispanoamericana en la extensión de la UNAM en San Antonio, Texas; él le dijo que lo pensaría. Recuerda que esa noche no pudo conciliar el sueño, pensando en tal proposición, por lo que al día siguiente lo consultó con su madre y luego con su amigo José Antonio,

Déjame que te cuente...

con quien tenía pensado ir a Francia y a quien habían invitado también para que enseñara literatura mexicana y español en San Antonio. Finalmente decidieron ir a la antigua capital tejana, la cual guardaba estrechos vínculos históricos con su país, además les atraía conocer la cultura estadounidense. Llegaron a San Antonio el 10 de enero de 1975, nunca habían sentido tanto frío, la fuente que estaba afuera del céntrico hotel, en donde pasaron esa noche amaneció congelada. En esa semana se instalaron en un caserón histórico en el barrio de King William, en donde se hospedaban los maestros de la UNAM, la cual les quedaba a sólo cuatro calles por lo que caminaban al trabajo todos los días, después decidieron comprarse un auto en el que recorrieron todas las misiones, la ciudad y pueblos aledaños.

Las clases en la UNAM eran chicas y el ambiente era acogedor y sereno, José Hilario se sintió casi como en casa, encantado por la tranquilidad decidió quedarse un año más, y empezó a estudiar la maestría en la Universidad de Texas en San Antonio, UTSA; para entonces conoció a Norma, con quien se casó y quien ha sido su esposa por muchos años. Al año siguiente, en 1977, decidieron volver a México, en donde se integró a la universidad, pero Norma no logró adaptarse al ritmo de la capital mexicana y le suplicó que hiciera estudios de postgrado en Estados Unidos o Europa. José Hilario asintió, incluyendo El Colegio de México entre sus opciones, y decidieron que la primera universidad que lo llamase sería la elegida. Al poco tiempo llegó la respuesta afirmativa de la Universidad de Texas en Austin, la alegría de Norma era inmensa, él no lo estaba tanto, pero le hacía ilusión estudiar en una universidad tan prestigiosa en su campo, especialmente porque había sido admitido al programa de doctorado como profesor asistente, en el cual tenía que cursar tres clases y enseñar otras tres, por tres años. La paga era poca y las demandas muy grandes.

Todo esto representó un gran sacrificio para José Hilario, pues había tenido que dejar su país, su familia, sus amigos, su trabajo y todo su universo, pero el amor pudo más que todo. En UT Austin tuvo profesores destacados como George Shade, traductor de Juan

Rulfo, con quien tomó un curso de literatura hispanoamericana; Juan López Morillas, Stanislav Zimic, Julio Ortega, Martha Luján, Gonzalo Rojas y José Emilio Pacheco, con quien se identificó e hizo amistad, entre otros. También pudo asistir a muchos ciclos de conferencias y escuchar a grandes escritores como Jorge Luis Borges, a quien tanto admiraba.

En 1983 terminó sus estudios y se le presentaron nuevas y muy buenas oportunidades de enseñar en otras universidades, pero una vez más, a súplicas de su esposa se trasladaron a San Antonio, en donde enseñó en UTSA por quince años y en Saint Mary's Hall al mismo tiempo. En UTSA enseñó cursos de español y cultura hispánica, y los cursos de AP español y literatura para estudiantes de postgrado. José Hilario fue uno de los pioneros en los Estados Unidos en la enseñanza de estos cursos y el primero en Texas en enseñarlos en institutos de verano para maestros en la Universidad de Houston, luego en Texas Christian University, Rice University, el sistema de UT, Nuevo México, Oklahoma y México. Su aportación en este campo ha sido instrumental para los miles de maestros que se han beneficiado y sus respectivos estudiantes. Sigue desempeñándose como "table leader" entrenando a más maestros y calificando el examen AP de español, además de ser consultor en estos cursos, también continúa como maestro de dichas clases en la preparatoria de Saint Mary's Hall, en donde las estableció y en la que lleva veintinueve años impartiéndolas.

José Hilario ha enseñado en México, España y los Estados Unidos y ha sido distinguido con muchos premios y reconocimientos, pero el que considera más valioso, y como la corona de su profesión, es el haber sido electo, por los maestros de español y portugués de la nación, al Consejo Ejecutivo de la American Association of Teachers of Spanish and Portuguese (AATSP) para el período 2009-2011, cuyo capítulo cofundó en San Antonio en 1984 y del cual es el actual tesorero.

Destino y laberintos

Clementina Adams

Y llega el día anhelado, temprano en el nuevo año; una nueva estrella sonríe al hogar de Julio y Aura de Rodríguez; Capricornio y su cortejo espacial, la afianza firme sobre la tierra, llena de un ímpetu de aventuras y de auto superación. De la tierna criatura salen los primeros gritos de protesta frente a un nuevo mundo demasiado brillante, seco y ruidoso. La bautizan Clementina y crece en un hogar amoroso rodeada de cinco hermanos y una hermana. Disfrutan de juegos, comidas familiares; discusiones de hermanos, e infinidad de competencias deportivas capitaneadas por don Julio, el padre, y de otras miles travesuras; el temor no es parte de su círculo de hermanos, parientes y amigos.

A la edad de cinco años, su abuela Carmela Tette la lleva a su hacienda en Río Frío, en el Departamento del Magdalena. Viaje mágico en que la pequeña se entretiene mirando al mar, en donde a la luz de la luna, las espumas y las olas del mar se confabulan para formar figuras en la oscuridad, a veces tan grandes como un barco de carga o un tren, que se sumerge y luego reaparece cual ballena o delfín jugando en el mar. Y, el tiempo pasa...

Clementina inicia sus estudios a una temprana edad y muy joven termina la secundaria en un colegio privado de monjas salesianas, la Normal de Nuestra Señora de Fátima. Allí crece espiritualmente; de hecho, estuvo a punto de entrar al convento pero, por su edad, no le fue posible sin la autorización de sus padres. Su personalidad, dinamismo, sentido del humor y alegría contagiosa, le atrae un sinnúmero de amigas de todo rango y edad. Sus inocentes aventuras traen sonrisas a sus compañeras de escuela, profesoras y religiosas. Y, el tiempo pasa...

Déjame que te cuente...

Entre su gran número de amigas, cuenta con un grupo especial o coalición amistosa. Con una de ellas, Lydia, organizan clubes de prensa y literatura, donde sobresalen en la escritura de poesías y ensayos, los que frecuentemente salen publicados en la revista del colegio. Ya diplomadas en pedagogía, empiezan a trabajar en el área educativa, Lydia en una escuela elemental urbana y Clementina como profesora de kindergarten en la escuela primaria del mismo colegio de religiosas en donde termina su bachillerato, pero continúan la amistad. En una ocasión, la conversación gira hacia el futuro profesional de ambas.

El nombre de la profesora Aurora Padilla, ocupa la mayor parte de sus futuras conversaciones sobre el tema, y con su ayuda inician contactos para conseguir una audiencia con el gobernador del Departamento del Atlántico. Después de varias reuniones e innumerables papeleos, el Gobernador logra crear un decreto oficial que permite a Clementina y a Lydia la oportunidad de iniciar la primera jornada continua de trabajo escolar (de las 7:00 de la mañana a la 1:30 de la tarde). Se presentan a la universidad del Atlántico, donde son admitidas, al ocupar los dos primeros puestos en la lista de resultados del examen de admisión. Sobra decir que pasado un año, hubo un movimiento académico para solicitar la oficialización de dos jornadas continuas de trabajo en todas las escuelas y colegios del Atlántico, al igual que a nivel nacional.

En la Universidad del Atlántico conocen nuevos amigos, surgen intereses amorosos al igual que logros y honores académicos; y finalmente llega el día de la graduación con la Licenciatura en Lenguas, Cultura y Literatura Hispanoamericana, y en Inglés como Lengua Extranjera. En ese mismo año se establecen en las ciudades capitales de Colombia una serie de institutos académicos pilotos, con modelos pedagógicos y tecnología educativa avanzada, llamados Instituto Nacional de Educación Media (INEM). Los nuevos institutos siguen el modelo universitario norteamericano, con edificios dedicados, laboratorios, talleres, centro gimnástico y de deportes, cafetería, centro administrativo y un campus atractivo. Los mejores graduados de la Universidad del Atlántico reciben la invitación a ser parte del proyecto y Clementina es una de las seleccionadas. Aquí pasa tres años de su vida, el primero como profesora de español e inglés, como lengua extranjera, y al año siguiente, como jefe del Departamento de Lenguas Extranjeras (inglés, francés, alemán y brasilero). El departamento marcha muy bien con el liderazgo de Clementina, a pesar de su juventud, con la colaboración de los colegas del departamento, además del apoyo del personal administrativo.

Durante su tiempo en el INEM conoce un buen número de profesores en los distintos departamentos o facultades, sumándose a la lista los amigos de la Universidad del Atlántico y del vecindario. Muchos de ellos expresan sus sentimientos personales hacia Clementina; sin embargo, ella no parece interesarse seriamente, pues transcurrido un corto tiempo, dos o tres meses del romance ella repentinamente pierde el interés, se aleja con pretextos, para al poco tiempo volver al círculo vicioso de romances sin sentido. Clementina no se siente tan afortunada en el amor como sus amigas piensan. Uno de sus compañeros de estudios en la universidad, el más persistente, logra convencerla de que el verdadero amor sí existe.

En esa época empieza a tener sueños interesantes y recurrentes, en los cuales, mientras camina por el patio trasero de su casa, de repente, su próximo paso la pone en la ciudad de Nueva York con sus rascacielos, tiendas, tráfico y tecnología, igual que en las películas. Su madre interpreta el sueño como la posibilidad de un viaje de visita a los Estados Unidos. El destino parece tomarla de la mano hacia laberintos inesperados e intrincados; su buena amiga y colega, Julia Rodríguez, Directora de Consejería en el INEM, prácticamente la hace enviar una solicitud de beca de Maestría en Diseño Educativo, auspiciado por la Organización de Estados Americanos (OEA), para dos personas seleccionadas de los 24 Departamentos de Colombia. Julia le llena el formulario y al siguiente día va a una entrevista con el Director del Instituto Colombo-Americano. Llega tarde a la cita y la secretaria le informa que el jefe acaba de cerrar su oficina por el día y que estaba listo para ir al aeropuerto rumbo a Bogotá para entregar los formularios y la documentación de dicha beca. En ese momento la puerta se abre y el director se asoma y le pregunta si puede ayudarla. Así sucedió, que después de la entrevista, el jefe la lleva a otra oficina para tomar el requerido examen llamado "ALIGU". Ella resulta ser una de las dos personas seleccionada de Colombia y es así como en 1973 llega por primera vez a la Universidad Estatal de la Florida (FSU) en Tallahassee.

El grupo de becados incluía estudiantes de Chile, El Salvador, Argentina, Costa Rica, Venezuela, Brasil y Colombia. Desde su llegada, establecen una gran amistad y se reúnen constantemente, bien sea para probar platos exquisitos de sus respectivos países o para participar en fiestas animadas con música y baile latino. Inicialmente el mayor obstáculo para Clementina es su poco dominio del inglés, especialmente en expresión oral. Fue un semestre duro que logra superar con el estudio intenso del material de los textos. Mejora su inglés escuchando la radio y mirando la televisión en inglés, especialmente las telenovelas, dramas, series policíacas y películas, y así finaliza el primer semestre con altas notas. Durante ese año conoce y atrae el interés romántico de estudiantes y profesores, de varias nacionalidades: norteamericanos, europeos y asiáticos, incluyendo un estudiante persa, quien además, era príncipe de su país. Un día, en su primer semestre conoce a Paul, un joven fotógrafo profesional y estudiante de Estudios Asiáticos. Es una experiencia única para Clementina, quien parece romper su frustrante círculo vicioso en el amor, ya que continúa saliendo con él aún pasados los primeros meses del romance; se siente atraída y segura al lado de Paul y con él disfruta de un romance tierno y dulce, que no parece nublado por deseos de terminar o de empezar otra aventura romántica. Tal parece que este joven americano logra robarle el corazón; desafortunadamente, el destino y sus complicados laberintos se ensañan en poner fin a ese precioso y nuevo sentimiento, posiblemente, su verdadero amor. Y, el tiempo pasa…

En la mitad de su segundo semestre y a sabiendas de su pronto regreso a Colombia y la imposibilidad de un futuro con Paul, decide alejarse de él y salir con otros muchachos de la universidad; pero el mismo círculo vicioso reaparece. Finalmente, a recomendación de una compañera de estudios, cuyo padre era uno de los sicólogos en la universidad, asiste a una sesión, donde le informan que su problema es una "aversión o fobia al compromiso o al matrimonio". La causa estaba en sus años como maestra de kínder, donde las compañeras de trabajo, mayores que ella, la llevaban como chaperona cuando salían con sus novios. Clementina se fascina con las parejas, pero se deprime muchísimo cuando tiene que consolarlas por las acciones crueles o las infidelidades de sus novios. De todas formas, de acuerdo con los sicólogos, para liberarse de ese problema de regreso a su país debe aceptar un novio oficial y continuar la relación por lo menos un año, aunque no esté enamorada. Pasada la prueba, estaría lista para tener relaciones amorosas normales y más permanentes. Una vez completada su maestría, regresa a Colombia; no se despide de Paul, ya que sabe muy bien que nunca más podrán volver a verse: ella debe regresar a su país en forma definitiva y Paul tiene planes de una beca de estudios en el Japón, además de que su familia vive en Boston y no en Tallahassee. Y, el tiempo pasa...

Ya en Colombia disfruta las reuniones de amigos y familiares compartiendo sobre el viaje y mostrándoles los cientos de fotos de su estadía en los Estados Unidos; cuando, accidentalmente, aparece una foto de Paul a la que todos hacen la misma pregunta: ¿quién es ese joven? Ella contesta sin saber por qué "Ah, es el amor de mi vida".

Una tarde en su casa recibe una inesperada llamada telefónica del Dr. Garzón, representante de la OEA, quien la invita a trabajar con él en el Centro Multinacional de Tecnología Educativa en Bogotá, localizado en Inravisión (el canal nacional de televisión colombiana) y sede del programa nacional de educación a distancia (tele-educación). Allí forma parte del grupo de evaluación de los programas tele-educativos, bajo la coordinación del representante de la OEA y el Ministerio de Educación. De Inravisión, el Centro se traslada al edificio del Ministerio de Educación Nacional. En la nueva sede forma parte de un grupo voluntario de consultantes enfocados en la evaluación y reforma del programa educativo a nivel nacional, que concluye con la propuesta del nuevo currículo a nivel nacional. Un sistema centralizado que toma en cuenta las diferencias regionales y culturales de los estados del país.

Clementina sigue las recomendaciones de los sicólogos y tal parece que las cosas mejoran cuando conoce a Luis, un joven abogado que trabaja para el Ministerio de Educación. El noviazgo florece lleno de ternura, comprensión y amor; un sentimiento que perdura aún pasados los primeros meses de la etapa romántica. Se conocen las familias y todo se ve color de rosa para los dos jóvenes; pero el destino le tiene un nuevo laberinto lejos de Luis en los Estados Unidos, para obtener su doctorado en sistemas de instrucción y evaluación educativa. Esta vez no está interesada en regresar porque finalmente ha encontrado el verdadero amor. Sin éxito, trata de evadir esa misión. Muy triste le comunica la noticia a Luis, quien propone que se casen ese verano, antes de su partida y no en la navidad según sus planes iniciales. Sorpresivamente ella prefiere esperar; Luis rehúsa la idea, pero finalmente, ante los argumentos persuasivos de Clementina, no tiene otro remedio que acceder. Mientras tanto él y la familia de Clementina, continúan los planes para la mejor boda posible. Y, el tiempo pasa...

Ella regresa a Tallahassee en junio de 1976, en su primer día, el destino le tiene preparada una sorpresa: Paul está estudiando en FSU en su misma área. Después del choque inicial al escuchar su voz, el corazón de Clementina parece latir precipitadamente. Se siente confundida y sabe que debe confesarle a Paul sobre su compromiso en Colombia; pero Paul le pide que sigan siendo amigos. El laberinto se hace más profundo cuando ella sigue recibiendo, casi a diario, cartas y postales de Luis, donde le ratifica su amor, su ternura y ansiedad por su regreso. Pasa un año de luchas emocionales internas, dispersando las respuestas a las cartas de Luis. Sin embargo, su desasosiego aumenta cuando recibe sus nuevas cartas llenas de angustia y preocupación por su tardanza en contestar. Lo peor de todo es el hecho de que ella no puede decir nada de esto a su familia, quienes están haciendo preparativos para su boda con Luis. Acude a sus amigas, pero cuando ellas le proponen que se decida por Luis dada la afinidad cultural, su corazón sufre al pensar en Paul, y cuando le sugieren que se decida por Paul, su corazón sufre pensando en Luis. ¡Qué dilema!

Cerca a la fecha de su viaje vacacional a Colombia, su amiga Consuelo, de Venezuela, agobiada por los constantes dolores de cabeza y el estrés de Clementina le dice: "Tienes que dejar de sentirte mal por la persona que no selecciones. La única que sufre aquí eres tú. Lo que necesitas hacer es regresar a Colombia y hablar personalmente con Luis; así te convencerás si verdaderamente lo amas, sin la interferencia de Paul". Con dificultad logra convencer a Paul de la importancia de ese viaje conjeturando que si no lo hacía y se decidía por él ahora, un día cuando tuvieran problemas ella siempre pensaría que cometió un error al no haberse dado la oportunidad de tomar una mejor decisión. Y, el tiempo pasa...

Una vez en Colombia en una reunión familiar y con la ayuda de fotos de Paul y su familia, Clementina les explica su situación. Sigue un silencio sepulcral y después de varios minutos que a ella le parecen eternos, su padre, con su acostumbrada sabiduría, dice con voz firme: "Yo entiendo tu dilema y a pesar de que conocemos y queremos a Luis la decisión es tuya, al igual que tu felicidad futura". Todos están de acuerdo y le desean lo mejor. Clementina viaja a Bogotá, en donde el encuentro no se hace esperar, pero, a la vista de Luis en el aeropuerto con un hermoso ramillete de rosas rojas, ella siente deseos de retornar a Tallahassee a los brazos de Paul. A petición de su padre, Clementina no le dice a Luis la verdadera razón de su decisión; sino que le hace ver que es muy posible que tenga que permanecer más tiempo en los Estados Unidos. Y, el tiempo pasa...

Paul y Clementina contraen matrimonio el 11 de junio de 1977, en una ceremonia tradicional católica y con la asistencia de profesores, amigos, compañeros de la OEA y estudiantes universitarios. En 1978 terminan sus semestres de estudio para el doctorado, pendientes de la disertación. Los dos regresan a Colombia para continuar trabajando en el Ministerio de Educación Nacional, según las condiciones de la beca. Más tarde Clementina se desempeña como Directora de la Oficina de Planeamiento y Programación Educativa, de la Secretaría de Educación Nacional; por su lado, Paul trabaja como profesor de inglés como segunda lengua, en el Instituto Colombo-Americano, auspiciado por la embajada americana. Y, el tiempo pasa…

Para 1980 gracias a una dispensa especial del Ministerio de Educación, la pareja regresa a los Estados Unidos en forma permanente. Primero se quedan tres meses en Boston, con la familia de Paul y luego pasan a la zona metropolitana de Washington, D.C., donde Paul se desempeña como profesor de tecnología educativa y consultor de diseño de instrucción y Clementina como consultora en la misma área y como profesora de español para estudiantes sordo-mudos, en la Universidad de Gallaudett. En esta universidad los dos aprenden el lenguaje de señales, se rodean de muy buenos amigos y, mucho más importante, ocurre el gran milagro del nacimiento de su única hija, Lauren Stephanie. La vida de la pareja en los Estados Unidos transcurre en forma normal y feliz.

Mientras están en Washington, Clementina completa y defiende su disertación en Tallahassee; después de cinco años, deciden aventurarse e ir a Fairbanks, Alaska para trabajar en la Universidad de Alaska-Fairbanks. Disfrutan casi dos años de paz y felicidad, rodeados por la belleza de la nieve; las luces boreales; los osos y las águilas; los árboles de burche y pino; la gente con un gran sentido comunitario; las festividades y tradiciones nativas. Con un buen salario disfrutan de una vida apacible y sin problemas. Salen de Fairbanks, debido a la crisis del petróleo en 1986, cuando alrededor de treinta mil familias pierden sus empleos y deben salir de Alaska.

La familia Adams llega a Columbia, Carolina del Sur en 1986; esta vez, Paul trabaja como Director del Programa Tecnología Educativa y Educación a Distancia de la Universidad de Carolina del Sur mientras que Clementina toma clases de francés en la misma universidad y cuida de Lauren. Ese mismo año es seleccionada para trabajar como miembro de la unidad de evaluación educativa en la Secretaría de Educación del Estado. De esta ciudad salen en el otoño de 1989 con destino a la Universidad de Clemson, donde Paul completa y defiende su disertación doctoral y se desempeña como diseñador de instrucción en el centro de tecnología y educación a distancia; Clementina empieza como profesora visitante en el Departamento de Lenguas. Y, el tiempo pasa…

Generalmente en las vacaciones de Navidad los Adams viajan a Colombia para compartir con la familia y amigos. Un evento importante para ella es la reunión anual del grupo de graduados de la universidad; los amigos de siempre, Lydia, Magali, Ceres, Berta, Isabel, Eduardo, Edgardo, Oscar, Víctor… al igual que un grupo de profesores, comparten felices como en familia, comentan sus triunfos y desafíos de la vida. Este grupo se ha reunido cada año, por más de treinta y cinco años. Y, el tiempo pasa…

En el Departamento de Lenguas, Clementina logra avanzar a profesora asistente en la línea de permanencia, luego a profesora asociada y finalmente a profesora total. La familia se establece en la ciudad de Clemson, donde Lauren crece y termina sus años escolares, desde el kindergarten hasta la secundaria; luego hace sus estudios en la Universidad de Carolina del Sur-Columbia. Durante su tiempo en la Universidad de Clemson organiza, planea y coordina una variedad de programas, tales como la enseñanza del español como lengua extranjera a estudiantes de las escuelas primarias de la región, con la participación de colegas de otras lenguas y estudiantes del programa de lenguas modernas. Coordina y planea la iniciación del programa de Lenguaje Americano de Señales (ASL) como parte de los programas ofrecidos por el departamento. Hoy en día, ese programa es muy popular entre los estudiantes. Más adelante inicia y coordina la creación de una nueva área de estudios en el Departamento de Lenguas: "Lenguaje y Salud Internacional" (L&IH) aprobado por el departamento, la universidad y el Consejo de Educación Superior (CHE). Se desempeña como directora

Déjame que te cuente...

interina del programa; recibe entrenamiento y certificación en el área de salud internacional e interpretación, de "Hablamos Juntos" auspiciado por Káiser Permanente y otros hospitales, en la ciudad de San Francisco, California y Carolina del Sur. Este programa florece y atrae estudiantes de honor a nivel nacional. Otros logros en el departamento incluyen el diseño de una variedad de cursos en español, cultura, literatura y español para el área de la salud; lo mismo que cursos para el lenguaje de señales y diseño de instrumentos de evaluación a nivel departamental. En el área de servicio obtiene muchos premios y honores tanto a nivel regional como nacional. Actualmente ha presentado una propuesta para un certificado de posgrado en interpretación en el área de la salud.

El trabajo investigativo se ha enfocado en el análisis crítico de las obras literarias de mujeres Hispanoamericanas, incluyendo escritoras afro-hispanas. De ese empeño resulta su primer libro: *Common Threads: Themes in Afro-Hispanic Women's Literature* (*Hilos comunes: temas en la literatura de mujeres afro-hispanas*). Su producción literaria incluye la publicación de más de treinta y cinco artículos y capítulos de crítica literaria de autores contemporáneos de Hispano América, en revistas referidas o como obras seleccionadas en conferencias nacionales e internacionales. Su segundo libro se intitula: *Referencias Cruzadas: Obras seleccionadas de Luis Enrique Jaramillo Levi* en co-edición con la profesora Birmingham-Pokorny. Clementina también incursiona en la literatura socio-política y revolucionaria de mujeres latinoamericanas, de lo que surge su tercer libro: *Rebeldía, Denuncia y Justicia Social: Voces Rebeldes de mujeres Hispanoamericanas*, con la colaboración de otras autoras. Todavía continúa asistiendo a conferencias de literatura y cultura y sigue publicando artículos. Su trabajo de investigación cubre además la tecnología en el proceso de aprendizaje, la salud y el uso de plantas medicinales, la vida del hispano en los Estados Unidos y otros. Hoy en día, pasados casi treinta años de su llegada a los Estados Unidos, Clementina medita:

Clementina Adams

Con nostalgia recuerdo mi niñez; qué afortunada soy de haber tenido padres tan especiales: mi madre, una perla preciosa, que nos guía con amor, fe y disciplina para equiparnos a enfrentar los inconvenientes y problemas en la vida; y mi padre, nuestra roca de salvación, siempre fuerte, amoroso y dotado de una paciencia y honor incomparables. Dejar este hogar tan feliz y unido no fue fácil, pero después de casarme con Paul, acepté con entusiasmo y fortaleza la nueva ruta que me abría el destino.

¡Qué de ilusiones, afán y energía en mi deseo de imbuirme tanto física como emocionalmente en la cultura norteamericana! En Washington comencé a degustar las diferencias culturales en la amistad, en los dos países. En Alaska, tocamos la naturaleza, un sueño de nieve en Navidad, con su aurora boreal, encantos geográficos, fauna y flora exóticos. En Carolina del Sur, primero en Columbia y finalmente en Clemson, decidimos anclar, y me dedico con orgullo y entusiasmo a mi trabajo de profesora e investigadora. Desafortunadamente, por primera vez experimento el demonio de la discriminación, la competencia en el trabajo, la envidia y la maldad de algunos colegas, especialmente en la Secretaría Estatal de Educación en Columbia, y, a un nivel menos notorio, en la Universidad de Clemson. En mi opinión, el problema radica en el hecho de que en los Estados Unidos la competencia, el deseo de superación en el trabajo y el temor al fracaso, llevan al profesional a sentirse temerosos con la idea de colaborar. Esto contrasta con el ambiente de trabajo más colaborativo e informal en mi país.

Es un hecho que todos tenemos la capacidad para lidiar con situaciones negativas y obstáculos con su correspondiente carga emocional, pero no es fácil. En otras palabras, para lograr superarse en este país, no es suficiente trabajar bien y duro, sino que hay que equiparse de un caparazón impenetrable para evadir las avalanchas y aceptar lo que no podemos cambiar. A pesar de todo, sigo adelante con dedicación y he logrado hacer contribuciones significativas de tipo académico y profesional, lo mismo que a nivel de servicio. No puedo negar que también he experimentado el calor humano que viene de la verdadera amistad tanto personal como profesional de ambos grupos culturales. En unos pocos años pienso jubilarme de la Universidad de Clemson y planeo

Déjame que te cuente...

disfrutar, al lado de mi esposo e hija, de una vida libre de estrés y llena de promesas positivas que nos conlleven a un futuro feliz. Y, el tiempo sigue pasando...

Trayectos de mi vida

Rita Tejada

Llegué a los Estados Unidos como becaria Fulbright-Laspau en enero de 1991. En ese entonces mi sueño era hacer una Maestría en Literatura Española del Siglo de Oro, con tan poca suerte que, cuando fui a Emory University, los profesores que enseñaban dichas clases estaban de año sabático. Terminé estudiando literatura latinoamericana. Quise escribir algo que elevara el nivel de la crítica literaria dominicana y mi tesis de maestría se basó en un análisis feminista de las variantes dominicanas del romancero español.

Al terminar mis estudios regresé a la República Dominicana. Cuando volví a mi país, encontré una crisis institucional muy fuerte en la universidad que había patrocinado mi carrera. Se había cerrado el área de Educación en Filosofía y Letras, para la cual se me había ofrecido trabajo y entonces empecé a enseñar clases de español para extranjeros. Por circunstancias personales, regresé a los Estados Unidos a finales de 1993. En el verano de 1994, ingresé al programa de doctorado en Florida State University. Desde 1995 he vivido en Decorah, un pueblito en el noreste de Iowa, donde enseño español y literatura en Luther College. La ubicación del pueblo y de mi trabajo no podría ser más ideal para una madre con dos hijas adolescentes. El único gran problema es el clima frío. En esta universidad empecé como instructora, enseñando todos los cursos de español a nivel elemental. Ahora enseño cursos de conversación, gramática y seminarios de literatura. También tengo la oportunidad de viajar en enero con grupos de estudiantes que necesitan el requisito de inmersión para completar una concentración en español. En este "semestre intensivo" he llevado estudiantes a

Déjame que te cuente...

la República Dominicana, Perú, España, Argentina y Chile. Hace tres años que he servido como profesora acompañante en viajes de misión que los estudiantes de la universidad hacen durante el receso de primavera. Estos viajes me han permitido viajar a México, la República Dominicana, Nicaragua y Panamá con grupos de ocho a diecisiete estudiantes que realizan trabajo voluntario de diversa índole: pintan escuelas, ayudan en la construcción de iglesias, visitan orfanatos y dan clases de la Biblia para niños en zonas marginadas. Lo más gratificante de mi experiencia como profesora es ver el crecimiento intelectual y personal de los estudiantes durante los cuatro años que están en la universidad y ver cómo mi compromiso crece por la influencia que mi trabajo ejerce en ellos.

Ser mujer y parte de una minoría étnica en la comunidad en que vivo me hace sentir que tengo una mayor responsabilidad de representar a los hispanos y a la mujer latina de una manera positiva. También, y a pesar de la distancia, siento la necesidad de seguir haciendo aportes a la literatura dominicana a través de investigaciones, presentaciones en conferencias y publicaciones. En el año 2007 gané el Premio Nacional de Ensayo Pedro Henríquez Ureña en la República Dominicana con la publicación de mi tesis de maestría bajo el título *Mujeres, Eros y Tánatos en el romancero dominicano*. La distancia física entre el lugar donde resido y mi país ya no es un escollo, al contrario; siento que contribuyo tanto o más a la literatura dominicana desde mi posición espacial y profesional en este país. Aunque las circunstancias personales me han traído hasta aquí, espero que mi vida sirva de ejemplo a mis hijas, para que se sientan orgullosas de sus raíces latinas, su idioma, su música y su cultura.

Volver

Nelda Arroyo

Estaba escrito que mi destino era *volver*... mi hermana Yolanda vivía en Chicago, Illinois y estaba muy delicada con problemas cardiacos y con un niño recién nacido. El resto de la familia estaba en Monterrey, México de donde somos originarios. Mi mamá se moría por ella y mi papá accedió a aceptar un empleo que le ofreció mi cuñado en los Estados Unidos, así es que empezó a tramitar los documentos necesarios y nos convertimos en residentes de este país.

Era el año de 1956 cuando a la edad de once años me alejaron de mi vecinito Alejandro de quien estaba "enamorada" para traerme aquí. En Chicago pasé unos años maravillosos y fue ahí donde me recibí de Loyola University de Psicóloga Infantil. Fue también ahí que tuve mi primer novio formal, Enrique, a los quince años. Y después de varias relaciones sin mucha importancia, conocí al hombre que marcaría mi vida para siempre... José Antonio. Era mucho mayor que yo, y después de varios meses de relación y por escuchar consejos de otros y NO a mi corazón, terminé con él pues me dio miedo la diferencia de edades:¡veintidos años! Al cabo de unos meses, regresó de Sudamérica donde él radicaba y al verlo corrí hacia él para decirle que me había dado cuenta que él era el amor de mi vida... solamente me contestó: "Ya me casé y estamos esperando mi primer hijo". No sé si porque fue un amor imposible, pero se quedó grabado en mi corazón para siempre... y yo en el de él hasta que murió.

Un par de años después, mi padre, a quien no le gustaba viajar en avión, me llamó a mi oficina para comunicarme que no se sentía bien y que quería que lo acompañara a Monterrey diciéndome: "No me quiero morir lejos de mi país". Allá murió un 6 de enero por lo que mi mamá también quería volver a Monterrey, y con ella iría yo por ser la única de mis cuatro hermanos que quedaba soltera y con veinticuatro años. Así que dejé mis sueños, parte de mis estudios, mi enamorado, mis amistades y un trabajo que adoraba por seguir a mi madre ya que me sentí con la responsabilidad de acompañarla en su nueva vida sin mi padre. Fue muy duro para mí dejarlo todo, pero sentí más fuerte el compromiso moral con mi madre. Nunca lo pensé dos veces. Y gracias a ese "sacrificio" conocí al amor de mi vida y a quien me dio cinco hijos maravillosos y por quien también me reincorporé a la universidad donde me recibí de psicopedagoga. ¡Y me embarqué en este maravilloso mundo del aprendizaje! En 1999 me jubilé en Monterrey después de tantos años.

En esa linda ciudad estuve desde 1968 hasta 2001, fecha en el que durante una visita a mi hijo y a mi nuera en Brownsville, Texas en espera de su segundo hijo, por azares del destino y sin andarlo buscando, me ofrecieron un trabajo de maestra en la única preparatoria privada de todo el Valle de Texas. Y recordé las palabras del director de la institución en la que fui maestra por más de veinte años: "Una vez maestra, siempre maestra..." Acepté el reto de ser docente en un país extraño al mío, en el que yo había recibido toda mi instrucción educativa... y encontré que cambia uno de escenario, no de personajes, que los alumnos son iguales en todo el mundo, con sus mismos modos, con sus mismos defectos y virtudes, pero sobre todo, con los mismos sueños de terminar para hacerse "grandes", sin comprender nunca que para nosotros, los docentes, siempre fueron GRANDES.

Y debido a este suceso y a que un 6 de enero también perdí a mi compañero de vida, fue que *volví* a este país que me ha dado tanto y que gracias a Dios hasta él me han seguido tres de mis cinco hijos.

Ahora lejos de la tierra que me vio nacer, donde pienso terminar mis días, añoro a mi querido México, pero no porque no pueda visitarlo, sino porque he perdido al México que conocí. El país en el que crecí con una hermosa libertad donde jugábamos en la calle hasta que caía la tarde y corríamos a la tienda de la esquina a comprar golosinas, mientras nuestros padres se mecían en la puerta al son de cómodas mecedoras sin comprender en ese entonces los días tan entrañables que vivíamos, y por los que todos los mexicanos rezamos para que nuestros hijos y nuestros nietos puedan algún día volver a conocer. Sentir y vivir esa paz que le da calidad de vida al ser humano.

Recuerdos de mi madre

Andrea Hansis-Diarte

Mi madre, Aurora Blanca María Coccato Nenning, llegó a Estados Unidos por primera vez en agosto de 1967. Ella viajó a Miami, Florida y una semana después llegó en autobús a Eau Claire, Wisconsin. Vino a mejorar su inglés y a aprender más sobre la cultura americana. Ella participó en un programa de intercambio llamado Instituto de Amistad (Amity Institute), que fue fundado por Ernest y Emily Stowell. El Instituto Amity continúa patrocinando educadores internacionales para enseñar en escuelas de Estados Unidos, ofrece oportunidades para que compartan sus conocimientos con estudiantes, escuelas y comunidades.

Mi madre estaba estudiando para ser profesora de inglés en la Universidad Nacional de Cuyo en Mendoza, Argentina, cuando uno de sus profesores le contó del programa de intercambio de profesores. Durante la secundaria fue al Colegio Superior del Magisterio en Mendoza, que la preparó para ser maestra de escuela primaria. Su amor por la enseñanza y el inglés comenzó desde muy temprana edad. Mi tío abuelo –su tío favorito Amado Coccato, también fue profesor en Paraná, Entre Ríos y él fue su inspiración de querer enseñar. De chica sus vecinos eran de los Estados Unidos y trabajaban en la refinería de petróleo de YPF. Su padre, mi abuelo Manuel Tomás Coccato también trabajaba en YPF. Su trabajo era asegurarse del funcionamiento de toda la maquinaria. Él nació en Paraná, Entre Ríos –hijo de inmigrantes italianos.

Los padres de mi abuela Raquela Nenning también fueron inmigrantes y ella nació en Herradura, Formosa. Su padre era austriaco y su madre se quedó huérfana en Uruguay por lo que fue adoptada por una monja, que la llevó a vivir en un convento de monjas en Buenos Aires.

Déjame que te cuente...

Mi madre, o como yo la llamaba "mami", nació en Paraná, Entre Ríos el primero de noviembre de 1943. Mi abuelo trabajaba en esa época en la marina mercante y viajaba por el río Paraná desde Buenos Aires hasta Asunción, Paraguay. Conoció a mi abuela en Formosa, Argentina, que hace frontera con Paraguay. Poco después de nacer mi madre, la familia se trasladó a Buenos Aires y un par de años más tarde se mudaron a Mendoza. Mi tío Miguel y mi tía Patricia siguen viviendo en Mendoza, ciudad que se encuentra a los pies de la Cordillera de los Andes y está rodeada de viñedos y árboles frutales.

Después de una semana de entrenamiento en Eau Claire donde también conoció a mi padre Tom Hansis, casualmente en casa de mis abuelos, Virginia y Gail Hansis, se dirigió a Thorp, Wisconsin, donde iba a enseñar español en el colegio secundario del pueblo. Ella también empezó a salir con mi padre y ahorró su dinero para comprarse un coche para que pudiera visitarle a mi padre en Madison, donde él estaba estudiando en la Universidad de Wisconsin. Ella vivió con la familia Postler y Mel Postler también fue profesor en el mismo colegio secundario. Enseñó español por dos años en Thorp y pudo compartir su conocimiento y cultura. Enseñó a sus alumnos cómo hacer alfajores (galletitas de maicena rellenas con dulce de leche) y también empanadas de carne molida. Típicamente las empanadas mendocinas son hechas al horno y no fritas como en otras provincias de Argentina. Después de terminar regresó a Mendoza, Argentina, donde trabajó como intérprete en la refinería de petróleo YPF. Mientras que mami estaba en Mendoza y mi padre estaba en Honduras se mantuvieron en contacto escribiéndose cartas. Se casaron el 27 de noviembre de 1969 en Mendoza, y mami se fue a vivir a Catacamas, Olancho, Honduras, donde mi padre estaba como voluntario del Cuerpo de Paz. Ella enseñó en el colegio secundario local durante varios meses y cuando se mudaron a la capital, Tegucigalpa, enseñó primer grado en una escuela bilingüe. En junio de 1971, mi padre terminó su servicio en el Cuerpo de Paz y viajaron a Puerto Rico donde mi padre iba a trabajar como entrenador del Cuerpo de Paz en el centro de entrenamiento en Ponce, Puerto Rico. Mami enseñó en la Escuela Sagrado Corazón. Estaba embarazada y yo llegué el siguiente año en enero de 1972.

Desde Puerto Rico mis padres aventureros viajaron por América del Sur conmigo –una bebita de dos semanas. Paseamos por Bogotá, Colombia; Caracas, Venezuela, Santiago de Chile y desde allí en autobús a través de la Cordillera de los Andes a Mendoza. Cuando llegamos a casa de mis abuelos yo estaba hambrienta y exhausta de todo el recorrido. Nos quedamos con mis abuelos durante unos seis meses, mientras que mis padres trataron de buscar trabajo, pero decidieron regresar a los Estados Unidos. Mami quería vivir en Mendoza, pero si tenía que vivir en Estados Unidos quería tener la oportunidad de regresar a Mendoza cada año. Una vez en los Estados Unidos vivimos primero en Encinitas, California, donde trabajó como asistente de maestro y luego nos mudamos a Miami, Florida. En 1975 mi hermano Daniel nació en Miami y mami también se hizo ciudadana de los Estados Unidos. Mami trabajó como profesora de español, así como asistente de maestro y también completó su Licenciatura en Pedagogía en la Universidad Internacional de Florida. A pesar de que ya tenía una licenciatura equivalente de Argentina, tuvo que cursar muchas materias de nuevo. Obtuvo su certificación para poder enseñar español y poco después, en 1986 nos mudamos a San Antonio, Texas. Enseñó español en tres escuelas de la ciudad y también completó su Maestría en Español en la Universidad de Texas de San Antonio en 1993. Se jubiló como profesora en 2005, después de treinta y ocho años de enseñar y realmente adoró a sus estudiantes.

A lo largo de su vida mantuvo muchas tradiciones argentinas en nuestra familia. Tocaba música folklore, nos cocinaba y me enseñó cómo hacer muchas de las comidas típicas y deliciosas también. En la víspera de Navidad siempre hemos hecho empanadas con vino Malbec. Y cada domingo hacíamos nuestro asado típico de costillitas, chorizos y pollo. También tomábamos mate y mate cocido en las mañanas frías de invierno. Mami estuvo muy involucrada en la organización Casa Argentina de San Antonio

Déjame que te cuente...

(CASA-San Antonio), donde ocupó diversos cargos en la mesa directiva. Ella pudo viajar cada año a Mendoza, así como el resto de la familia, por lo que pudimos visitar varias partes de la Argentina, incluyendo el lugar donde ella nació y donde mis abuelos vivieron. Disfrutamos las visitas a las Cataratas de Iguazú y el esquí en Bariloche –al sur de Argentina. También pude estudiar un semestre en el mismo colegio donde estudió mi madre.

Lamentablemente mami falleció el 17 de septiembre de 2011, pero deja tres nietos, mi padre, mi hermano y yo, que continuaremos su legado. Vivió su vida con amor y compasión por los demás y siempre tenía una puerta abierta para todos los que vinieran a nuestra casa. Incluso en los momentos más difíciles siempre tenía una sonrisa para compartir. A ella le encantaba invitar a los amigos a casa a comer. Ella siempre será recordada por su espíritu cariñoso, por ser bondadosa, amorosa, dulce, amable y encantadora, una persona que hizo que todos se sintieran especiales, principalmente a su familia.

Mi historia, en breve

Gloria Contreras Ham

Cuando yo estaba en mi último año de la escuela secundaria, recibí la mejor noticia de mi vida hasta entonces: había sido escogida para recibir la beca Gran Mariscal de Ayacucho, una beca establecida y otorgada por el presidente de la República de Venezuela, Carlos Andrés Pérez. Con esta beca se me presentaba la oportunidad de poder ir a la universidad en los Estados Unidos y estudiar con todos los gastos pagados por la beca. Yo me sentía feliz y mis padres estaban orgullosos de mí. Llegué a Northeastern University, en Boston, Massachusetts, emocionada y llena de ilusiones. Era una joven trabajadora, inocente y soñadora que había sido sobreprotegida por mis padres toda mi vida y de repente me encontraba en un país extranjero, en una ciudad grande y hermosa, rodeada de extraños, sumergida en una cultura totalmente diferente a la mía. Al principio fue una experiencia atemorizante y abrumadora, pero al mismo tiempo excitante.

En Northeastern University estudié y me gradué de ingeniera mecánica. En mi último año en Northeastern, conocí a David Alan Ham, un gringo maravilloso de quien me enamoré y que ha sido mi esposo por treinta y un años. Al explicarle a David que como parte del contrato de mi beca, una vez que me graduara tenía que regresar a Venezuela y trabajar por dos años en el país, él comenzó a explorar sus posibilidades de trabajar allí. A principios de los ochenta había una gran cantidad de compañías americanas en Venezuela, proveedoras de la industria petrolera y suplidoras de una gran variedad de productos y servicios. David no tuvo ningún inconveniente en conseguir un buen trabajo con una compañía americana, para la cual también yo llegué a trabajar por cinco años.

Déjame que te cuente...

Después de graduarme y de casarme, vivimos en Venezuela por siete años. Allí nacieron mi hijo mayor David Javier y mi primera hija Gloria Adriana. Antes de que naciera David Javier y hasta que nació Gloria Adriana yo trabajaba ejerciendo la ingeniería. Al nacimiento de Gloria Adriana decidí mantenerme al margen del trabajo y dedicarme completamente a mis hijos. Durante ese tiempo la economía en Venezuela comenzó a sufrir algunas transformaciones y mi esposo recibió una oferta para una transferencia de vuelta a los Estados Unidos. Dadas las circunstancias, nosotros decidimos aceptarla y volver. La transferencia nos llevó a Paducah, un pequeño pueblo en el oeste de Kentucky donde vivimos doce años. Recién llegados a Paducah quedé embarazada de mi hija menor, Alejandra María, lo que extendía mi período alejada del campo laboral. Cuando Alejandra nació, David Javier tenía seis años por lo que ya había comenzado la escuela y Gloria Adriana tenía dos años.

Comencé a hacer trabajo de voluntaria en la escuela donde asistía mi hijo y pronto comencé a darme cuenta que la educación era algo que encontraba fascinante. Poco a poco y sin darme cuenta me enamoré de la educación, de la dinámica que existe en un salón de clases, de la expresión de un niño cuando aprende algo nuevo. Era tanto mi entusiasmo por lo que estaba haciendo, que cuando me ofrecieron un trabajo para enseñar español en la escuela católica local, no lo pensé dos veces. Más adelante me pregunté, ¿por qué a mí y por qué ahora? Aunque no logré encontrar la respuesta a estas preguntas, todavía le doy gracias a Dios por la oportunidad que me dio y por desviar mi camino, y enseñarme dónde tenía que emplear mis talentos. Mi vida profesional dio un vuelco total y mi nuevo trabajo también me llevó de vuelta a la universidad, para tomar clases en educación.

El hecho de vivir en un pequeño pueblo en el oeste de Kentucky en una comunidad cerrada donde todo el mundo se conocía, ser extranjera, hablar con un acento hispano y ser diferente al resto de la población, fue una experiencia increíble que me hizo crecer como persona. Aprendí tanto sobre el ser humano y el por qué hacemos lo que hacemos. No entraré en detalle pero puedo decirles que al principio fue muy difícil, muchas veces me sentí discriminada sin haber tenido una oportunidad para darme a conocer ni para defenderme. Lloré muchas veces, me sentía frustrada y hasta llegué a sentirme amargada. Me tomó cuatro años mientras enseñaba a tiempo completo entender la influencia que puede tener la ignorancia y para entender además que mi presencia como educadora tenía un verdadero impacto en la vida de mis estudiantes.

El año escolar estaba por terminar y los estudiantes que había enseñado por cuatro años y a quienes había aprendido a querer casi como a mis propios hijos, estaban por graduarse. Ellos y yo habíamos comenzado la escuela juntos, los había visto crecer de niños a jóvenes adultos. Uno de ellos vino a despedirse, con mucho cariño me dijo que yo era la primera extranjera que él había conocido en su vida, me dijo que me parecía mucho a otras personas que él conocía y que nunca más temería ni juzgaría a nadie por verse diferente o por venir de otro país, porque siempre recordaría a su maestra de español. Con sus palabras me hizo comprender que muchas veces discriminamos, rechazamos, juzgamos y/o resistimos lo que desconocemos, lo que ignoramos. Cuando salimos de Kentucky dejamos muchos amigos queridísimos, con quienes todavía me mantengo en contacto después de doce años de haber partido. Actualmente llevo dieciocho años enseñando y muchos más viviendo en los Estados Unidos; a través de los años he encontrado mucha ignorancia en mi camino pero he aprendido que con nuestras acciones podemos educar tanto o más que con una lección. Y cuando la ignorancia no tiene remedio, he aprendido a aguantarla o a tolerarla.

En mi vida familiar y personal algunas veces la situación ha sido muy difícil. Un matrimonio de por sí es un reto bajo circunstancias normales. Mi esposo es americano y yo soy venezolana, lo que añade otro factor importante a nuestro matrimonio que a veces puede causar fricción. Tratar de fundir dos culturas totalmente diferentes es bastante difícil, si añadimos dos religiones y tres hijos, las situaciones resultantes pueden ser lo suficientemente interesantes

Déjame que te cuente...

como para crear una telenovela. Siempre traté de mantener presente y hacer relevante mi cultura en nuestro hogar, enseñándoles a mis hijos lo importante que es tomar lo mejor de las dos culturas para sus vidas. Tanto mis hijos como mi esposo prefieren la comida hispana, a todos nos gusta la música latina y a dos de mis tres hijos les gustan los bailes latinos casi tanto como a mí.

Mi esposo y yo nos amamos, tenemos tres hijos maravillosos, inteligentes, trabajadores, sanos, amorosos, dignos de todo mi respeto y admiración. Los tres cuentan con una carrera universitaria, los dos mayores tienen buenos trabajos, la menor está haciendo su maestría. Mi hijo mayor ya está casado con una mujer extraordinaria que lo ama y lo respeta. Dios nos ha permitido ver a nuestros hijos convertirse en personas de bien, compasivas, generosas y encantadoras.

En mi trabajo también he tenido mucha suerte. En Kentucky, donde comencé mi carrera docente, tuve la fortuna de trabajar en una excelente escuela católica, con dos directores excepcionales, Michael Collins y Rosann Whiting. Dos seres increíbles que fueron mis mentores y quienes me guiaron en mis primeros años en la educación. Ellos me dieron la confianza y todo el apoyo que necesitaba para extender mis alas y crecer como educadora. Ellos me guiaron, me apoyaron y me dieron una amistad verdadera cuando me sentía insegura tomando mis primeros pasos dentro de esta área profesional. En esa escuela trabajé por seis años hasta que nos mudamos a Carolina del Sur, allí dejé recuerdos y amistades que aún guardo y guardaré siempre en mi corazón.

Cuando nos mudamos a Columbia, en Carolina del Sur, trabajé un año en una escuela católica en la cual no me sentí totalmente a gusto, esperaba encontrar una escuela similar a la que había dejado en Kentucky, pero era muy diferente. Para el año siguiente decidí hacer un cambio radical y fui a trabajar en una escuela pública, la primera experiencia de mi vida con un sistema público; yo había asistido siempre a escuelas privadas y sólo había enseñado en escuelas católicas. Al principio estaba muy nerviosa por todos los comentarios que muchas personas me hacían, me decían lo peligrosas que eran las escuelas públicas, lo horrible de los estudiantes, lo déspota de los administradores, etc. Como si eso fuera poco, la escuela era diez veces el tamaño de mi escuela en Kentucky. En mi primer día de clases estaba totalmente aterrada, miraba a cada persona con desconfianza y estaba comenzando a cuestionar mi decisión de tomar ese trabajo. Esa sensación negativa duró muy poco porque cuando conocí a la gente de mi departamento supe que todo iba a salir bien. Me hice parte de un grupo de amables profesionales con experiencia internacional y con un maravilloso sentido de compañerismo. Nuevamente me tocó un director y una subdirectora, el Dr. Greg Owings y la Dra. Glenda George, respectivamente, con quienes ha sido un verdadero placer trabajar en los últimos once años, dos magníficos profesionales, íntegros, con principios morales muy similares a los míos, personas que trabajan increíblemente bien con los estudiantes, con todo el profesorado y los empleados de la escuela, así como con los padres y la comunidad. Trabajo en una de las mejores escuelas en Carolina del Sur, reconocida a nivel nacional por sus resultados académicos, con un grupo de personas maravillosas que me permiten disfrutar mi trabajo cada día.

Amo mi profesión y cada semestre llego a querer a mi nuevo grupo de estudiantes y cada año es dulce y amarga la despedida del grupo que se gradúa. En dieciocho años son muchos los estudiantes a quienes he enseñado y con quienes me he relacionado, a través de ese tiempo ellos han sido mis más estrictos maestros y mis más queridos alumnos. Muchos llegan a mi clase renuentes, dudosos, desconfiados, incapaces de sostenerme la mirada y hasta nerviosos, porque tengo la reputación de ser estricta. Sin embargo, casi siempre llegamos al punto cuando me miran con confianza y me sonríen abiertamente, algunos hasta llegan a verme como su confidente para contarme sus problemas personales o sus aspiraciones más anheladas, y la mayoría sabe que en mi salón de clases hay lugar para los errores y donde si son corregidos es con la intención de ayudarlos y no de humillarlos, un lugar donde

Déjame que te cuente...

se sienten seguros, respetados y queridos. Creo que me gano su respeto porque lo que ven es lo que soy, sin pretensiones ni tapujos, trato de ser lo más honesta posible con ellos. A los estudiantes les encanta que pueda contestarles con mis experiencias personales cuando tienen preguntas sobre la cultura, la vida en otros países, las tradiciones y las preferencias. Sin afán de pretensión puedo decir que el hecho de que sea hispana, que el español sea mi idioma nativo, que haya vivido en un país hispano por muchos años y que haya visitado muchos otros, hace más real y auténtico el estudio de la lengua para muchos de mis estudiantes. A ellos les fascinan todos los aspectos culturales auténticos que incluyo constantemente en mis clases.

Después de que se gradúan, muchos estudiantes se mantienen en contacto conmigo a través de Facebook, correo electrónico y visitas personales. Comparten conmigo sus experiencias en la vida, sus experiencias en las clases de español en la universidad, cuando se casan, cuando tienen niños y muy especialmente si viajan a otros países a estudiar, en misiones, o por placer. Creo que mis estudiantes se identifican conmigo porque les enseño español para la vida, no solamente para pasar un examen; les enseño la cultura como parte integral del idioma, como parte de lo que soy. Logro obtener una relación más estrecha con muchos de ellos porque enseño los niveles altos y logro tenerlos en mis clases por dos o tres años consecutivos, en los grados 10, 11 y 12, cuando ya comienzan a madurar.

El mundo está en un constante ir y venir, nosotros hemos venido a los Estados Unidos, mientras muchos estadounidenses se han ido a otros países. Los que estamos enseñando aquí mantenemos una condición legal pero no estamos inmunes a los problemas que afrontan nuestros hermanos que llegan ilegalmente. Los problemas continuarán, la discriminación no es un problema de siglos pasados, la ignorancia y la intolerancia continúan prevaleciendo. Los hispanos hemos demostrado ser un grupo fuerte, unido, con principios establecidos y que no nos doblegamos fácilmente. Amamos a nuestras familias, nuestras tradiciones, nuestra cultura y nuestro idioma. Somos la minoría más grande en los Estados Unidos y continuamos creciendo. Tenemos una obligación moral, como educadores y como seres humanos, enseñarles a nuestros estudiantes que no importa de dónde vengamos, ni de qué color sea nuestra piel, ni qué idioma hablemos. Lo realmente importante reside dentro de la persona y no debemos juzgar a nadie sin darle la oportunidad de mostrarnos quién es realmente.

Mi esposo y mis hijos han vivido esta historia conmigo. Espero que todos mis descendientes sepan que cada ser humano, por pequeño y simple que parezca, tiene el poder y las herramientas para crear un cambio y dejar una huella positiva. Espero que aprendan que Dios nos presenta oportunidades y nos guía para que descubramos el potencial que tenemos. Que está bien cambiar de opinión o de carrera y que si sentimos el llamado a hacerlo, debemos escuchar esa voz que nos habla porque es muy probable que encuentren algo maravilloso si lo hacen. Yo encontré una profesión que me apasiona y que no habría descubierto de no haber estado alerta.

Cosas que he aprendido al cambiar de un país a otro

Lydia Rodríguez

#1 Cómo comportarse socialmente

En público uno debe mostrar la mejor cara porque la primera impresión es lo que cuenta. Cuando vivía en México tenía que mantener una conversación aceptable cuando estaba entre hombres y mujeres, en particular cuando los miembros de la familia estaban presentes. Yo me podía dar cuenta cuando las conversaciones no eran aceptables porque a nosotras, las chicas, nos educaban con los ojos. Algunos adultos o gente conservadora nos echaban unas miradas con los ojos medio cerrados y con el ceño fruncido y los labios estirados. Cuando se nos daban una de esas miradas, sabíamos que habíamos cruzado la línea. Entre nosotras, las chicas, se podía decir casi cualquier cosa a menos que hubiera una arrogante creída Madonna presente como María Conchita que censuraba bruscamente con "¡Qué vulgar eres!" o "¡Qué falta de educación!" Nunca se me ocurrió preguntarle cuál era su definición de vulgar o lo que ella consideraba falta de educación, uno no piensa en esas cosas a esa edad.

En los EE.UU, con mi familia estadounidense, no recuerdo haber horrorizado a nadie con mis conversaciones. Por supuesto, las groserías eran inaceptables. Todo el mundo sabía eso, incluso los adultos. Por lo tanto, era mucho más fácil estar en reuniones sociales con mi familia estadounidense, parecía como que ellos no eran tan críticos como mis parientes mexicanos. El cruzar las piernas no era ningún problema y no era necesario estar solamente en un grupo de chicas. Los eventos sociales con mi familia estadounidense eran menos complicados. Me sentía libre de poder ser yo misma.

#2 Cómo se supera el choque cultural

Las primeras semanas son como días de fiesta o como unas vacaciones, todo es nuevo para mí y yo soy nueva para otros. Es emocionante, mmm, "Mangos con chile molido, limón y sal, mmm…" digo al hundir mis dientes en la carne dulce del mango. La gente pronto se cansa y se impacienta y dice abruptamente: "Eso no se hace aquí, serás mal vista". "Lo siento. No lo sabía", les digo. Paso por un curso acelerado de auto enseñanza. ¡Ay Jesús! Muchas caídas y tropezones. Pregunta antes de actuar es mi nueva política, "¿Puedo hacer X, Y y Z?" "¡No!" "¿Por qué no?" La tía Lola me mira con una mirada frustrada y ruge con su voz insensible, "¡Así es, punto y aparte y deja ya de preguntar!" "¡Ay Dios mío!" digo. Bueno, creo que la honestidad es la mejor política.

En los EE.UU es trabajar, trabajar, trabajar y trabajar. Adaptarse y producir, ya sea que estés en el ambiente o estés fuera de él. Estás sola chica, lo entiendas o no. Son las cinco de la tarde y cada quien se va a su casa, no hay quien se quede para ayudarte. Siempre hay un mañana que comienza a las ocho. Aquí es hablar fuerte o ser echado a un lado. El ser persistente en México es ser fastidioso, pero aquí es una ventaja. Me siento incómoda ser dolor de cabeza para alguien, pero tengo que serlo para poder obtener lo que yo quiero.

#3 Cómo superar mentalmente los tambaleos lingüísticos

Los primeros meses uno habla al estilo del Dr. Seuss, traducciones mentales y uso constante del diccionario y preguntas a la gente. Uy, las carcajadas y las risas que le producía a la gente, en particular con las expresiones idiomáticas y culturales. ¿Cómo iba a saber yo lo que estaba diciendo? Viendo la televisión los primeros meses era imposible, hablaban demasiado rápido. Los libros eran excesivamente difíciles, incluso los que eran para los nenes pequeñitos. Tenía que buscar casi cada palabra en un diccionario. Después de unos meses, repentinamente pude dominar la lengua, me sentía como un pez en el agua. Usaba la lengua y la escritura tan bien o tal vez mejor que una persona nacida aquí, en México.

Cuando uno vive entre la gente en cualquier país desarrolla una habilidad lingüística incomparable, como me pasó a mí. Mi pronunciación es increíble, la fluidez del lenguaje es rápida. Yo soy ellos y ellos son yo.

De regreso a los EE.UU después de muchos años fuera, me encuentro otra vez con las traducciones mentales, el constante uso del diccionario y las preguntas a la gente, y de nuevo la angustia de comunicarme. ¿Qué me pasa? Esta fue mi primera lengua, parece que mis habilidades en el idioma del inglés se han quedado a la edad de trece años. Mi mente se ha desarrollado usando el español, pero mi idioma del inglés se ha quedado atrás. No se desarrolló como la otra lengua. ¿Cómo puede ser eso? No entiendo. Veo a otros hablando en inglés con el idioma bien desarrollado. Soy de este país, ¿qué me pasó? Tengo miedo, me siento insegura pero no me doy por vencida. Tengo que superar esto.

#4 No me puedes engañar

"Yo me las arreglaré para que me cambie mi B a una A en esta prueba, es fácil. Como no habla inglés, lo hará para evitarse problemas. Le hice la misma tranza al Sr. González", escucho a Jason decirle a otro estudiante fuera del salón de clase. Jason entra en el aula donde estoy de pie al lado de la mesa del profesor. Tiene un papel en su mano. Es su prueba. Llega al otro extremo de la mesa y lanza unas palabras rápidamente: "Me quitó puntos cuando realmente tenía la respuesta correcta, mire". Señalando con rudeza a su prueba, continúa diciendo: "Mi puntaje suma a 90, tenga, cámbielo". Lo miro y luego le echo un ojazo a su prueba que ahora se encuentra sobre la mesa. Le respondo lentamente "N…O…", y sigo con "No hay ningún error de cálculo y no discuto las notas". Jason me mira con sus grandes ojos azules, "Está bien, gracias. Pensé que había un error". Su sorpresa fue mayor al oírme hablar en inglés con fluidez y sin ningún acento, eso siempre me parece cómico.

"Profesora, ¿de dónde es usted?" Pregunta Billy. Tomo la respuesta fácil, "De México". A veces juego con ellos y digo, "de Colombia o de Venezuela". Pero luego, sabelotodo Jane dice,

Déjame que te cuente...

"Entonces, ¿por qué no tiene un acento en inglés como todos los demás de un país diferente?" Todas las miradas están sobre mí y no sólo la de Billy y la de Jane sino de quien esté de pie o sentado en el salón. Sonrío con picardía y comienzo: "Bueno, soy..." empiezo, sabiendo que he sido descubierta con mi humor seco. A estas alturas trato de llegar a una explicación breve y lógica para satisfacer la curiosidad de los estudiantes. "Bueno, verán..." trato de explicar. La habilidad de cambiar idiomas en un dos por tres para tomar decisiones, difunde experiencia y autoridad en ambos lados del globo.

#5 Dinámicas de grupo y siempre visto como el otro

"¿Soy yo o son estos gringos?" Me pregunto. "Estos gringos piensan de manera diferente. Oh, espera, yo soy una gringa", me doy cuenta, pero me siento más latina que gringa. Supongo que los gringos me ven más latina que gringa también. Al entrar en el ámbito profesional, me he dado cuenta que los gringos forman bases de poder, todos en sus oficinas se encuentran agrupados y arreglados como clones. "¿Acaso no tienen una mente independiente?" Se han convertido en los objetos de mi atención y he concluido que el clan gringo es de la misma mentalidad, les gusta hacer trampas así como esconder información lo más que puedan. Se sienten poderosos, especulo. "¿Por qué esto no se presentó con debido tiempo?" Pregunto. "Lo siento, acaba de salir y tenemos que agilizar este asunto", dicen siempre. Todo está siempre en una gran necesidad de apuro, "Simplemente fírmalo", o dicen "No es gran cosa; solamente necesita tu firma". "No es gran cosa. Entonces, ¿por qué hay tanta prisa? No, no lo voy a firmar hasta que lo lea". No les gusta cuando les digo que no. El acoso continúa, la presión se ve a través del correo electrónico y finalmente, la intimidación viene mandándoles copias a los cuasi dioses, "Escuchen bien, aunque le hayan mandado una copia al decano o al presidente al no informar a los demás de planes departamentales u obligar a que firmen algo es injusto y coercitivo", afirmo yo. Los correos electrónicos duran varios días y los malos sentimientos corren por el departamento. Lo curioso es que soy la única cuestionando y haciendo comentarios. Todos los gringos parecen aceptar todo lo que ha pasado por la cabeza del grupo. "¿Soy yo? Y realmente ¿son nada más los gringos? O bien, ¿es la gente en general?" Me interrogo. Por alguna razón, el ambiente académico despierta en algunos individuos, gringos o no, la ambición al poder, la malicia y la competencia desmedida. "¿Por qué tienen que ser tan escurridizos?" Solamente me quedo haciendo preguntas y conjeturas sobre aquellos cuyo modus vivendi depende de la academia y sobre mí que soy uno de ellos y no hay respuestas. Se podrá clasificar el ámbito profesional en homogéneo o heterogéneo, lo mismo o lo otro, ordinario o exótico, la conformidad o el individualismo. ¿Cuál es mejor, uno o el otro o una mezcla de los dos?

#6 Diciendo adiós a todo lo conocido

Mientras echo un vistazo por la ventana del cuarto piso de mi oficina, recuerdo el pasado. Recuerdo haber estado llena de tristeza como cuando uno le dice adiós a alguien que ha querido mucho y se ha separado más de una vez. Era tristeza porque me estaba despidiendo otra vez. Había pasado una buena parte de mi vida tratando de entender mi alrededor, la gente y la lengua en mi nuevo país. En cuanto me sentía cómoda en un país y lo había adoptado como mío era hora de regresar al otro país y una vez más el proceso de reajuste comenzaba. De repente, "Disculpa, ¿sabe dónde está la oficina del Dr. Jones?" Una voz me regresa al presente. Le sonrío y le explico, llevando personalmente al estudiante chino al sitio. Le conmueve la simpleza de mi gesto, "Gracia, Gracia", dice el estudiante chino. Yo también recuerdo haber estado confundida y frustrada, pero quizás eso es lo que me hace más sensible y abierta a otras personas y a otras culturas.

#7 Cruzando fronteras

El día de mudarnos llegó, nosotros, los tres niños, estábamos en el asiento trasero del coche que jalaba el tráiler. Llevábamos más o menos un día de camino en la carretera cuando finalmente en medio de la oscuridad y media dormida, escuché a un hombre decir:

Déjame que te cuente...

"¿Qué lleva ahí?" Parecía un oficial de policía, pero estaba parando a todos los vehículos en un punto de control. "¿Qué está pasando?" Pensé. "Bájese y destape lo que tiene", dijo la voz mientras que vi a mi papá salirse del auto y presentar algunos documentos. Kacy y Jamie, ustedes estaban dormidos pero se me enchinaba la piel cada vez que escuchaba la voz del hombre. La oscuridad no ayudaba tampoco. Su voz sonaba malévola como uno de esos tipos en una de esas películas que hacen desaparecer a la gente y los cuerpos nunca se encuentran. Diez años más tarde, "Saquen sus pasaportes", gritó una voz enorme. "Otra vez pasando por todos estos puntos de control", pensé. Esta vez estábamos en el aeropuerto yendo en la dirección opuesta. No importara la dirección que fuéramos, había masas de gente a la que detenían y revisaban. Papá, mudarnos de un país a otro y esperando que nosotros, niños en aquel entonces y ahora jóvenes adultos, nos adaptáramos rápidamente era muy difícil. Nuestra vida cambió por completo en minutos. No obstante, estoy agradecida de que usted fue lo suficientemente responsable para arreglar toda la documentación necesaria. Legítima y legalmente entré y salí de un país a otro sin ningún problema. Desde entonces, he estado cruzando las fronteras físicas y metafóricas, aceptando las novedades que se me presentan.

#8 La educación es el camino y el ser orgulloso de ti mismo

Nadie te puede quitar la educación no importa en qué país estés. Ve a la escuela y edúcate aun cuando signifique un gran sacrificio. Este sacrificio se recompensa al final. Sé que es un cliché exagerado y sobre usado pero simplemente hazlo. Puedes llevar tu educación a cualquier lugar, las cosas materiales siempre se quedarán atrás, pero tu mente, con la gran cantidad de información y la experiencia, te seguirá siempre. Nadie te podrá quitar tu título. Es tu responsabilidad el estar informado y no esperes que alguien te informe. Luego estás Tú como persona. Eres quien eres y no importa dónde estés ni importa cuántos cambios hagas para no ser la persona que eres, tú eres Tú. Siempre serás el hijo de tus padres: hispano nacido en los EE.UU o posiblemente no nacido en los EE.UU, inmigrante o no, blanco, verde, rojo, bajo, alto, ojos grandes, ojos pequeños, estas son tus cualidades que te distinguen a ti. Acéptate a ti mismo como eres. ¿Por qué no? Al fin y al cabo esto es lo que eres.

"Déjame que te cuente…"
Volumen II

- Antología -
Historias de inmigrantes hispanos

Compiladora y editora:
Ana María González
Asistente editorial:
Amalia Barreiro de Gensman

Presentación

Hemos tenido la gran fortuna de despertar una vez más el interés de otros colegas que se entusiasmaron con la idea de ver sus historias de inmigrantes impresas en un segundo volumen.

Y henos aquí para contarlas...

En la continuación de este proyecto editorial, la meta fue darnos a la tarea de incluir a todos y cada uno de los países latinoamericanos que están presentes en el trabajo docente del área de español en los Estados Unidos, y se estuvo a punto de lograr este objetivo. Con excepción de Ecuador, es un orgullo tener la representación de cada rincón geográfico de lengua hispana que llevamos en la sangre, en el pensamiento, en el corazón y por supuesto, en nuestra labor diaria.

Déjame que te cuente...
Coplas

Alicia Migliarini

Déjame que te cuente...
Colega, amigo hoy te digo
que de la mano, hermano, vamos
maestros hispanos,
a contar otras historias
de pasadas y presentes penas y glorias.

Ana María, el eje de esta antología
es la que convoca, une, atrae e invade
de entusiasmo a sus compañeros,
a escribir contar y compartir los aconteceres
de sus tierras del vivir y el partir, el atrás dejar,
el abandonar y el volver a empezar.

Y así logró incorporar a Esther Villarino
quien de la Costa del Mediterráneo vino
la catalana de Barcelona, ciudad galana,
y quien con su historia
"Me fui con la música a otra parte"
está hoy presente aquí y nos la comparte.

Marco Tulio aporta y describe en su historia
su infancia, la vida en Honduras,
evoca detalles de sacrificios, circunstancias duras
pero también premio al esfuerzo,
estudios, becas y logros que le dieron
su buscada paz, armonía y alegría.

De Chile y ahora desde Tejas,

Déjame que te cuente...

Regina nos cuenta que llegó aquí
"revuelta como las cosas que llegan a la playa"
donde logra a través de la enseñanza,
cruzar fronteras con "un puente donde su vida
converge con la de sus estudiantes"
y forma conexiones, siempre mujer de acciones.

Teresita Ronquillo, profesora cubana
hoy naturalizada americana,
nos dice que de niña "presentaba diálogos
declamación o dramatización de poemas"
sin pensar que un día sería la pedagogía
lo que la traería a la "tierra prometida".

De igual manera, haciendo un recorrido
para remontarse al pasado,
el doctor Édgar Cota Torres
quien nació, se crió y vivió entre dos culturas
en un vaivén que aún hoy no termina,
deja sentado su agradecimiento y su legado.

Cecilia Vázquez, cubana de la Habana
se considera dichosa de haber podido vivir
"un poquito mejor" que los de alrededor
pero quería lograr en persona "el sueño americano"
y aquí descubrió, dicho en sus palabras "lo que es enseñar",
ese empujar y entregar hasta más no dar.

Carmen nos trae su "Restrospectiva fronteriza"
digna de leerse con un sentido
casi metafísico, de lo que ha vivido
presentando que "una mitad no niega la otra"
para exponer con claridad que lo que vale
"no es la división sino la unión".

Originaria del Uruguay su "paisito natal"
al que nunca pensó abandonar
nos cuenta Beatriz Alem-Walker,
sino que la vida la hizo marchar

y no por eso lo deja de amar, y afirma que
"principio vital es que la vida sigue sin parar".

Mayela Vallejos-Ramírez
nos trae sus "sueños de una niña"
sus experiencias, aprendizaje y tesón,
de la motivada tica a la que una familia americana
le abrió "las puertas de su casa y su corazón".

María José Goñi Iza
originaria de Irún, España
a Francia tierra aledaña
se vino del Viejo Mundo y la trajo el amor,
cosa extraña, hecho que la alejó de España
y en Colorado muchos años ya ha enseñado.

Un melancólico diálogo póstumo con su padre
es lo que nos aporta Zé Salvador y así abre
un gran cofre de recuerdos y parafraseando
a su progenitor va recordando y honrando,
a esos seres que le brindaron amor,
se emociona y lo hace con valor.

Margarita Pignataro nos brinda
el perfil de su bisabuelo
originario de Oruro en Bolivia
y amante de su raza aymará
soñaba con regresar
para su buena gente ayudar y volver a abrazar.

Déjame que te cuente vuelve a poner
un puente que une a hermanos hispanos y americanos
quienes buscan expresar, contar y así plasmar
sus conmovedoras historias que relatan penas y glorias
en esta antología con sentimiento, fortaleza y alegría.

Hermanos hispanos y americanos
docentes, profesores, maestros
aquí brindan sus historias y memorias;

Déjame que te cuente...
>
> todos relatos de nuestras vidas,
> para dejar una huella perdurable,
> a los que vienen y vendrán,
> haciendo así su experiencia inolvidable.

"Yo soy yo y mi circunstancia": historia de una inmigrante renuente

Beatriz Alem de Walker

Déjame que te cuente: nací y crecí en el barrio de la Antártida, en un pequeño triángulo de país que por pequeño y poco pretencioso pasa desapercibido en las noticias internacionales. Mi infancia, salvo ciertas idiosincracias, fue algo del *Leave it to Beaver* estadounidense. Mi ciudad natal es la capital del Uruguay, una de las capitales más pequeñas en un continente de grandes ciudades. Con un millón y medio de personas y todas las ventajas de una capital, Montevideo tenía un ambiente de pueblo cuando era niña. No había grandes peligros y todas las personas eran una suerte de vecinos. Un extraño era una persona a quien ayudar o a quien conocer, y no representaba una amenaza o temor. ¡Cómo ha cambiado mi mundo!

Fui la benjamina de tres hijos y la única mujer. Adoraba a mi padre y a mi abuelita materna que vivía con nosotros, lo cual fue una de las grandes bendiciones de mi vida. Mi barrio era un lugar pintoresco, que podría haber sido un vecindario en Roma, Madrid o París. Tenía ese aire europeo que tienen las ciudades latinoamericanas fundadas por inmigrantes europeos, como Buenos Aires o Santiago. El almacén de ramos generales era un lugar con aroma a café y a canela; la verdulería de don Garibaldi especialmente colorida y la despensa de don Alberto un lugar de reunión donde todos los vecinos eran conocidos por su nombre. Pero sin duda, la panadería era el sitio preferido en donde se agolpaba la gente a las siete de la mañana y luego a las cuatro de la tarde, donde todos los eventos del día se comentaban mientras se esperaba el pan recién salido del horno, para el desayuno o la merienda. Los inmigrantes

Déjame que te cuente...

italianos habían traído consigo la costumbre de las ferias, así cada barrio tenía una feria un día a la semana. Esta suerte de mercado ambulante presentaba los mejores productos agrícolas a los mejores precios, además de artesanías, telares y un gran etcétera. Las ferias eran y aún son una costumbre muy típica y muy arraigada en la vida del Río de la Plata.

Cuando tenía alrededor de ocho años, pasé a formar parte de La Escuelita Nueva Olita, una suerte de *Disney's Mouseketeers Club*. Era un grupo de niños dirigidos por una profesora que nos enseñaba a cantar, a recitar y a bailar, participando en varios programas de televisión. Al poco tiempo de entrar a la "escuelita" me llamaron para hacer comerciales en televisión para ropa infantil; luego para una de las tiendas más grandes del Uruguay y más tarde para la T.V. Guide de Uruguay. Esa infancia idílica fue empañada cuando yo tenía unos catorce años, cuando mi país sufrió un golpe de Estado por parte de los militares. Mis hermanos, ambos estudiantes universitarios, marcharon al exilio, con otros cuatrocientos mil uruguayos. Esta fue una época muy dura para los países del Cono Sur. En Uruguay desaparecieron unas trescientas personas, a manos de los militares; en Argentina unas treinta mil y en Chile se perdió la cuenta. Este momento histórico sería más tarde el tema central de mi disertación doctoral. La vida volvió a su cauce normal después de doce largos años y en ese intervalo mi país pasó por muchos cambios, y por ende la vida de los uruguayos, y la de mi familia.

Aún así nunca tuve la intención de salir de mi paisito, a no ser que fuera para un corto viaje de vacaciones, pero la vida nos presenta muchas sorpresas. Para mí no ha habido sorpresa más grande que la de haber sido trasplantada, arrancada de raíz y plantada en suelo foráneo. El filósofo y escritor español José Ortega y Gasset acuñó esta famosa frase "Yo soy yo y mi circunstancia..." en 1914, proponiendo en sus propias palabras "la reabsorción de la circunstancia en el destino concreto del [ser humano]." Su propuesta ha servido para guiar mi interpretación acerca de los cambios en mi vida. No somos entes independientes del mundo que nos rodea. Por el contrario, cada uno de nosotros está condicionado por la circunstancia que le toca vivir y esa circunstancia es la que moldea nuestra persona. Somos quienes somos según nuestras circunstancias de vida. La circunstancia que me trajo a los Estados Unidos fue mi matrimonio. A la edad de veinte me casé con un tejano, y mi esposo vivió en mi país por unos veinte años (dieciocho de ellos de casados), pero finalmente a mediados de la década de los noventa y por razones de trabajo, tuvo que regresar a Texas y aquí vinimos a vivir con nuestros cuatro hijos. Aunque había visitado los Estados Unidos varias veces, venir a residir en suelo norteamericano fue un choque cultural. Llevó tiempo acostumbrarme a esta pequeña ciudad universitaria que hoy es mi hogar en el sentido pleno de la palabra. Al principio, la arrogancia norteamericana me chocó. Las personas no dudaban en asumir que para mí vivir en Estados Unidos era "mejor" para mi vida y la de mis hijos y algunos me lo hicieron saber abiertamente. Aunque los uruguayos no somos fanáticos acerca de nuestro nacionalismo, cuando salimos de nuestro 'paisito' el orgullo nacional crece. El famoso artista plástico uruguayo, Joaquín Torres García, expresó ese orgullo en 1943 cuando invirtió el mapa latinoamericano:

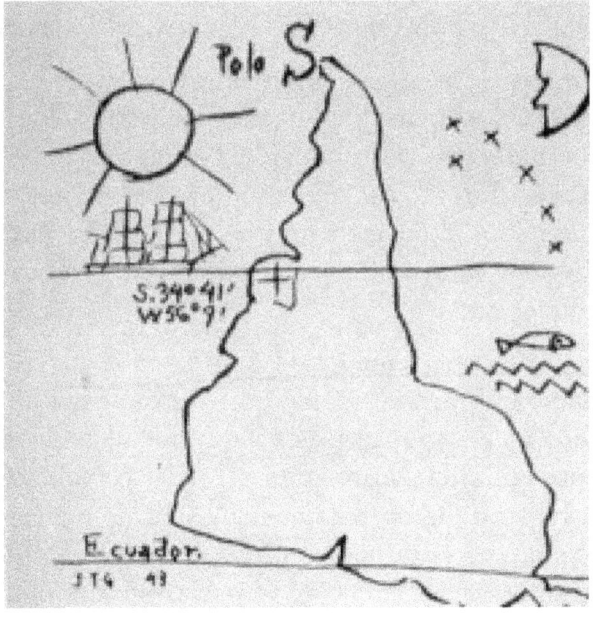

Déjame que te cuente...

"Nuestro norte es el sur" dijo Torres García. Definitivamente todo depende del ángulo con el cual miramos la realidad. ¿Quién puede afirmar que vivimos en "el fin del mundo"?

Estos choques culturales, sin embargo, fueron solamente las primeras señas de que semejante transición o transplante iba a requerir ciertos ajustes tanto en percepción, como en estilo de vida y sobre todo en paciencia... La paciencia necesaria y la sabiduría como para entender al mundo que me rodeaba y a las personas que en él habitaban. Así comenzó este proceso de asimilación por el que transitamos todos los inmigrantes en mayor o menor grado.

A las dos semanas de llegar a Texas mis hijos comenzaron sus clases y yo también. Volví a la universidad, así que después de dos maestrías y un doctorado puedo decir que mi carrera es más que la suma de estos títulos; es una plataforma que me permite enseñar a mis alumnos que el mundo más allá de estas fronteras es un lugar hermoso, con gente interesante que vale la pena conocer y paisajes que los dejarán sin aliento. Mi carrera académica es como un salvavidas que me permitió y me sigue permitiendo el análisis y la comprensión del mundo que me rodea, y me ayuda a compartir esas experiencias como mentora de las generaciones con las que trabajo.

Estados Unidos es una gran nación con muy buenas cualidades como la libertad y las oportunidades abiertas a todos aquellos que quieran trabajar duro. Yo fui una inmigrante renuente, porque nunca tuve la intención de salir de mi país, me ganó la "circunstancia." Sin embargo hoy estoy tan orgullosa de mi país adoptivo como lo estoy de mi país natal.

Como profesores, tenemos la oportunidad de tocar muchas vidas. El mensaje primordial que quiero extender a mis alumnos es que la vida en el siglo XXI, esta vida en la aldea global que nos toca vivir, nos enfrenta a otras culturas y a las personas que de ellas provienen. Hoy en día no tenemos que salir de nuestras ciudades o pueblos para encontrarnos con personas diferentes a nosotros. Si no abrazamos esas diferencias, vamos a vivir en un permanente choque cultural. Creo que es mi deber como profesora preparar a mis estudiantes para el mundo que van a encontrar más allá del campus universitario. Pero por mi parte, siempre viviré con un pie en Estados Unidos y un pie en Uruguay, porque los dos países forman parte de quien soy ahora. Comparto la idea de Ortega y Gasset, en la segunda parte de esa frase, aunque no tan famosa, no menos importante "…Yo soy yo y mi circunstancia, *y si no la salvo a ella no me salvo yo.*"

Recuerdos

Allí debajo del sauce llorón
veo a la niña que solía ser.
La cara pecosa, las trenzas largas
arrastrando un oso de peluche.
Ella era la nena de papá,
ella era el corazoncito de la abuela.
Era el blanco de las travesuras de sus hermanos,
nunca muy lejos del ojo materno.
En los largos días veraniegos,
saltando a la cuerda con su mejor amiga,
se veía en su rostro, que la felicidad no tenía fin.
Pero la abuela dejó este mundo,
y papá pronto la siguió.
Los hermanos se fueron lejos,
dejando un hueco en su corazón.
Esta niña creció para ver
otra hermosa tierra, en el mar del norte.
Allí debajo del sauce llorón,
veo a cuatro niños, los que Dios me dio.
He aprendido, como principio vital,
que la vida sigue sin parar.
Y como la felicidad no conoce final,
guardo estos recuerdos
en un rincón del corazón.

Retrospectiva fronteriza

María del Carmen García

Nacer y crecer en la frontera entre el primer y el tercer mundo es una experiencia que marca nuestra vida en forma definitiva. Eso lo he podido constatar ahora cuando los años otorgan una retrospectiva que se hace más amplia y permite una mayor apreciación de tal huella. Al principio no era muy consciente de eso, sólo sabía que "dialotro lado" la gente vivía mejor, ¡hasta los niños hablaban inglés y crecían más! Estaba "shoppilandia" con todas sus increíbles maravillas e incluso había quien juraba que el clima no era tan extremo en el lado estadounidense aunque sólo un río lo separara del inclemente infierno de los veranos y las heladas que azotaban el lado mexicano en el invierno.

Cada mañana un peregrinaje de trabajadores cruzaba el puente internacional para ofrecer sus servicios y cada tarde regresaban a casa agradecidos de la oportunidad de ganar unos cuantos dólares para aliviar sus carencias. Mi padre era uno de ellos, sólo que él tardaba más tiempo en regresar. Trabajaba en los ferrocarriles y constantemente viajaba a Michigan, California o Colorado. Donde hiciera falta un par de manos fuertes y disponibles, allá iba papá y su cuadrilla de braceros para mantener los hilos férreos que entretejieron tantos otros migrantes antes que él y que propulsaron en su origen la economía de este grandioso país.

Cuando era niña la frontera tenía otra cara. Ciertamente ha estado siempre señalada por la violencia y la separación como me imagino que de alguna u otra forma lo están todas las fronteras por el sólo hecho de dividir espacios concretos a través de conceptos abstractos. De Tijuana a Matamoros era común desayunar con el tema de los muertos acaecidos la noche anterior en algún tiroteo de narcotráfico o de aquéllos que se habían marchado "pa'l norte" en busca de mejores oportunidades y que regresarían, como las aves, con el invierno o que quizá ya no volveríamos a ver jamás. Pero independientemente de la dinámica intrínseca de la frontera, aquel rinconcito ajustado entre el Golfo de México, el lugar más sureño de los Estados Unidos y el norte de Tamaulipas, era para mí, mi hogar. Ahí crecí, como todos los niños, creyendo que estaba justo en el centro del universo y que no existía nada más, o que al menos, no importaba. En aquel entonces el contrabando todavía era local y en pequeña escala, la economía se basaba en la agricultura, las maquiladoras estadounidenses aún no se habían establecido en Matamoros y aunque ahora resulte difícil de creer, una vez al año, había paso libre. Es decir, aquéllos que no contaban con documentos para ingresar a los Estados Unidos podían hacerlo durante "El Día del Charro" y celebrar la herencia mexicana en el lado estadounidense sin sentirse avergonzados por descender del grupo de los vencidos en El Álamo. Al contrario, nunca como entonces era un orgullo vestir los coloridos trajes típicos, montar a caballo, degustar comida mexicana con mucho picante y lanzar gritos irracionales, al estilo de los mariachis, lanzados desde lo más profundo, sólo para celebrar la felicidaded de ser quien se es.

El tiempo se encargó de transformar al narcotráfico en una industria globalizada, cada vez más compleja y violenta, y aquellas celebraciones comunitarias quedaron en el pasado de una frontera que hoy está cuasi-militarizada. "El Día del Charro" se sigue celebrando, pero ahora tiene un carácter más comercial y menos cordial. Lo mexicano en esta fiesta toma cada vez más el tono de un estigma pintoresco. Ahora es como una realidad inconveniente, no es ya esa otra mitad que conforma la identidad problemática de un fronterizo de ascendencia mexicana que vive en el lado estadounidense. Y el problema con la identidad es que hemos tenido que lidiar con ella constantemente a lo largo de la historia. El Valle del Río Grande en Texas, lo que llamo "mi hogar", ha pasado de ser, en menos de un siglo, de colonia española a territorio mexicano; luego a República de Texas y un buen día mis ancestros se despertaron con la noticia de que eran ciudadanos estadounidenses. El río, que antes servía para proveer agua, empezó a dividir familias. Y es así como la frontera un día nos cruzó a nosotros, mientras que por nuestra parte sólo hemos intentado adaptarnos al incesante cambio de nuestra realidad tratando de no perder lo que nos define como lo que somos. ¿Y qué somos, al fin de cuentas? Algunos teóricos proponen que el concepto de nación se forma cuando un grupo determinado se define como "lo que no es", es decir, en la frontera sería algo así como "soy estadounidense, por lo tanto no soy mexicano" o lo contrario. Pero estoy convencida de que esa teoría no funciona en la frontera. Yo soy estadounidense porque todo lo que implica vivir en este país forma parte de mi realidad existencial y eso me forma y me conforma, pero eso no necesariamente tiene que estar en conflicto con mis raíces mexicanas. No siento que traicione a una parte de mí por abrazar a la otra, si ambas constituyen lo que ahora soy. Una mitad no niega a la otra sino que se complementan y me definen como una afortunada fusión. Finalmente, puedo decir con certeza que la identidad no es un concepto estático, como muchos conciben, sino que es tan dinámico como la frontera misma en la que me tocó vivir.

La naturaleza divisoria del lugar donde crecí me hizo ver que no es la división sino la unión lo que hace la fuerza. Aunque parezca cliché, no deja de ser cierto. No puedo dividir mi esencia ni negar ninguna de las mitades que me hacen ser quien soy sólo para satisfacer los requisitos excluyentes de alguna categoría racial o nacional. Eso lo comprobé muchas veces en la frontera pero uno de los casos que lo dejó muy claro para mí es el problema del lenguaje: en el lado estadounidense se forzaba a los niños recién llegados a que aprendieran el inglés y que olvidaran el español; y en el otro lado, aunque parezca increíble, los mexicanos se negaban a aprender el inglés. Esto último es algo que años después también observé en Puerto Rico donde, a pesar de la instrucción académica en inglés, sólo se habla español en cualquier lugar. Cuando más tarde tuve oportunidad de estudiar estos fenómenos sociales, aprendí que es un claro ejemplo de lo que llaman "resistencia cultural"; o sea, si me imponen una cultura o una lengua que no es la mía, me voy a

Déjame que te cuente...

negar a aceptarla y buscaré estrategias para eludir la imposición. La experiencia me hizo ver que al final de esta guerra pierden los dos contingentes. Tanto aquéllos que olvidan su lengua nativa para favorecer las presiones de mantener una nación monolingüe como aquéllos que se resisten a aprender una nueva lengua impuesta porque desaprovechan una valiosa oportunidad. Ambos se quedan en el limitado espacio de la exclusión olvidando que no se trata de saber menos sino de saber más, de abrazar todo aquello que nos obliga a salir de la zona de confort, de aprender de nuestras diferencias y entender que son nuestras semejanzas las que nos hacen fuertes individual y colectivamente. Al final entendí que la naturaleza misma de la frontera enseña justamente que la realidad siempre resulta más compleja de lo que quisieran aquéllos que todo lo etiquetan y definen por categorías. Nada es completamente blanco o negro, sino que se propone una gama infinita de grises. Ya no hay absolutos y en estos tiempos de cambios dramáticos e incesantes, pretender un status quo, aunque sólo sea para preservar un sentido ilusorio de orden, nos garantiza nuestra propia frustración y la de aquéllos que nos rodean.

Sí, la frontera implica un interminable ir y venir de mexicanos y estadounidenses, y a ese viejo binomio se añade una población flotante de centroamericanos que esperan ingresar legal o ilegalmente a los Estados Unidos. También se agregan los árabes y asiáticos como constancia de que la globalización inserta nuevos factores en la permanente ecuación de cambio que involucra este espacio vital; unos llegan, otros se van. Yo misma busqué otros horizontes después de algún tiempo y emigré para empezar mi doctorado en literatura hispana. Recuerdo que al principio me era muy difícil decidir si debía estudiar en Austin o en Houston, así que visité ambas universidades para aclarar mis ideas. Austin parecía el lugar ideal con esa atmósfera tan perfecta de pequeña ciudad universitaria. Houston, en cambio, se percibía como un enorme y caótico engranaje industrial. Un día, mientras conducía por sus barrios tan diversos, para comprobar que sin duda alguna el lugar adecuado era Austin, me topé con una señal que me hizo cambiar radicalmente de opinión. Allí, frente a mis ojos estaba una lavandería sólo que en esta ciudad el lugar se anunciaba como "washatería". Para mí fue toda una revelación. Esa palabra que no aparece en ningún diccionario en inglés o en español, proponía una combinación lingüística, una fusión de conceptos, una celebración de la diversidad, algo que sólo una fronteriza como yo podría apreciar en toda su magnitud. En ese momento reconocí que había hallado "mi hogar" fuera de casa y decidí empezar mis estudios de posgrado en la Universidad de Houston.

Finalmente me quedé en esta ciudad y ahora trabajo en una universidad donde cada día, además de enseñar gramática y literatura, intento mantener un sentido de orgullo entre los estudiantes hispanos porque creo que nadie merece sentirse avergonzado de sus raíces, menos cuando éstas implican una inmensa riqueza cultural y nos señalan como inmigrantes dignos y herederos de una gran fuerza. Trato, sobre todo, de enseñar a todos mis estudiantes a pensar por sí mismos, a analizar los hechos y cuestionar todo lo que se imponga como la historia oficial de lo establecido porque creo firmemente que sólo así podemos mantener una sociedad sana donde no hay necesidad de llegar a "tolerar" lo que ya de por sí se entiende y se respeta por el hecho de que todos somos iguales porque todos somos diferentes.

Después de todos estos años, puedo confirmar que dicha forma de pensar es una fuerte convicción que se fue forjando durante mis experiencias en la frontera y su huella ha estado presente en cada una de las grandes decisiones que he tomado a lo largo de mi vida. En retrospectiva, no puedo menos que agradecer la oportunidad de haber crecido en un lugar tan revelador y tan complejo: la frontera me enseñó que es nuestra decisión considerar la vida como un espacio de separación o de unión, según cada quien elija.

El triángulo de mi vida

María José Goñi Iza

La mía es una historia de amor. Más bien es la historia de un triángulo amoroso. No pienses mal... es un triángulo de circunvalación triangular entre personas, culturas y profesiones, pero antes de que te confunda, déjame empezar por el principio.

Nací en Irún, una ciudad al otro lado del océano, frontera natural entre España y Francia. Mi infancia transcurrió en la España de Franco con sabor a dictadura y secretismo, y desperté a mi juventud con la naciente democracia española, respirando aire de libertad y reivindicación de identidad. Soy vasca y tras la muerte del dictador, ser vasca significaba renacer, volver a nuestra cultura, a nuestras raíces tanto tiempo prohibidas.

Si pienso en mi infancia, una palabra la resume: familia. La familia lo era todo, amor, fuerza, valor, tranquilidad, también control y rebelión a medida que iba descubriendo mi propia identidad dentro de la de mi país. Crecí rodeada de diferentes idiomas: euskera (vasco), castellano, francés... que se mezclaban unas veces sin pudor, atrevidos, saltando alegres de boca en boca, otras veces vigilantes al auditorio, como avergonzados; pero siempre idiomas, muchos idiomas como música de fondo a mis oídos de niña.

Otro recuerdo tatuado en mi mente es la fuerte ética de trabajo que me legaron mis padres. Mi "aita" (padre en vasco) siempre trabajando de sol a sol en el negocio familiar y mi "ama" (madre) en el hogar, desbordándolo todo con un amor que se transmitía en la comida, sus cuidados hacia nosotros y una casa impecable que aún en día me acompaña en mi propia manía por el orden y la limpieza.

Fui la primera de la familia en graduarme con una licenciatura y una maestría, y fue gracias a mi aita que siempre me animó a seguir mis estudios, también él tuvo la 'culpa' de que terminara por aquí, pues entrando a la secundaria, me convenció para estudiar inglés, cuando el idioma que yo amaba era el francés... "es el idioma del futuro" —solía decirme y buena razón tuvo— y así es como descubrí Irlanda y luego Inglaterra (la conozco mejor que mi propio país) y hasta me vine a los EE.UU. en mi último año de universidad... pero no, yo no quería dejar a mi querida Euskadi, soñaba con vivir feliz en un "caserío" (casa tradicional vasca) con mi amor, rodeada de animalitos y ayudando a la gente... ¡muy idealista y altruísta andaba yo!

Terminé mis estudios, me licencié en psicología y pedagogía, y empecé a trabajar aunque seguía viajando en los veranos... Y podía haber terminado feliz y contenta en mi tierra pero el destino tenía planes diferentes y en uno de mis veranos en Inglaterra me enamoré de un soldado americano con quien después de varios años de noviazgo terminé viniendo a los EE.UU. Fueron años de descubrimiento: de mí misma, de otra cultura y de una nueva profesión. Y así comenzó mi triángulo amoroso...

Soy inquieta y en cuanto llegué a este país empecé a enseñar como voluntaria; en la biblioteca, en las escuelas, hasta que obtuve mi "tarjeta verde" y pude oficialmente conseguir un trabajo en el Head Start, un programa escolar para niños de familias con bajos ingresos, donde tuve la oportunidad no sólo de enseñar a los niños, sino de ayudar a las familias hispanas como intérprete y traductora. Trabajé casi por cinco años para dicha entidad hasta que obtuve un puesto como profesora de español en la Universidad de Colorado, en Colorado Springs. Aquí descubrí mi pasión oculta: la enseñanza de mi cultura y mi lengua.

Trece años más tarde aún siento la misma pasión por lo que hago, y en el proceso, he descubierto que la psicología y la enseñanza se congenian de forma ideal para transmitir mejor el mensaje a mis alumnos: la importancia de aprender otro idioma, aceptar otras culturas y luchar por conseguir lo que uno quiere.

Soy vasca, europea pero ahora vivo en los Estados Unidos de América y soy americana. Estoy enamorada de este país y su cultura. Vine por amor y ese amor me ha dado dos hijos, ellos son americanos y también vascos, españoles, franceses, irlandeses, alemanes... en su sangre fluye la sangre de muchas otras culturas que han coexistido desde el principio de los tiempos, continuando la diáspora paradójica de raza e identidad.

Mi pasión por la vida, la gente y el mundo en el que vivo me han traído hasta donde estoy y me han hecho lo que soy. Enseño porque quiero compartir el amor por mi tierra y el mensaje de que todo es posible si se trabaja con tesón y sin miedo a realizar los sueños propios. Ante eso, los estigmas se desvanecen.

Y hoy escribo esta historia para dar gracias a mis padres y a los padres de mis padres... y para que mis hijos no se olviden de dónde vienen y sepan que el mundo siempre estará al alcance de sus manos mientras abran sus ojos y escuchen a su corazón.

Tus ojos y mi reflejo

Marisol Rodríguez de Lort

¿Qué me preguntas?
¿Acerca de cómo he emigrado aquí?
¿Ésa es tu pregunta?
¿Tu curiosidad?
¿Tu preocupación?

Déjame que te explique
solamente diciéndote
¿Por qué no?
¿No lo hiciste tú?
O quizás debería tener que decir
¿No fueron tus ancestros quienes migraron?
¿Aquí, allí, a todo lugar?
¡Oh! ¿Tú estás mirando el color de mi piel?
¿Qué es lo que no tiene sentido para ti?
¿Qué alguien con el color de mi piel viva aquí?

¿Contigo? ¿a tu lado?
¿Respirando el mismo aire?
¿Mirando el mismo cielo?
Y ¿trabajando doble y siempre más que tú?
Por menos remuneración
haciendo el trabajo que tú no quieres hacer.

¡Inmigrante! me dices
¡Con tus ojos!
¡Con tu boca!
¡Con tu piel!
¡Con tu idioma!

Déjame que te cuente...

¡Inmigrante! tú y tus amigos me gritan
haciendo mofa de mi acento,
mirando mal las cosas que hago
mirando mal las formas como yo amo.

¡Inmigrantes! ¡Espaldas mojadas!
¡Gente ignorante!
¡Gente marrón!
Yo te veo
Tú me ves
Y así te veo
¿Y ahora qué?

Déjame decirte
déjame informarte
mi querido, mi querida.
Yo no soy marrón,
¡Yo soy bronceada!
¡Yo soy canela!
¡Yo soy caramelo!

Yo soy dorada...
Yo soy bronceada...
Yo soy.

Tu color es el color de mi piel
No importa
si tú eres blanco, blanca
negro, negra
amarillo, amarilla
rojo, roja
...o azul

Todos los colores hacen el color de mi piel
bronceado, caramelo, dorado, canela, etc.
En una palabra:
deliciosa, exquisita, exótica.

¡Inmigrante! ¡Extranjero!

Marisol Rodríguez de Lort

Tú me gritas otra vez
y yo sonrío
porque yo sé
y tú no...

Yo sé que los padres de tus padres
migraron a mi tierra
violaron a las madres de mis madres
y de ese acto mezquino
¡De violencia!
¡De agresión!
¡De tiranía!
¡De abuso!

Los padres de tus padres pensaron
que habían tomado todo
destruído el alma, cultura y lenguaje
de las madres de mis madres
pero..

¿Adivina qué?
Incluso en las situaciones más horrendas en la vida
Naturaleza, Dios, Justicia
toma su lugar
a veces rápido
a veces una eternidad se toma
pero finalmente siempre llega

¡Estoy aquí!
¡Yo soy lo positivo!
¡El regalo!
¡La luz!
¡La estrella!
¡Que ilumina la noche más oscura en el firmamento!

Yo soy una inmigrante
siempre lo he sido
siempre lo voy a ser
porque sólo el movimiento

Déjame que te cuente...

es eterno en la vida
¡No me detengas!
¡No me culpes!
¡No me denigres!
Porque...

Yo soy bronceada
Yo soy dorada
¡Porque yo te tengo en mí!

¡Tu color en el mío!
Tu dolor
tus sueños
tu vergüenza
y por qué no
¡¡Tus derechos!!

¡Inmigrante! ¡Inmigrante!
Tú me gritas una y otra vez.
No te voy a parar
no voy a discutir contigo
porque yo estoy aquí no por ti
o por tus problemas
o tu falta de seguridad personal
o para ser culpado de todos tus errores

Yo estoy aquí para vivir
para respirar
para abrazar
para consolarte a ti.

¿Consolarme a mí? De pronto dices
¡Sí! Yo te respondo
Para estar a tu lado
mi hermano
mi hermana
porque estás perdido

¿Perdido? Tú repites

Marisol Rodríguez de Lort

¡Sí!, yo te digo.
Tú, te olvidaste como vivir
como dar
como compartir

Te olvidaste que tú estás aquí
pasando por...

¿Pasando por...? Tú me preguntas
¡Si! Yo te digo
la vida es corta
la vida es sólo un viaje
que no dura
que no te permite quedarte con nada
o con nadie

¡Yo estoy aquí por ti!
¡Para consolarte !
¡Para abrazarte!
¡Para perdonarte!

Yo soy dorada por ti
yo soy bronceada por ti
¡Ven a mí!

Yo soy hispano
yo soy latina
yo soy chicano
yo soy peruana
yo soy humana
¡¡Igual que tú!!

¡¡Ámame!!
¡No me niegues!
¡Acéptame!
¡No me rechaces!
¡Yo estoy en ti!
¡Tú estás en mí!

Déjame que te cuente...

Solamente estamos pasando juntos
nuestra temporal vida
nuestra temporal nación
nuestra temporal encarnación
nuestra temporal humanidad

¡Ama! Yo te digo
Depende de ti viajar solo
o a mi lado
¡Conmigo!

Siempre... yo a tu lado
Y si no quieres amarme
es tu opción
pero tienes que respetarme
¡¡Siempre!!

Porque...
¡Yo soy dorada!
¡Yo soy bronceada!
¡Yo soy humana!

Una vida llena de silencios

Ana Lucrecia Maradiaga Velásquez

El camino era largo. Debía guardar mucho silencio, me dijeron. Desde Nicaragua era difícil pero sin duda de Tijuana a San Isidro era el trecho más contundente. La señora que nos recogió vestía elegantemente y conducía un auto de excelente calidad, "Para despistar a los policías" nos dijo. Cuando llegó a vernos a las Colinas de Tijuana nos dijo que necesitaba "examinarme." Su hija tenía tan sólo doce años, y yo ya contaba con catorce. Utilizaríamos el pasaporte de ella para poder cruzar la frontera de los Estados Unidos. El sueño dorado. Afortunadamente, siempre he aparentado menos edad, especialmente en ese tiempo. Me miró de arriba a abajo y asintió con la cabeza con una sonrisa de oreja a oreja. Obviamente, entre más pasajeros, mejor negocio. Ella conduciría su auto como si llevara a sus dos "hijas" de compras a San Diego.

Mi única posesión era la ropa que llevaba puesta, más todas las oraciones que guardaba en mi corazón y mis memorias. Durante el camino la "Sra. F" me entregó el pasaporte para que memorizara los nombres y la edad de mis "padres" y "hermanos" y por alguna razón, yo no tenía miedo. Mi abuela me había enseñado una poderosa oración: "Que el manto del Señor me cubra y me ampare". Sería mi fe o mi convicción, pero no sentí temor alguno.

Al llegar a la frontera, el guardia, como era de esperarse, paró el vehículo. Para nuestra sorpresa, sin embargo, ni siquiera se acercó. Desde su casilla preguntó, "¿Para dónde va señora?" Ella respondió que pasaríamos el día haciendo compras y que regresaríamos esa misma noche. Sin reparo alguno dejó pasar al vehículo. Y desde ese instante pertenezco a los "United States of America."

Déjame que te cuente...

Fe

Acabé viviendo en San Francisco, donde residían mis padrinos quienes eran mis parientes más cercanos en los Estados Unidos. Empecé estudiando en una escuela donde había el mayor número de estudiantes de la ciudad que se daban de baja de la escuela antes de graduarse. El día que empecé la escuela fue más traumático para mí que el haber cruzado la frontera. En mi país natal, yo asistía a una escuela para niñas; del tipo en el que todas las alumnas se levantaban cuando un adulto entraba al salón de clase. Usaba uniformes blancos (que eran un símbolo de pureza) con sus plisas muy planchadas, con calcetines a la rodilla y zapatos negros de charol. Pero aquí no: mi escuela era como una selva: los estudiantes no iban a clase sino que se quedaban en los pasillos. No había ningún respeto personal; se gritaban e insultaban unos a los otros y se empujaban. Había tomado clases de inglés y sabía bien las bases gramaticales, pero no podía hablar ni entender casi nada. Me sentía como una muda. Mis compañeras me parecían más mujeres que adolescentes. Tenía que pasar una escuela secundaria de camino a la preparatoria y creo que aparentaba pertenecer a esa escuela más que ser estudiante de prepa.

Aunque había tomado clases de Álgebra I y Lógica, como no hablaba bien inglés, me pusieron en una clase de matemáticas básicas… ¿Cuánto es 1+1? Muchas de las chicas que asistían a la escuela ya eran madres de familia. Cuando tenían conversaciones sobre sexo me ruborizaba. En mi clase de "Inglés como Segunda Lengua", me llamaban "El cerebrito". Era una ironía que mis compañeros no me hicieran burla sino más bien me respetaban. Era la primera en llegar y estaba siempre pendiente de lo que decía mi maestra de inglés. Para mí, ella era mi heroína y mi salvación. Estudiaba inglés de día y de noche. Se puede decir que era todo lo que hacía. Solamente tenía una amiga, sólo una, y ella se dedicaba tanto a la escuela como yo. Los demás estudiantes sólo querían verse bien y ser populares, pero yo no tenía tiempo para tales frivolidades. Solamente me gustaba un muchacho que había visto varias veces en los pasillos, pero eso fue todo, no pasó de más. Pensaba que tenía cosas más importantes en qué enfocarme.

Con la excepción de mis dos clases de inglés, tenía que usar un diccionario inglés/español para todas las demás. Recuerdo mi clase de Ciencias Físicas. El maestro nos dejó saber claramente que no nos aguantaba. En cuanto entrábamos a la clase, empezaba a hablar mal de nosotros, nos llamaba "montón de buenos para nada". Yo, por supuesto, pude encontrar al otro estudiante aplicado de la clase y traté de aprender algo. Este maestro no nos enseñaba nada. Se sentaba en su escritorio enfrente de la clase, nos miraba con desdén y le daba a la ayudante de los alumnos bilingües los papeles de la lección, pero nunca nos explicó nada. No tengo idea de cómo esperaba que hiciéramos el trabajo, creo que esperaba que aprendiéramos por ósmosis. Me parece que mi compañero y yo sacamos una "A" de calificación simplemente debido a nuestro buen comportamiento.

A pesar de todo, mi vida era buena…

Estaba lejos de todo lo que me había causado dolor. Vivíamos en un apartamento de una recámara. Dormía en un catre junto al clóset. Mi primo dormía en un colchón en el piso, junto a la cama de mis padrinos. Era la vida de los emigrantes. Mis padrinos casi no se veían ya que ella trabajaba de día y él tenía que trabajar de noche. De todas maneras, éramos una familia feliz. Los domingos, que era su único día libre, nos llevaban al centro de South City. Allí comprábamos chicharrón y carnitas con tortillas calientitas hechas a mano. También íbamos a la tienda de videos y rentábamos algunos. Por lo general, eran películas de la India María y nos pasábamos el resto del día comiendo y mirando películas. Era el tipo de vida que yo no había tenido antes y en verdad me sentía muy feliz y agradecida.

En la escuela sacaba muy buenas calificaciones y me sentía muy

Déjame que te cuente...

orgullosa de mí misma y muy satisfecha de lo que había logrado. No tenía ni idea de cómo iba a poder asistir a la universidad. Tenía solamente catorce años, era indocumentada y estaba destrozada emocionalmente por dentro. La ironía era que inconscientemente llevaba un pasado cargado de abuso mental, físico y sexual dentro de mí. Aprendí muchos años después que es muy común que los niños que han sido víctimas de abuso entierren ese trauma, esos eventos, en su subconsciente y que los "borren" de su memoria. Desgraciadamente, aprendí ya de adulta, que el cuerpo no olvida ese maltrato, y que tarde o temprano sale a relucir con los años.

...

Parece que fue ayer cuando tomé el "BART" hacia mi biblioteca pública favorita. Empecé leyendo novelas románticas para adolescentes que en realidad no comprendía muy bien. Mi mejor amigo, mi diccionario de inglés/español, era mi fiel compañero. Siempre estaba a mi lado. Mi sed por el aprendizaje nunca dejó de existir; así que seguí enfocada en mis metas académicas. Esto me llenaba de gran satisfacción y orgullo. Dos años después de llegar a San Francisco, tuve que empacar mis maletas nuevamente. Recibí una beca completa para una escuela preparatoria en el área de Los Ángeles. Sin embargo, el graduarme de la universidad fue un reto mucho más difícil; me llevó seis años, en vez de cuatro, pero al final pude obtener mi título profesional. Muy a pesar de todos los desafíos, nunca me di por vencida. El dejar la escuela nunca fue una opción para mí.

Me gradué con el honor de Magna Cum Laude en las áreas de español y filosofía.

Estaba segura que quería estudiar leyes para convertirme en abogada de migración. Estudié por un semestre, lo suficiente para darme cuenta que no era mi vocación. Un día, mientras tomaba la clase de Contratos I me pregunté ¿Qué estaba haciendo? Me parecía un lugar lejano y extraño. Los libros, que siempre he amado, me aburrían. Yo que hasta podría vivir en una biblioteca acurrucada entre los libreros, pero al leer los libros de estadística me dormía literalmente. Siempre comparto esta experiencia con mis estudiantes. Les digo que entrar a la carrera de leyes fue lo mejor para mí pues me di cuenta de lo que en verdad quería ser.

Cuatro años después me gradué con la maestría. Empecé a enseñar en universidades comunitarias. Me di cuenta que enseñar era en realidad la vocación de mi vida. En estos momentos tengo como meta recibir el certificado de TESOL (Enseñanza de inglés para los que hablan otros idiomas). Me apasiona ser educadora. Mis estudiantes me inspiran y me enseñan algo nuevo cada día. Me siento muy afortunada de compartir mis conocimientos y mi experiencia con los estudiantes que ya son adultos y que sin embargo quieren continuar aprendiendo.

En el futuro, quiero continuar con una especialización en lingüística y enseñar en otros países.

Estoy muy agradecida por las oportunidades que se me han dado. Pero más que nada, me siento muy afortunada de que sin importar las adversidades con las que me he encontrado, las he podido sobrepasar y he seguido adelante sin mirar nunca hacia atrás.

Bajo las estrellas y sobre las montañas

Marco Tulio Cedillo

Honduras

Nací en Las Marías, una aldea muy pequeña, en la frontera de Honduras y El Salvador en la década de los sesenta. Soy el primero de once hermanos y éramos una familia pobre que apenas sobrevivía porque mi papá tomaba bastante alcohol y no ayudaba mucho económicamente en la casa. Una vez tuvimos que vender parte del terreno que teníamos para pagar dinero que debíamos. Para sobrevivir teníamos algunas vacas, cerdos, gallinas, patos y cultivábamos maíz, frijoles, arroz, caña de azúcar, ayotes, yuca, guineos y árboles frutales. Para comprar nuestra ropa y otras cosas que necesitábamos, teníamos que ir a vender lo que producíamos. Vivíamos en un área muy rural, yo lo llamo el monte porque todo alrededor de la casa era monte, a treinta minutos caminando de la casa más cercana. Mi familia era pobre pero recuerdo que siempre estábamos alegres y además, ser pobres no era extraño en esos tiempos. Nuestra forma de vida era algo que aceptábamos de la misma forma en que aceptábamos nuestras dos estaciones del año.

Recuerdo que cuando éramos pequeños, hasta como la edad de cinco años, muchas veces andábamos desnudos en la casa porque la ropa sólo la usábamos cuando íbamos a los pueblos o a la escuela para que nos durara mucho tiempo. No empecé a ir la escuela primaria hasta que tenía ocho años. La razón no fue porque no tenía ropa sino porque la escuela más cercana estaba en los pueblos de Santa Lucía o Magdalena, localizados como a treinta minutos a pie y teníamos que pasar una quebrada que era peligrosa durante la época de lluvias. Todo el tiempo que estuve en la escuela primaria iba sin zapatos y sin ropa interior porque nunca teníamos dinero para comprarlos. En aquellos tiempos era muy raro que alguien de mi lugar fuera a estudiar después de terminar el sexto grado. Aunque era un buen estudiante en la escuela primaria y siempre tenía el deseo de seguir estudiando, pensé que eso no iba a ser posible porque éramos muchos hermanos, éramos pobres y mi papá no dejaba las bebidas alcohólicas. Otra cosa que hacía imposible mi sueño de seguir estudiando era que el colegio más cercano estaba lejos de la casa de mis padres. Para continuar mis estudios tenía que ir a vivir a otro pueblo y regresar a la casa durante los fines de semana. De alguna manera mi mamá hizo realidad mi sueño al tomar control del gasto económico de la casa y pedir dinero prestado para que primero yo, y después mis hermanos, continuáramos estudiando. Cuando fui a estudiar al colegio fue cuando tuve mi primer par de zapatos y ropa interior.

En 1977 empecé a estudiar el séptimo grado en el Instituto "Santo Tomás de Aquino" en Camasca, Intibucá, Honduras. Un poblado a cuatro horas caminando de la casa de mis padres. Cada domingo por la tarde caminaba desde mi aldea hasta Camasca cargando una mochila con mi ropa y un saco con maíz, huevos, jabón, queso y frijoles para que Doña Chunga me preparara la comida de toda la semana. Pagaba once lempiras (unos seis dólares) mensuales para que me hiciera la comida y me diera un lugar para dormir. Cada sábado por la tarde regresaba a casa para que mi mamá me lavara la ropa y me preparara más comida para la siguiente semana. Regresaba los sábados por la tarde porque en ese tiempo recibíamos clases los sábados por la mañana. Cuando estaba en octavo grado me dieron una beca del gobierno porque mis notas eran excelentes. La beca no me cubría todos los gastos del colegio ni hospedaje, ni comida, ni ropa pero en algo me ayudaba; me la siguieron dando hasta el onceavo grado y después por razones políticas me la cortaron el último año del colegio.

Después de que terminé mis estudios de ciclo común pasé a los estudios diversificados de magisterio en la "Escuela Normal de Occidente" en la ciudad de La Esperanza. Ahora la distancia era de 95 kilómetros de mi casa pero como la carretera es de tierra y la zona es muy montañosa, el viaje tomaba como siete horas. Estaba en La Esperanza de febrero que es cuando empiezan las clases en Honduras hasta noviembre que es cuando termina el año escolar. Iba a visitar a mis padres una o dos veces al año y pasaba los meses de vacaciones con ellos, diciembre y enero. En diciembre de 1980 y en otras vacaciones, recuerdo que mi papá, uno de mis hermanos, otros amigos y yo cruzamos la frontera hacia El Salvador para cortar café en Ciudad Barrios y Santa Ana. Cortar café es un trabajo duro porque es en las montañas y el alimento que proveen es comida de perro. También era duro estar separado del resto de la familia por dos meses, pero el sacrificio valía la pena porque estábamos enjaranados debido al costo de nuestra educación y gastos de la casa.

En Honduras al igual que en otros países centroamericanos en ese tiempo uno podía trabajar una vez que se graduaba de doceavo grado. En 1982 me gradué de maestro de educación primaria y a pesar de que me gané una beca para continuar estudios universitarios decidí ir a trabajar en una escuela primaria. Debíamos mucho dinero y quería que mis otros hermanos estudiaran, por eso tomé la decisión de trabajar en vez de continuar estudiando.

Cuando tenía veinte años conseguí mi primer trabajo como director de la escuela primaria "José Trinidad Reyes" donde había tres profesores. Un profesor enseñaba primer grado, otro enseñaba segundo y tercero, y yo enseñaba cuarto, quinto y sexto grados. De cualquier modo, mis sueños de seguir estudios universitarios no se acabaron cuando empecé a trabajar. Luego me di cuenta que la Universidad Pedagógica Nacional de Honduras "Francisco Morazán" ofrecía estudios a distancia por lo que después de mi primer año de trabajo decidí matricularme en la carrera de Ciencias Sociales. Como director de la escuela recibía la oportunidad de aprovechar los sábados para tomar clases de estudios universitarios a distancia. Durante la semana estudiaba mientras trabajaba y cada dos fines de semana viajaba a La Esperanza a tomar exámenes de mis clases. Estudiar a distancia fue muy duro para mí pero debido a mi juventud, mi gran energía y mis sueños pude salir adelante. Los viernes después del trabajo caminaba por dos horas a mi casa para buscar ropa limpia y después caminaba treinta minutos al pueblo más cercano para tomar el bus a media noche y llegaba desvelado y polvoso a La Esperanza donde tomaba clases todo el día sábado y tenía exámenes el domingo. Aunque parezca extraño, pero los buses en ese tiempo eran carritos de paila (pick-ups) con dos bancos para sentarse, uno a cada lado. A pesar de lo difícil que era viajar amontonados junto con animales y maletas, tengo buenos recuerdos de esas noches frías viendo las estrellas y cruzando montañas. El domingo después de tomar los exámenes hacía el viaje de regreso para empezar otra vez la misma rutina de la semana.

Lo bueno es que en esta vida no todo dura para siempre, eventualmente lo bueno y lo malo pasan. En 1986 fui nombrado director del Instituto "Concepción de Guarajambala" en Concepción, Intibucá. Este colegio es para estudiantes de séptimo a noveno grados. Allí di clases de matemáticas, estudios sociales y educación cívica. Esta fue una buena oportunidad por ser un mejor trabajo, con más dinero y por estar más cerca a La Esperanza donde pasaba bastante tiempo por mis estudios universitarios. Después de un año de trabajo en Concepción fui bendecido una vez más al obtener una beca que me permitió darle a mi familia el sueldo que ganaba en Honduras porque me pagó todos los gastos para venir a estudiar por dos años en una universidad estadounidense. Esta beca me fue otorgada por la Agencia Internacional de Desarrollo de los Estados Unidos tomando en cuenta mis buenas calificaciones como estudiante a distancia de la Universidad Pedagógica Nacional. Así fue como en enero de 1987 llegué a la Universidad de Tennessee en Martin donde estudié por dos años.

En 1987 estudié inglés en un programa intensivo y en 1988 tomé clases en el área de educación. En el año de 1989 regresé a trabajar al colegio en Concepción donde conocí a mi esposa, Mari. Ella es del estado de Minnesota y trabajaba como voluntaria del Cuerpo de Paz. En 1990 me casé, el siguiente año me gradué con un bachillerato universitario y trabajé por algunos meses en el colegio bilingüe "Mayan School" en Tegucigalpa donde impartí clases de estudios sociales y educación cívica.

Estados Unidos

A principios del año de 1992 mis padres en Honduras se fueron a vivir a La Esperanza, una ciudad pequeña de unos 8,000 habitantes donde existían todas las escuelas y colegios que mis hermanos necesitaban para seguir estudiando. Al mismo tiempo, mi esposa y yo nos vinimos para los Estados Unidos para continuar estudios de posgrado. Decidimos vivir en Charlottesville, Virginia porque uno de mis hermanos vivía cerca de allí. Obtuve mi primer trabajo como lavador de platos por dos meses en un restaurante americano llamado "Ponderosa." Este trabajo no fue bueno porque sentía que me discriminaban; a pesar de trabajar largas horas, no me daban descansos ni otras prestaciones que otros trabajadores americanos disfrutaban. En búsqueda de un mejor trabajo entré a "Burger King" donde el ambiente fue aún peor pues me ponían a hacer los trabajos menos deseados como asear baños, limpiar el piso o arrancar hierba afuera del restaurante. Nunca me dejaban descansar al igual que lo hacían los otros trabajadores americanos y se enojaban cuando pedía permiso del trabajo.

Afortunadamente mi título universitario de Honduras fue aceptado aquí en los Estados Unidos y en agosto de 1992 tomé un trabajo como profesor de español en el colegio "Lenoir High School" en el condado de Lenoir en Carolina del Norte. Di clases a estudiantes principiantes y avanzados de noveno a doceavo grados. Tuve una mala experiencia con la disciplina de los estudiantes que no respetaban a los profesores y que no concebían tener a un hispano de maestro, ya que sólo habían visto gente como yo trabajando en los campos de tabaco, por lo que después de un año decidí ir a estudiar una maestría en geografía y planeamiento urbano en la Universidad de East Corolina en Greenville, Carolina del Norte. Mi esposa y yo estudiamos juntos y nos graduamos con una maestría en mayo de 1995. En febrero de ese mismo año nació nuestro primogénito y ahora tenemos cuatro hijos bilingües.

Déjame que te cuente...

De 1996 a 1998, trabajé como profesor adjunto de español en "Southside Virginia Community College" en Alberta, Virginia. Parte de 1997 y 1998 trabajé como jefe asistente en un restaurante chino en Roanoke, Virginia. En febrero de 1999 abrí un restaurante mexicano en Forest, Virginia llamado "El Burrito" pero no me gustó el trabajo tan pesado que implica un negocio así y como para entonces ya teníamos tres hijos, decidí vender el restaurante. Por suerte en ese mismo año conseguí un trabajo como profesor de español en "Lynchburg College" en Lynchburg, Virginia donde aprecian mi trabajo por lo que me siento muy contento y tengo muy buena relación con profesores, estudiantes y demás personas que trabajan allí.

La vida nos da muchas cosas buenas y malas, pero somos nosotros los que tenemos que decidir lo que queremos ser. El gran escritor Miguel de Cervantes dijo: "Los peores enemigos a los cuales debemos combatir principalmente, están dentro de nosotros." Nacer pobre no es una excusa para no buscar maneras de superarse en la vida. La educación es muy importante para que una persona pueda obtener un buen trabajo y los recursos económicos indispensables para sostener a una familia. Pienso que trabajar duro y honradamente es la mejor manera para triunfar en la vida. Como hispano creo que también es importante preservar nuestra propia cultura así como el contacto con la tierra que nos vio nacer para enseñar a las nuevas generaciones a vivir en una comunidad global con paz y armonía.

Entre libros y experiencia... déjame que te cuente

Teresita Ronquillo

I

Cuando era niña, siempre acompañaba a mi mamá a los cursos de superación y entrenamientos que se impartían en los veranos. Vivíamos en Cuba y mi mamá era maestra de primaria. Este evento era increíble, pues todos los maestros presentaban actividades originales para enseñar lenguaje y lectura, aritmética, ciencias, estudios sociales, entre otros. Algunas veces yo cooperaba con ella; presentaba diálogos con títeres, sombras chinescas, declamación o dramatización de poemas; y así fui experimentando el mundo de la clase y la enseñanza. Nunca pensé que iba a ser maestra, pues siempre los padres quieren que los hijos sean abogados o médicos. Sin embargo, parece que estos antecedentes crearon en mí cierta afinidad por sentir la emoción de enseñar a los demás. Al terminar el pre-universitario, ocurrió un evento trascendental que cambió mi vida para siempre: *fui mamá a los 16 años...*

La responsabilidad de ser madre está más allá de todas las expectativas pero la asumí como pude. Interrumpí los estudios y pensé que todo quedaría allí: entre cuatro paredes, pañales, biberones y lavado a mano de enormes cantidades de ropa. Pronto volví a tener otro niño y luego otro más; a mis 21 años ya eran tres, "un número bastante redondo..."

Sin embargo siempre me gustó leer, era algo mágico para mí porque cuando era niña y no me dejaban salir de mi casa, me ponía a leer un libro y así me escapaba a través de las páginas y de las historias. Empecé con los de mi edad y luego, leí todos los de mi padre y los que me encontrara. También la biblioteca de la ciudad me ofreció ilimitadas posibilidades. Entonces, en esta ocasión, otra vez la lectura vino en mi auxilio y entre bebés que lloraban y comidas que cocinar y mucha ropa que lavar, me consolaba con un buen libro. Toda la Literatura Española, Europea, Latinoamericana, Antiguas y Orientales (epopeyas y mitos), la Greco-Latina (mitos, leyendas y los grandes trágicos). Entre mis preferidos: Shakespeare, Cervantes, Lorca, Galdós, Machado, Miguel Hernández, Sor Juana, Garcilaso, Darío, Neruda, y por supuesto, Martí con la poesía, ensayos y artículos; en fin la lista es muy larga. Cuando mecía a mis niños para dormir, tomaba el libro y leía; también al ir al baño, o antes de caer dormida, exhausta por el trabajo físico.

El tiempo pasó y tuve la oportunidad de trabajar. Los niños eran pequeños pero siempre la familia latina se apoya mucho. ¿Qué trabajo haría? Por supuesto el de maestra porque tenía una influencia muy cercana. Empecé dando clases por las noches en una secundaria y luego en la Facultad Obrera Campesina para adultos que necesitaban tener la educación general terminada para poder entrar a estudiar una carrera. ¿Qué asignatura impartiría? Español y literatura, de seguro, pues tanta buena lectura y la base de un pre-universitario terminado me hacían una buena candidata. En esas clases les enseñé a los adultos a manejar la lengua escrita con ortografía, buena redacción y estilo. También la conjugación correcta de los verbos y la relación entre todas las palabras que conforman el vocabulario de la lengua para evitar la redundancia y la pérdida del sentido en las frases, oraciones y párrafos.

A la vez, empecé cursos para obtener la certificación de maestra de español en la escuela media y superior. Así, cuando terminé todo en dos años, empecé a trabajar en una secundaria básica cerca de mi casa. Los niños iban a un "círculo infantil" –tipo guardería, y la niña mayor a la escuela. Entonces vino el gran desafío porque necesitaba un título universitario para poder tener la certificación completa. ¡Qué difícil con tres niños! Sin embargo, mi abuela que también era mi madrina de bautismo se convirtió en "mi hada madrina." Siempre me decía: "M'ijita, no puedes dejar de estudiar, eres muy joven e inteligente y no lo voy a permitir." Y me decía su proverbio preferido: "La vida es como un tigre en la que tienes dos opciones: cabalgas sobre él dominándolo o corres delante hasta que te atrape y acabe contigo." Cada vez que me sentía exhausta, agobiada, ella me decía estas palabras para hacerme reaccionar y gracias a Dios que siempre lo consiguió. Me cuidaba los niños una vez a la semana, lo que me permitía tomar las clases ese día y a la semana siguiente hacía todos los ensayos, tareas de gramática, fonética, latín, filosofía, entre muchas otras. No sé cómo pude trabajar tanto en ese tiempo pero a las mujeres que empezamos siendo madres muy temprano, la vida nos da una fuerza extra para podernos superar y una abuela maravillosa para apoyarnos; a cambio, ella sólo me exigía sacar A en todo. Al terminar, me gradué con diploma de oro y mi maestra de Lingüística General se retiró y dijo: "Teresita puede dar mis clases en la universidad." A pesar de que había leído mucho y me gustaba la literatura, la lingüística me fascinó desde el primer día y parece que ese embrujo decidió mi vida profesional. Entonces de ser la adolescente frustrada, dependiente de un hombre que nunca me consideró, me convertí en profesora de la universidad donde me acababa de graduar y… "comencé a cabalgar sobre el tigre." Si bien esto era mejor que correr delante de él, no era nada fácil sostenerme fuertemente arriba de esta fiera para no caer…

II

A partir de aquel momento trabajé en la universidad desde 1984 hasta 1996 cuando salí de Cuba. Realicé muchos cursos de post-grado en lingüística, fonética, espectrografía, sociolingüística, etc. También participé en investigaciones como "El español de Cuba" como especialista de fonética y fonología. Asimismo, trabajé como lingüista en el "Diccionario Geográfico de Cuba." Todo esto me sirvió en mi trabajo profesional para obtener una beca y estudiar un programa de graduado de Lingüística Hispánica en la UNAM (Universidad Nacional Autónoma de México). En ese país tuve experiencias importantes que me sirvieron para mi crecimiento profesional. Sin embargo, después de tener 68 horas de estudios de postgrado en Lingüística Hispánica, no recibiría el título si no regresaba a Cuba. Este procedimiento formaba parte de la forma coercitiva del gobierno cubano para controlar a los profesionales. Ya tenía escrita la tesis de disertación sobre el "Estudio sociolingüístico de las secuencias consonánticas en el habla de Camagüey, Cuba" la cual quedó sin defender. No obstante, había decidido no regresar jamás a mi país por lo que sólo pude obtener un acta académica con las asignaturas y calificaciones con el estatus de pasante de doctorado. Crucé la frontera norte y pedí asilo político como cubana que escapaba de la opresión del régimen castrista.

III

Al llegar a "la tierra prometida" uno se da cuenta que el camino es más difícil de lo imaginado. La primera impresión pasa rápidamente por la falta de conocimiento del inglés o el que se maneja es sólo a nivel de lectura sin habilidades comunicativas; además, aunque se logre aprenderlo, no se puede evitar un fuerte acento extranjero. Al enfrentar esta nueva realidad, se comprende que todo lo hecho anteriormente no cuenta y que se necesita estudiar como si se fuera "una joven inexperta" aunque se cuente con más de veinte años de trabajo a nivel universitario en dos países y con diferentes programas en español.

Trabajé en una tienda como vendedora por seis meses donde me encontré con una amiga y colega que me contactó con la Universidad de Nuevo México. Empecé el programa de maestría en agosto de 2001 y me gradué en tres semestres con una Maestría en Español en el área de Lingüística y decidí hacer un Doctorado en Bilingüismo y Educación Bilingüe. Tuve mucha suerte porque esta universidad aceptó 24 horas del programa que había hecho en México en Lingüística Hispánica, lo cual me ayudó para entender la complejidad sociolingüística de los hablantes del español en los Estados Unidos. Me dediqué tres años a estudiar y terminar este programa; aprendiendo inglés y dando clases de español para sobrevivir. Fue muy difícil pero lo logré. Me gradué en diciembre de 2005 y pasé a la siguiente fase: la búsqueda de trabajo y el intento de insertarme en el sistema educativo.

Al enseñar clases de español como segunda lengua (L2) o como lengua heredada (L1), uno comprende que no se puede aplicar la misma metodología que se ha usado antes, se necesita utilizar nuevas estrategias y adaptarse a los nuevos estudiantes y sus necesidades. En lo personal, fue un aprendizaje hermoso que me ayudó mucho a entender la nueva realidad: el español de Estados Unidos no es exactamente como lo manejamos en la academia hispana de nuestros países, con muchos requisitos ortográficos, gramaticales, de estilo y más. Es una lengua flexible que se adapta a las necesidades comunicativas y siempre en comparación con el inglés porque están en contacto; incluyendo también el famoso "Spanglish" presente en la poesía de los poetas nuyoricans y el fraseo popular del suroeste del país.

Pienso que no he tenido mucho éxito y que "mi sueño americano" todavía está por realizarse. Si bien reconozco que he sido privilegiada porque he podido enseñar Fonética y Fonología del Español, Gramática y Composición Avanzada, Cultura Hispánica, entre otras materias, ha sido muy difícil examinar a los estudiantes porque no siempre los estándares se implementan de igual forma en todos los lugares del país. Considero que he logrado un proceso de crecimiento participando en las actividades que desarrolla el College Board of Education. En nuestras reuniones he logrado sentirme incluida, reconocida y segura de la calificación otorgada a los estudiantes. Estos años han sido increíbles y maravillosos, compartiendo con colegas de toda la unión americana; es un privilegio formar parte de esta comunidad académica y espero trabajar con esta institución mientras me necesiten. Finalmente, estoy segura de que existe un lugar donde haga falta y pueda ayudar a nuestros estudiantes a alcanzar sus metas.

¡Gracias, América!

Herencia

Édgar Cota Torres

Sin duda, la vida ofrece muchas oportunidades y en ocasiones también limita. Esta frase me remonta a las palabras que hace varias décadas me compartió mi madre, "Hijo, hemos hecho muchos sacrificios para que tú nacieras en Estados Unidos, nosotros somos muy humildes y ésa es tu herencia. Ahí tú sabes si la aprovechas." Creo que tenía unos doce años cuando, por primera vez, escuché lo que se convirtió en una motivación; esas palabras de mi 'amá me marcaron por el resto de mi vida.

A continuación compartiré cómo se logró la herencia que, en vida, me dejó mi madre y cómo, paulatinamente, me vi obligado a dejar mi país de origen... cualquiera que ése sea... Eso de crecer en la frontera puede brindar un sentido alterno, un ir y venir, una penetración de límites, el cruce de un puente, las metáforas son bastantes y dependiendo de la condición en la que la persona se vea insertada, la frontera entre México y Estados Unidos adquiere múltiples significados y consecuentemente, una infinidad de recuerdos. La ciudad fronteriza a la que me refiero es Mexicali en el estado de Baja California, sí allá por el norte, muy al norte de México.

Varias han sido las charlas que he entablado con mi tía Chagua, mi tía Irma, con mi madre e incluso con mi abuela sobre mi nacimiento en el país de las franjas y las estrellas. Las pláticas con mi padre casi son nulas ya que no tuve contacto con él por más de veinte años, aunque me hubiera gustado escuchar esa historia desde su perspectiva. Desafortunadamente, ese hombre delgado, lleno de melancolía y de nostalgia, dejó de existir hace trece años. Mis cuatro informantes concuerdan en que por poco no nazco en el país vecino, que contamos con mucha suerte, me incluyo yo porque iba en la barriga de ocho meses de mi madre.

Mi historia inició en 1973 en la fila hacia Estados Unidos. Mi madre, con su pasaporte local, fronterizo, que sólo le autorizaba incursionar una distancia de aproximadamente treinta kilómetros para ir de compras, estaba decidida a tomar el riesgo y se fijó la ciudad de Los Ángeles como destino final. No está por demás destacar que los riesgos, como casi todas las opciones en la franja fronteriza, son diversos. Esto me recuerda los sacrificios que muchos hermanos centroamericanos y mexicanos afrontan cotidianamente en su travesía hacia el sueño americano. La realidad es que para muchos de ellos se convierte en una pesadilla o en su última esperanza de superación. Hasta que nuestros países latinoamericanos no se estabilicen económica y socialmente, esto aunado a los fallidos o falsos intentos de una reforma migratoria inclusiva en los Estados Unidos, continuarán muriendo, anualmente en promedio, casi quinientas personas en la franja fronteriza. Esta cifra no incluye los desaparecidos centroamericanos en territorio mexicano. Mi madre era parte de un grupo privilegiado ya que su pasaporte casi le garantizaba el cruce. Lo que todavía no tenía asegurado era cómo llegaría hasta Los Ángeles ya que no contaba con un vehículo de transporte y caminar por más de 145 kilómetros conmigo no era una opción viable.

Mi tía, quien en esa época vivía en Tijuana y que durante la semana trabajaba en una fábrica en Los Ángeles, recogió a mi madre en la central camionera de Tijuana. Mis padres emprendieron el viaje en autobús desde Mexicali. Mi tía decidió que el mejor día para hacer la travesía era el domingo ya que en sus múltiples viajes había observado que la revisión en los autobuses en ese día era muy limitada. Después de una breve espera en la fila peatonal que a mi madre se le hizo eterna y en la cual agotó su repertorio de oraciones y de santos, llegó su turno de interrogación. Una vez hechas las preguntas de rigor de la autoridad y las mentiras de rigor de ambas, lograron la primera etapa de su objetivo. Dispuestas a continuar, se aproximaron a la central de autobuses de San Ysidro, no sin antes compartir las siguientes palabras "Vamos a pasar una inspección, si te piden tus documentos y tú les muestras tu pasaporte te lo van a quitar y te van a deportar. Si esto llega a suceder, a mí, ni me conoces, de cualquier manera yo no podré hacer nada por ti." Mi tía Chagua sí contaba con documentos de residencia y podía viajar libremente por Estados Unidos.

Cuando se aproximaban a la estación de autobuses se les acercó un muchacho alto y delgado, les preguntó que a dónde iban, ambas al unísono respondieron que a Los Ángeles. El joven les dijo que si le daban para la gasolina él las llevaría con gusto ya que él vivía por aquellos rumbos. Durante el viaje les platicó que la noche previa había andado de turista por la zona roja de Tijuana, de cantina en cantina, y que había amanecido sin dinero. El acuerdo se dio y veinte dólares fue la cifra determinada; como para ese entonces, el precio de la gasolina era de 39 centavos por galón sin duda que era una buena cantidad para el joven; lo que él no sabía era que mi madre no contaba con la documentación adecuada para viajar al interior del país. La odisea aún no terminaba y la garantía de arribar con mi tía Irma en Burbank era inexistente ya que tenían que cruzar un punto de inspección migratoria. Éste se ubicaba en la ciudad de San Clemente, California a unos 118 kilómetros. Por si esto no fuera suficiente, el auto del muchacho era una carcacha que aparentaba no tener mucho ánimo de recorrer la distancia requerida.

A lo lejos se percibía una hilera de anuncios que todavía no se alcanzaban a leer, pero los tripulantes de la carcacha presentían que eran avisos del próximo puesto de inspección. Mi madre inició de nuevo su ritual: oraciones, santos, nerviosismo; en su frente y palmas apareció un sudor que delataba su temor. En caso de que le pidieran su documentación a mi madre la deportarían porque estaba rompiendo los límites otorgados por su pasaporte fronterizo, de hecho ya había incursionado ilegalmente dentro de los EE.UU por más de 100 kilómetros y aún faltaba un buen trecho del camino. El joven conductor también se metería en serios problemas ya que seguramente "el migra" —el agente, intuiría que era un coyote que traficaba personas, ¡cómo comprobar lo contrario dadas las circunstancias! Él aparentaba un comportamiento normal, de hecho ignoraba la situación migratoria de mi madre. El caso de mi tía también era arriesgado ya que podría perder su documentación y ser deportada; ella acompañó a mi madre en sus plegarias e incluso pidió una ayudadita adicional a la Virgen de Guadalupe. Mi tía Chagua hizo una manda, le pidió un favor: que cruzáramos esta inspección y que a cambio ella entraría de rodillas y avanzaría así hasta el altar de la catedral de la Virgen de Guadalupe en Mexicali. Conforme se aproximaban más los letreros, nuestros latidos eran menos pausados. A lo lejos se divisaban algunas patrullas fronterizas. Yo no recuerdo si mi corazón también latía más fuerte, seguramente sí; de lo que sí estoy cierto es que tengo un soplo en el corazón y ahora que redacto esta historia pienso que quizá fue producto de tantas emociones fuertes que experimenté en el vientre de mi madre durante nuestra travesía fronteriza californiana. Ese soplo, asumo, también venía incluido en lo que sería parte de mi herencia. ¡Qué interesante: en ese viaje era un feto indocumentado aspirando a obtener una nacionalidad extranjera! En fin… los corazones latían estrepitosamente. Las cuatro líneas que se formaban desembocaban en agentes de vestimenta verde, botas negras, lentes oscuros y pistola intimidatoria. Seis autos, cinco… cuatro, tres, dos, nuestro turno… el agente miró al joven, utilizando sus dedos meñique y medio nos otorgó el pase sin indagarnos. Tremendo alivio. Ahora sí, el feto indocumentado estaba más cerca que nunca de ser angelino. Para no hacer este recuento tan extenso… llegamos a casa de mi tía y a las tres semanas, rumbo al hospital; nací en enero en el hospital USC Medical Center; a los dos días, y después de que mi madre usó todos sus ahorros para pagar los gastos del parto, de regreso en casa de mi tía. Pasaron diez días y a Mexicali, rumbo a mi primer cruce fronterizo de norte a sur. ¡Quién diría que en el futuro la cantidad de mis incursiones fronterizas entre México y Estados Unidos se contarían por millares!

Los siguientes doce años los viví como un estadounidense indocumentado en México, bueno más o menos. Cuando era bebé mis padres me registraron como ciudadano mexicano y obtuve un acta de nacimiento mexicana. Recuerdo que mi madre insistía en que nadie en mi escuela debía saber que había nacido en el país del norte. Si esta noticia llegaba a oídos impropios, me expulsarían de la primaria. Para el séptimo grado inició mi incursión en el sistema educativo de Estados Unidos. En esta ocasión viví dos años en casa de mi tía Chagua. Su nueva casa estaba ubicada en El Centro, California a veinte kilómetros de Mexicali. Cada viernes abordaba el Greyhound para reencontrarme con mi madre. Los domingos, a eso de las seis de la tarde emprendía el viaje de regreso a los EE.UU, me embargaba una inmensa tristeza. Hasta la fecha, cuando conduzco en las autopistas y veo un Greyhound me remonto a ese ir y venir de bienvenidas y despedidas.

El proceso de aprendizaje fue intenso porque todo el día lo pasaba en clases de inglés y sólo descansaba de esa monotonía en educación física y durante el almuerzo. Aprendí inglés rápidamente, en parte, gracias a que mi madre me había matriculado en clases de inglés por tres años en Mexicali. Terminé mis dos años en esa escuela con honores e inicié mis estudios de preparatoria o high school, en Caléxico, California, ciudad fronteriza con Mexicali. Durante mi segundo año tomé la clase de literatura AP en español y gracias al maestro Julio Gaytán, varios de mis compañeros y yo obtuvimos la nota más alta en el examen. En 1991 me gradué de Calexico High School, una vez más con honores y siendo el mejor corredor de resistencia y de pista de la región. Eso también se lo heredé a mi madre, corredora en competencias estatales en Colima, México. Durante tres años crucé la frontera entre Mexicali y Caléxico dos veces por día y caminé una distancia considerable de varios kilómetros para asistir a esta escuela. Las temperaturas a más de 115 grados Fahrenheit, cerca de los cincuenta grados Celcius, prolongaban la caminata durante los meses más calurosos del año. El cuarto y último año fue el más complicado. Las autoridades del distrito escolar decidieron inspeccionar el cruce peatonal fronterizo y fotografiar a los estudiantes que vivían en Mexicali y que estudiaban en Caléxico. Esto porque supuestamente no pagábamos impuestos y por lo tanto no teníamos derecho a la educación gratuita, independientemente de que muchos de nosotros éramos estadounidenses o algo así. En ese periodo expulsaron a varios de mis amigos. El Barajas, como se apellida, fue el primero que cayó, qué tristeza, era uno de mis mejores amigos; Adrián, Héctor (conocido como el "Bear") y yo decidimos rentar con la ayuda de nuestros padres, un cuarto para quedarnos a dormir en Caléxico. Después de unas semanas no funcionó este plan porque era difícil dormir en el piso y sin tener cocina, además nuestros padres no contaban con el dinero para continuar pagando el alquiler. Los padres de Adrián y Héctor eran campesinos en California pero también vivían en Mexicali. Mi madre trabajaba como mesera en restaurantes de comida china en Mexicali. Poco tiempo después hablé con mi maestro de español, el doctor Cuéllar. Le expliqué la situación y nos dio asilo en su casa durante varias semanas, pero a su esposa no le agradaba mucho nuestra presencia y le creamos problemas al Dr. Cuéllar. Así que nos vimos obligados a dejar su hogar y una vez más a cruzar la frontera todos los días, situación que ponía en peligro la continuidad de nuestra educación en Estados Unidos.

Para ese entonces el Dr. Cuéllar ya me había presentado al Dr. Ayala, profesor de geografía en la Universidad Estatal de San Diego, campus Caléxico. Mis amigos se siguieron arriesgando, algunos días cruzaban de madrugada, otros con familiares en auto, otros días sin mochilas. Empecé a trabajar en la casa del Dr. Ayala: lavaba carros, limpiaba el jardín, cortaba el pasto, pintaba la casa, sacaba la basura, etc. Su generosidad se desbordó al abrirme las puertas de su hogar donde viví hasta que concluyó el ciclo escolar. Ésta fue la primera vez que recuerdo haber tenido una habitación propia. En casa de mi abuela compartíamos habitaciones y generalmente me tocaba dormir en el piso. El salario de mi madre era modesto y siempre rentaba casas de dos habitaciones, así que compartía cama con ella. En fin, qué privilegio vivir con los señores Ayala. Así es como terminé mis estudios de preparatoria y sí, una vez más con honores y múltiples trofeos y reconocimientos como atleta.

Inicié mi carrera universitaria en California State San

Bernardino. Esta aventura sólo se prolongó por un año debido a bajos recursos económicos. Luego concluí mi licenciatura en español con una concentración en inglés en la Universidad Estatal de San Diego, campus Caléxico. Las becas y honores tampoco se hicieron esperar. Durante esta etapa conocí al Dr. Elizondo, profesor de español. Los doctores Elizondo y Ayala se convirtieron en mis mentores y me impulsaron para que cursara una maestría en español en San Diego. Después de tres años y de vivir en casa de mi tía Pastora y luego en casa de mi tío Héctor, misión cumplida. Continué bajo la tutela de ambos profesores y vieron en mí un talento que yo mismo ignoraba, una ferviente pasión y habilidad para manipular las palabras y analizar textos literarios. Siguiente paso, enviar solicititudes a programas doctorales en dieciocho universidades, todas fuera del estado de California. Según el Dr. Elizondo estudiar fuera de California me ayudaría a madurar y a destacar con un título fuera de mi estado natal. Conté con la fortuna de que me aceptaran en diecisiete universidades y finalmente opté por asistir a la Universidad Estatal de Pennsylvania.

Mi etapa como estudiante doctoral fue enriquecedora y sin duda, el mayor reto de mi vida. Una vez más conté con el incondicional apoyo de un mentor, la profesora cubana Julia Cuervo-Hewitt, quien me guió durante este periodo. Caramba, ahora que recuerdo mi estadía en la gélida ciudad de State College, Pennsylvania me vienen a la mente cientos de recuerdos, la mayoría agradables: ver crecer a mi hija, el nacimiento de la segunda, contar con múltiples y excelentes amistades de Latinoamérica y España, las fiestas que organizábamos, nuestro nicho hispano en el centro de Pennsylvania, las largas noches y fines de semana en la biblioteca o en mi cubículo, las lecturas interminables, la preparación para los exámenes doctorales, la preparación, redacción y edición de mi disertación doctoral... Después de cinco años en Penn State y uno en España, el feto indocumentado, el estadounidense indocumentado en la primaria de Mexicali, el adolescente que por poco no termina la preparatoria, el estudiante de licenciatura y de maestría quien vivió con profesores y tíos, se doctoró en Literatura

Déjame que te cuente...

Latinoamericana con una especialización, en qué más podría ser sino en Literatura de la Frontera Norte de México.

Actualmente comparto mi herencia, los frutos de mi educación, con mis dos hijas y con cientos de estudiantes que han participado en los cursos que imparto en la Universidad de Colorado en Colorado Springs. Ellos al igual que mis profesores, también han observado mi ferviente pasión por las palabras y los textos literarios que analizamos en mis clases de literatura y cultura latina, chicana, latinoamericana y de estudios de la frontera norte de México.

Por poco olvido compartir dos detalles: primero, que este proceso de nacimiento extranjero me ha dejado otra herencia. La ayudadita que mi tía Chagua le pidió a la Virgen de Guadalupe, todavía no ha sido saldada. Hace tres años ella me dijo "Pichón, yo ya estoy vieja y mis rodillas están muy dañadas. Tú tendrás que ser quien pague esa manda porque la pedí por ti." Hasta la fecha he meditado sobre esta situación y conforme escribo estas palabras, he decidido que durante mi próxima visita a Mexicali, pagaré esa cuenta pendiente. Segundo, mi tía, mi madre y yo iniciamos dicha travesía gracias a la idea que tuvo mi padre; él insistió en que valdría la pena que su hijo naciera en Estados Unidos, a nadie más se le habría ocurrido esa opción.

Sin duda, la vida ofrece muchas oportunidades y en ocasiones también limita. Esta frase me remonta, de nuevo, a las palabras que hace varias décadas me compartió mi madre, "Hijo, hemos hecho muchos sacrificios para que tú nacieras en Estados Unidos, nosotros somos muy humildes y ésa es tu herencia. Ahí tú sabes si la aprovechas." Creo que tenía unos doce años cuando, por primera vez, escuché lo que se convirtió en una motivación; esas palabras de mi 'amá me marcaron por el resto de mi vida.

Recuerdo, vívidamente, como si hubiera sido ayer, la tarde que regresé de Pennsylvania a Mexicali, con dos hijas y con un diploma de doctorado en las manos… le dije: "Amá, gracias por todos sus sacrificios y por darme esa herencia, creo que la he aprovechado." Nos fundimos en un prolongado abrazo, abrazo que representó el esfuerzo de todas las personas que me apoyaron; a los pocos segundos compartimos lágrimas de felicidad.

Esta historia es un tributo a todas las personas que he mencionado y que han contribuido a mi éxito, a *nuestro* éxito.

No lo habría logrado sin ustedes.

Alegría con filo

Regina Faunes

Hoy sopla un viento tibio, cargado de recuerdos. Viento de playa, de ése que hace sonar la lona de las carpas, que saca a bailar la espuma, que le aviva la cueca a las olas.

Hoy te extraño mucho tierra del sur, me deslizo por el filo de una alegría intensa, donde se topa con el abismo de la nostalgia; ese lugar que es como donde el río va a dar al mar: ni dulce ni salado, ni tú ni yo, ni hoy ni ayer, revuelto y turbio.

Resbalo por la orilla al son repetitivo del clic de un rayo en la rueda de la bici topándose con algún piñón, cronómetro que marca algo: mi paseo por el borde del abismo, donde la luz es gloria y martirio de sol hiriente, donde la sombra es descanso poblado de voces sibilantes, voces de regreso.

Dejo en su costado plateado de gillete un hilito de sangre, casi invisible... como yo.

Madrugada del 31 de diciembre, 2012.
Para mi hermano y mi cuñada.

Llueve. Eso es todo. Y es mucho, quizás suficiente. Porque acá en Texas no llueve nunca. Los árboles invernales, deshojados, desnudos, se visten de gotas que parecen diamantes. Se yerguen encuerados, alhajados de sortijas como bailarinas de boite nocturna. Como todas las cosas, la lluvia me hace pensar en Chile: olor a lana de poncho mojado, el calorcito de la estufa en el invierno, las gotas deslizándose por las ventanas de la micro.

Déjame que te cuente...

Pienso en ti, en ustedes, allá en Minnesota, en el silencio de la nieve que cae sin cesar. A diferencia de la lluvia con su gesto dramático, más acorde, quizás, con nuestro temperamento, a diferencia de la lluvia con sus voces diversas: voz de llanto, murmullo tierno de secreteo adolescente, alaridos de rabia, la nieve guarda silencio, se deja caer sin aliviar la carga emotiva, ni gritos, ni gimoteos, ni carcajadas. Su secreto está en la persistencia, la tenacidad, la terquedad de dejarse caer, muda, durante horas y horas sobre un mundo que observa, un mundo que pregunta sin escuchar entonar una sílaba a modo de respuesta.

Los imagino tras el cristal de esa ventana que tienen en el *living*, ventana grande, panorámica, ventana de casa de gringos, como ojo al mundo: nada de muros exteriores cubiertos de musgo, ni cristales con rejas labradas, tapizadas de enredaderas acá en la expansiva realidad de gringolandia. Los imagino a los dos como figuras de arcilla, parados frente a ese ventanal viendo descender la nieve por enésima vez y siempre la misma sorpresa, la misma magia, el mismo silencio petrificado, milenario, de antes de las palabras, del tiempo de las piedras y los pinos.

Los imagino leyendo, tomando té o café con leche, envueltos en los ponchos que trajeron del sur, de Temuco, aún, quizás, con olor a leña de aromo, a bosque del sur de Chile. No los imagino salir porque eso sería perderlos, los tengo presos, cautivos en la casa que conozco: dos figuras de arcilla, de la misma con la que fui hecha, levantados en el mismo ventarrón que revolvió nuestro mundito y nos lanzó a diferentes rincones del mundo.

Entre dos mundos

Ana María González

Rêves. Étranges rêves. Dérouteurs de la vie à laquelle on s'accroche, inventeurs de l'impossible. Ils m'échappent, me reviennent, me collent à la peau, certains jours. Fragments de ma mémoire enfouie, entre alcool, morphine et temps qui passé, entre mille pensées concrètes, je vous reconnais, vous faites partie de moi au plus profond.

Frida Kahlo

Con la expectativa de ver el nombre oficial en el edificio principal, descubro que sólo aparece una secuencia de sílabas plateadas, las gotas de una carcajada: *Gua-da-la-ja-ra*.

Durante todo el vuelo me interrumpieron la música popular de banda con una mala calidad de sonido y las palabras salpicadas de vulgaridades de mis tres compañeros sentados atrás de mí. Difícil concentrarme para revisar una vez más esta antología...

En migración nos separamos: ellos se dirigieron a la fila de "Extranjeros" o "Foreign Citizens" mientras yo me formé con una gran emoción en la de "Mexicanos"; cuando me volví para verlos "al otro lado" me quedé con la interrogante de una nacionalidad confundida y extraviada. Sentí un dolor raro, y por raro, inexplicable.

Pasé devorándome con la mirada y mágicamente tocando con las manos como si fuera saltando las barras de una reja, cada una de las inalcanzables letras de "Bienvenido a la tierra del tequila" al revés, de derecha a izquierda, hasta toparme con el paisaje de fondo: agaves que en vida tienen una maravillosa fusión de gris, verde y azul. Me alegra tanto haberlos visto antes "de a de veras", para no dejarme llevar por la ilusión de una puerta falsa que trataba de abrirme esa imagen de la pared.

Para mí venir a México siempre ha representado un viaje de grandes y prolongados preparativos, de una estancia de varias semanas porque me lleva por lo menos unos cinco días montar mi pequeño reino cada vez y luego otros tantos hacerlo desaparecer antes de que el polvo y la ausencia me lo lleguen a arrebatar; pero poco a poco ese viaje se ha convertido en siquiera unos días y en esta ocasión, tal como lo hacía de Iguala a Taxco cuando estudiaba y luego desde el DF cuando ya trabajaba, fue un viaje relámpago, fugaz e intenso de un fin de semana. ¡Cómo han cambiado las circunstancias, los medios, los recursos y por supuesto el motivo: asistir a la graduación de mi hermana! A los cincuenta y ocho años de edad logró el sueño de su vida y recibió un título de licenciatura para oficialmente decorar con un papel, la experiencia que ha acumulado en toda su vida profesional, poniéndole así la cereza que le faltaba a su helado. Se trata de la misma hermana que me enseñó a extender las alas que yo tenía escondidas para alcanzar alturas que desconocía por completo.

Y ahora, entre dos mundos, paso la vida soñando con el momento de pisar nuevamente la tierra que se despereza al amanecer, mientras las varas luminosas de escobas abanicadas le hacen cosquillas por todas partes, para despertar y enmarcar otro día en la existencia de este pueblo que se multiplica, que camina sin cesar, que vende flores, llaveros o rosarios en la calle, que habla con su tono peculiar y se refiere a las cosas con su propio lenguaje: virote o bolillo, gordita o sope, tostada o panucho, escuincle o huerco, jumiles o chapulines... una gama inmensa que nos llena los cinco sentidos de olores, sabores, colores, sonidos y texturas aferrados a nuestra memoria de ausentes.

¡Qué suerte haber venido para aminorar mi nostalgia y saciar los recuerdos que se verán confundidos con los sueños! ¿Estuve realmente aquí? Sí, los puestos de perfumería a granel van atrapados en una imagen fotográfica. Sí, el letrero en el frente del edificio de "Aeropuerto Internacional de Guadalajara" me aguarda para pellizcarme la tristeza de otra inevitable despedida.

De vuelta para cumplir con nuestra cotidiana labor, hay quien lleva pan dulce, canastas o una muñeca de cartón enseñando los pies con zapatos pintados de verde... y no, no son recuerdos, sino pedacitos de lo que somos para que no se nos quiten las ganas de volver, ojalá pronto. Y antes de abordar, me echa un guiño el lienzo nacional mientras ondea su adiós de tres colores, y aunque es igual al que juega diariamente con el viento en otras partes, simplemente no significa lo mismo.

En cuanto arribo, sale a mi encuentro la mujer que empuja el carro con sus artículos de limpieza y su cabeza cubierta para serle fiel a sus creencias, la jovencita con ojos rasgados que al tacto tiene que asegurarse de que no soy una terrorista y el hombre que me sirve la comida con su sonrisa blanca enmarcada en el tono profundamente oscuro de su tez: un verdadero mosaico humano.

Entre estos dos mundos vecinos y distantes, realidad o sueño, pasado o presente logro distinguir a la incertidumbre que me está esperando con los brazos abiertos.

América por América

Gloria Prieto Puentes

Todavía olía a sardinas fritas una noche de noviembre del año 98 cuando, en la cocina de nuestro piso del barrio de *Les Corts* en Barcelona, Luís me propuso ir a enseñar a California por un año. Se trataba del "Programa Bilingüe". Su mejor amigo había vuelto de allí, su experiencia fabulosa: conoció a mucha gente, aprendió nuevas formas de enseñar. Nos miramos a los ojos... lo decidimos: íbamos a intentarlo.

Luís no sabía que sus palabras fueron el broche de oro de una relación con las Américas que yo había iniciado muchos años atrás: corría el fin de la década de los sesenta cuando al volver de la escuela, vi un contenedor de basura que contenía eso, basura. De uno de los laterales colgaba un libro viejo de tapas descoloridas que me llamó la atención. Estaba escrito en inglés y le faltaban algunas hojas. Otras en cambio, contenían muchas palabras subrayadas. A pesar de lo maltrecho del pobrecito, lo cogí, lo hojeé y decidí leer con fruición la lengua de Marilyn Monroe, de Gary Cooper, de los que tanto había oído hablar en el transistor de mi madre. Estoy segura de que mi lectura de aquellas palabras en voz alta no era ni mucho menos comprensible a los oídos de cualquier inglés o americano, simplemente yo desconocía la pronunciación y el aprenderla se convirtió para mí en una obsesión. Y como el imán que se acerca al hierro, mi obsesión me llevó a una preciosa amistad con la familia boliviana que vivía en el piso de arriba. Huyendo de la dictadura de Hugo Banzer, los Chirveches fueron algo más que amigos para mí puesto que además de enseñarme a pronunciar las palabras del libro, me introdujeron en las interesantes y desconocidas culturas de la gente de las Américas. Con ellos conocí Bolivia,

Déjame que te cuente...

Perú, Ecuador, Chile... ellos me traían nuevos amigos que ampliaban mi interés por las Américas y por aprender inglés... hasta que en 1978 de la mano de mi amiga Ada, me fui a Inglaterra a aprender el inglés de primera mano y, sobre todo, a convivir con una familia, trabajando de *Au Pair*.

Mi amor por el idioma estuvo por encima de todas las dificultades que tuve que superar, desde lavar platos en restaurantes hasta cuidar niños seis días y medio a la semana, todo era válido para que pudiera llegar a hablar y escribir el inglés correctamente. Ésa era mi carta si quería dejar de trabajar en la tienda de *betes i fils* (cintas e hilos –una mercería) donde había trabajado desde los catorce años. Volví de Inglaterra sin penas ni glorias, eso sí, con una gran experiencia en lavar platos, cocinar y empezar a entender y a hablar el inglés. Mi objetivo no estaba cumplido, necesitaba aprender más, hacerme una experta, llegar a enseñar inglés, traducir, escribir libros... todavía faltaba mucho por hacer.

Siempre he pensado que mis tiempos han sido distintos a los de los demás, es decir, he hecho las cosas cuando se han presentado, no cuando tenía que hacerlas. Así es que a los veintitrés años decidí hacer lo que debí haber hecho a los doce: empezar la escuela secundaria con el fin de ir a la universidad. Trabajé en una oficina siniestra de 8:00 a 5:00 a unos 20 kms. de Barcelona y de 6:00 a 10:00 de la noche iba al instituto. Por cuatro años no supe lo que era llegar a casa después del trabajo. Después seguí con la universidad, otros cinco años también de noche. Estudié Filología Inglesa en la Universidad Central de Barcelona. Fueron los años más felices de mi vida. Recuerdo mis lágrimas el primer día que entré al Patio de los Naranjos de la universidad, el alma se me engrandeció pensando que el poeta Maragall había estado en ese mismo patio unos doscientos años atrás.

Cinco años después, al terminar, la probabilidad de dar clases de inglés en un instituto no se hizo esperar y abandoné las máquinas de escribir y los jefes exigentes por las clases abarrotadas de alumnos de secundaria interesados en aprender las palabras de las canciones de los *Rolling Stones* o de los *Beatles*. Mientras todo esto pasaba, ni Luís ni yo desperdiciábamos la ocasión de viajar a países de habla inglesa: Inglaterra, Estados Unidos, Canadá, etc.

De nuestro primer viaje a Estados Unidos nos llevamos una impresión definitiva, buena, favorable, interesante. Nos gustó la forma de organizar las cosas, la amabilidad de la gente, la facilidad para vivir. Todo era fácil, acostumbrados como estábamos a las largas esperas, a depender del ánimo de la persona que nos tenía que hacer una gestión, a los problemas a la hora de buscar las cosas necesarias y simples, básicas, para vivir… he de reconocer que visitar Yosemite en el año de su centenario nos cautivó el corazón. El paisaje, salpicado de los colores del otoño era espectacular, el dorado, el naranja, el marrón, las hojas de mil colores nos daban la bienvenida… todos ellos contribuyeron a que nuestra estancia allí prometiera una vuelta.

Volvimos a España. En nuestra mente estaba regresar, por eso, unos años después de que nació nuestro hijo Sergi decidimos emprender nuevamente la aventura americana. Esta vez íbamos los tres, Luís y yo como maestros de español con el programa bilingüe y mi hijo para aprender inglés.

Nos destinaron a una ciudad pequeña, tranquila, religiosa y republicana del este de Texas, nos dijeron que era el mejor lugar para criar a nuestro hijo, nos decían que allí la gente era abierta y amable. Lo pudimos comprobar desde el primer día. La coordinadora del Programa Bilingüe se encargó de que nuestra estancia fuera perfecta y Sergi tuvo la suerte de tener maestras muy buenas, desde la maestra de segundo grado que consiguió un diccionario catalán-inglés para Sergi hasta la de tercero que inspiró tanto a Sergi en la lectura diaria que llegó a ganar el concurso de "Spelling Bee" de su escuela unos años después.

Desde entonces, las cosas se sucedieron de una manera vertiginosa, empezamos viviendo en un sencillo apartamento del centro de la ciudad, más tarde pudimos saborear la comodidad de vivir en una casa americana, grande, con un buen jardín, rodeados de personas buenas y amables que se paraban a hablar cuando llegábamos

Déjame que te cuente...

del trabajo. Todo estaba bien... La aventura que en principio iba a durar un año, iba extendiéndose... nuestro compromiso de quedarnos solamente un año era motivado por aprender nuevas formas de enseñar, mejorar el idioma, entrar en contacto con nueva gente que, de seguro y así fue, nos animarían a tomar un nuevo rumbo en nuestras vidas. Nos quedamos un año más y luego otro hasta llegar a los once años de estancia aquí. Conseguimos la *green card* por sorteo y cinco años después la nacionalidad.

Vivir en Texas fue y sigue siendo una gran experiencia. Algunas veces pienso que todo el mundo debería vivir en los Estados Unidos por unos meses. Aquí uno aprende a organizar las cosas de manera que toda la comunidad se implique; se aprende que hay una disciplina para el trabajo y que el tiempo es una herramienta imprescindible para conseguir los objetivos de producción; se aprende que la seriedad y el compromiso son los cimientos de las futuras generaciones, que de los padres depende que los hijos sean más serios y cumplidores porque eso es lo que van a necesitar en esta sociedad.

Vivir en Texas también fue una caja de Pandora para mí porque aunque llegué para dar clases en las escuelas primarias del estado, conseguí, después de una beca para estudiar en una renombrada universidad, un flamante Máster en Educación Bilingüe que me abrió las puertas a mis clases en la universidad de UT Arlington. Y aquí estoy, enseñando español por la mañana a mis niños de segundo grado y español por las noches a estudiantes de universidad, futuros abogados, médicos, hombres de negocios, directores, maestras...

Vivir en Texas me ha devuelto el amor por enseñar, aquí encuentro la motivación y la confirmación de que soy necesaria en algún lugar. Mis niños de segundo grado me adoran y yo a ellos. Son como esponjas, a ellos les transmito mi amor por el Mediterráneo y por la tortilla de patatas, las fotos de mi hijo y su universidad; incluso una vez me llevé a la mitad de ellos a la graduación de mi hijo para que vivieran *in situ* una graduación de high school. Ahora, dos años después veo los frutos: recientemente acompañé a varios de mis ex-alumnos al reconocimiento de su espectacular carrera en la escuela primaria, a su entrada a la Honor Society of Excellence Achievement. Ellos estaban radiantes, yo, con lágrimas en los ojos sólo recordaba su interés, su compromiso, sus ganas de aprender; sobre todo, su deseo por mejorar y disfrutar aprendiendo.

Aunque sé que muchos dirán que España se lo llevó todo de América y otros dirán que España se lo dio todo, tengo que decir que Texas me dio mucho y me sigue dando, todo lo que quiera tomar y eso, no ocurre en todos los lugares de la Tierra.

No había tenido tiempo de contarte 'apá...

José Salvador Ruiz Méndez

No había tenido tiempo de contarte 'apá... son las cuatro de la mañana y aprovecho que tu recuerdo me tumbó de la cama para darte la vieja noticia: fíjate que Márquez le ganó a Pacquiao. No, no sólo le ganó, lo fulminó, el buen Manny se fue a la lona y quedó inconsciente por unos minutos. Fue algo espeluznante a decir verdad. Pasé de la alegría a la preocupación por un par de minutos porque el filipino no se levantaba, la gente a mi alrededor se desgañitaba, saltaba y un extraño me dio un *high five* diez veces y me habló con la confianza del vecino y no me mostró fotos de su familia porque no creo que la tuviera y toda la gente era un gigantesco Juan Escutia envuelto en la bandera mexicana y los más *cool* empezaban a crear las primeras bromas, memes y 'genialidades' en Twitter y Facebook (algo que le llaman redes sociales y que la gente usa para engañar su soledad) y mientras la gente reía y disfrutaba del knockout yo pensaba en lo mucho que te hubiera gustado ver la pelea... pero no ahí donde yo me encontraba entre máquinas tragamonedas y decenas de personas viendo un televisor en uno de los tantos casinos de esta frontera (ah sí, creo que no te tocaron los casinos, aparecieron con la magia de Fox y Calderón un buen día... y con la novedad que los gobiernos panistas salieron buenos para la uña y la corruptela) rodeado de extraños pero con tu presencia a distancia. Para mí fue como ver de nuevo el box con mi cabeza de niño sobre tu barriga, viendo a Pipino Cuevas o a Lupe Pintor, quizás a Carlos Zárate un sábado por la noche... o ya años después, cuando había dejado Mexicali por San Diego y visitaba los fines de semana, y caminaba hacia tu recámara oscura para comentar la última victoria de Chávez... como aquella pelea que te grabé en VHS y no dejabas de ver a Meldrick Taylor caer como una tabla por el derechazo de Chávez... pero por fin Manny se levantaba y era tiempo de regresar a El Centro, cruzar una vez más la frontera, un acto rutinario para mí pero utópico para muchos... abandoné el casino y mientras conducía sobre Justo Sierra entre pitidos victoriosos y gente eufórica caí en cuenta... ésa era la razón de mi gusto por el box. De qué otra manera podría explicarme que ese deporte tan violento me gustara si no fuera por tu herencia y el recuerdo de mi cabeza en tu barriga... y una cosa me llevó a la otra y mientras mostraba mis documentos al migra en espera del *go ahead* pensé en que por eso mismo soy Puma, porque un domingo entré a tu cuarto y veías jugar a esos Pumas de Hugo Sánchez y Cabiño ¿los recuerdas?... No manches, la melena de Cuéllar y la izquierda de Negrete y los Pumas vestidos con su uniforme blanco y tú, y tú que hablabas poco, me hablabas de las virtudes de Hugo Sánchez mientras durante el medio tiempo anunciaba pasta de dientes. El migra me interrogó sobre posibles tatuajes en mi espalda, lagrimitas de tinta en mis pómulos u otras señas que me identificaran como el José Ruiz de su pantalla, aquel que tenía una orden de restricción o aquel otro que había logrado ser de los más buscados. Y es que me heredaste un nombre 'apá que me hermana con una legión de delincuentes pero no te preocupes, ya estoy acostumbrado. A lo que no termino de acostumbrarme es a sentir una especie de nervio o ansiedad cada vez que cruzo la línea fronteriza a pesar de hacerlo legalmente desde los nueve años.

Pues nada 'apá que acá te extrañamos y que no había tenido tiempo de contarte lo de Márquez... y mira que ya no me refiero a su victoria sino a la metida de pata que cometió cuando lo entrevistaron. Y es que le dedicó la pelea al nuevo presidente de México y para tus pulgas... es del PRI. Y sí, volvió el PRI, el nuevo PRI pero son los mismos dinosaurios pero más bonitos como dice la canción.

Y resulta que no puedo dejar el café y cuando lo sorbo te recuerdo a ti y al sonido que hacías cada vez que tomabas un sorbo: "ahhhh" como si hubieras bebido algo fresco. Me escucho hacer lo mismo cada vez que disfruto una taza de café, ese café que fue lo último que te ofrecí aquel día en que decidiste no irte a Mexicali e ir a mi casa a ayudar con la mudanza.

Y es que me he mudado tantas veces 'apá, que parecía que no habría espacio que me lograra contener, había una consigna para huir antes de que los recuerdos se anidaran en los rincones... Y recuerdo mi primera mudanza, silenciosa, casi inverosímil, nadie se había mudado de nuestra casa antes y ahora el menor de la familia se aventuraba a mudarse de ciudad y de país. Y nadie supo, supimos, cómo lidiar con esto, hubo abrazos ensayados en la despedida y bendiciones de cajón. Nuestra única tradición era el silencio y la incapacidad para expresar nuestros sentimientos, aun así, me llevé una carta de despedida que amaneció debajo de mi puerta esa mañana con mi ropa y ochenta dólares como todo capital. Mrs. Forden me llevó a San Diego y me encaminó hasta el Zapotec Hall, la residencia universitaria en San Diego State. Nunca les dije que el contrato con la residencia estudiantil sólo incluía las comidas del fin de semana y que en ocasiones tenía que sobrevivir comiendo galletas que hurtaba del cajón de mi *roommate*, un joven de Santa Rosa con una fuerte afición por la fiesta y la cerveza y que cumplió el ritual de los de su raza y clase social ingresando a una fraternidad al siguiente semestre. Por primera vez viví realmente en otro mundo, fuera de mi calle, de mi esquina, de mi comida y mi país. Conocí la *Mexican food,* los burritos, las chimichangas y las flautas con queso amarillo tan ajenos a lo que entendía por comida mexicana. Experimenté lo que quería decir minoría étnica y me hermané con lo Chicano y entendí su obsesión por los murales y las raíces aztecas y los Ché Guevaras junto a Zapata y Villa fumando con Frida Kahlo y los Flores Magón viendo al Popocatépetl, después de los esteroides, cargando a la Iztaccíhuatl, después de la liposucción.

En fin 'apá, que ahora regreso a tu última mudanza y recuerdo que esa mañana de febrero fui a dejar a tu nieta a casa de Alex, le tocaste la cabeza como solías hacer y le dijiste "viejaaa" como también lo solías hacer. Te ayudé a cambiar la llanta de la *pickup*... Quizás no debí haberte comentado que me estaba mudando

Déjame que te cuente...

porque quince minutos después te vi llegar con toda la intención de ayudarme. Al entrar viste a un par de hombres reemplazando la persiana que mi hija había destruido. No lo dijiste, pero seguro pensaste que tú lo habrías hecho mejor... me pediste café y lo endulzaste con un sobrecito de sustituto de azúcar que traías en tu bolsa... la maldita diabetes. Hablamos poco, me preguntaste por la cortadora de césped y sin escuchar mi protesta saliste a cortarlo. Subí a bajar más cajas y recuerdo la voz de uno de los tipos que cambiaba las persianas: "el señor que estaba cortando el zacate se cayó". Bajé corriendo y te vi inerme. Intenté revivirte con las nociones de primeros auxilios que había visto en películas. Tenías tus ojos abiertos y mi voz te suplicaba que despertaras mientras te daba respiración y te golpeteaba el pecho. Me oí gritar y veía gente que empezaba a husmear. Le volví a llamar al 911 y tú seguías ahí, viéndome sin verme... no he vuelto a escuchar tu voz desde ese día, las dos semanas que siguieron sólo fueron un engaño de la esperanza, nuestras voces en tu oído, tus ojos húmedos y algún mohín tuyo que alimentaba la ilusión de una recuperación posible.

Pues nada 'apá, que me persigue tu recuerdo y lo persigo sin poder asirlo... y no quiero regresar a mi rutina sin darte las gracias, gracias por las veces que me llevaste a trabajar contigo. Me despertabas temprano para tratar de evitar la cola al cruzar al otro lado y ya en Caléxico alguna vez pintamos los departamentos de doña Lupe, la china, aquella señora coda... eran viviendas viejas, roídas por el tiempo y la desesperanza... disfrutaba ir contigo cuando trabajabas en casa de la señora Elena porque siempre me daba leche y galletas, lujos que en casa no había, pero recuerdo muy bien la jardinera que "hicimos" con la señora Monje. De repente paso por esa casa y veo la jardinera que sigue ahí y me veo pasarte los ladrillos o aplanar la arena. No te lo había dicho pero cuando instalé los pisos en esta casa que ya no alcanzaste a conocer, puse tu fotografía cerca de mí para que me guiaras en estos menesteres porque lo mío no es poner pisos.

Pues nada 'apá que acá todos estamos bien, tus nietas están creciendo, eso sí, te salvaste de las mordidas y los jalones de pelo de Lolia... ella sigue sin hablar por ese condenado autismo... pero en el fondo creo que se hace y un día sacará voces guardadas dentro de ella. Salma sigue creciendo y lo último decente que dijo en español fue "patas"... ahora ya todo lo dice en inglés para colmo de mi profesión.

Bueno 'apá, resulta que hoy habría sido tu cumpleaños y no había tenido tiempo de contarte que Márquez le ganó a Pacquiao y que acá todos estamos bien. Ya otro día te contaré más...

Descendencia boliviana

Margarita E. Pignataro

Mis ancestros son bolivianos: mi bisabuelo era de Oruro y viajó hasta Chile para crear una nueva vida. Mi abuelita, chilena-boliviana, inmigró a los EE.UU. en el año 1970.

Siempre en la sobremesa del desayuno nos contaba, a mí y a mi primo Tito, que su padre "quería regresar a su tierra querida, Bolivia, y llegar a Oruro, para reunirse con su gente aymara".

Un día, después de años de escuchar el mismo cuento, le pregunté a mi abuelita, "¿y mi bisabuelo logró su sueño? "Sí, cuéntanos abuelita" —añadió mi primo Tito— "¿Llegó a viajar de Chile a Bolivia el bisabuelo?" Mi abuelita, con la mirada fija, nos dijo que sí había logrado su sueño a los setenta y dos años...

"Estuvo por tres días en su tierra querida. Fue al tercer día cuando subía una montaña para visitar a unos parientes e iba tan rápido que se le explotó el corazón".

Se paró de la mesa mi abuelita y esa fue la última vez que mención a mi bisabuelo quien logró su sueño de regresar a su país natal y ser enterrado en el mismo lugar.

Ahora yo, como profesora de español, al estudiar la historia, cultura y literatura bolivianas, a mis estudiantes siempre les menciono a mi bisabuelo y su deseo de regresar a su tierra.

Experiencia de una chilena

Juana Cortez Bilbao Pignataro

Mi mundo estadounidense comenzó con mi llegada vía aérea a Boston, Massachusetts de Santiago, Chile el 2 de agosto del año 1966, de allí unas 45 millas al oeste a Worcester para comenzar mi nueva vida ya de casada. No pensé continuar mis estudios en los EE.UU. sino en formar una familia. El haber dejado mi país Chile me afectó enormemente; no por haberme casado con un italoamericano no me ha costado acostumbrarme en un nuevo país, siempre está la nostalgia. Yo creo que a ningún individuo se le hace fácil emigrar a otro país, no importa cuál sea la situación por la cual emigre, las circunstancias de la vida nos pone a decidir qué camino seguir. Dejar mi país fue difícil; dejar todo atrás: mi familia, amigos, costumbres, la música, la comida, el hogar y el trabajo. Al llegar a este país lo primero que me sucedió fue el sentimiento de estar sola, buscar qué hacer para no caer en la nostalgia. El no tener comunicación constante con mi familia en esos años me entristecía, pero me alegraba cuando recibía correspondencia de Chile. Personalmente me encontré con cosas muy diferentes que se acostumbra hacer en EE.UU. pero lo principal para mí era la barrera del inglés; ya sea para ir de compras, visitas de doctores o simplemente para hacerse entender. Es cierto que uno tiene que empezar de nuevo a amañarse a un nuevo estilo de vida, especialmente en este país de inmigrantes. En ese tiempo a una se la consideraba un tanto ignorante por falta de comprensión del inglés; de no poder comunicarse bien; tener una conversación fluida o porque una era físicamente diferente. Tenía que aprender obligadamente el idioma para poderme entender mejor con las personas de otras culturas étnicas.

Déjame que te cuente...

La primera vez que me atreví a salir de casa sola me subí a un autobús al centro de la ciudad y tenía la intención de independizarme un poco para salir de la rutina de todos los días: cocinar, lavar ropa, limpiar la casa, ver televisión. Me convencí que la práctica de un idioma lo hace todo y desde esa experiencia quise aprenderlo. Había una escuelita elemental en la cual se ofrecían clases de inglés; me encontré con un grupo de gente de diferentes países y ya me estaba acostumbrando a la idea que podía hacer más y seguir como sea para mejorar mi vida. Mi esposo trabajaba de noche y me consumía el miedo de estar sola en un departamento con mi hija recién nacida pero las dos nos acompañábamos. Luego, en 1970, me informé que había comenzado un programa gratis de clases y servicio de guardería en Quinsigamond College. Me matriculé y tomé unos cursos: mientras asistía a las clases a mi hija la dejaba en la guardería, y cuando terminaban mis clases yo me turnaba en cuidar a los niños y así nosotros los estudiantes jóvenes podíamos avanzar nuestros estudios.

Dos años después puse a mi niña en la clase regular de kínder en Worcester Public Schools y me di cuenta que había empezado un programa bilingüe en tal escuela primaria en donde pronto se presentó un trabajo de ayudante de maestro y por mucho tiempo fui ayudante, lo cual me ayudó a poner a mi niña en una escuela católica privada. Después empezaron programas bilingües en otras escuelas por lo que me trasladaba de una a otra escuela. Me propuse estudiar para conseguir un puesto de sustituta, por lo tanto, empecé un programa de 2 años en New Hampshire College. Nació mi otra niña y seguí trabajando como sustituta, criando a mis hijas y terminando mis estudios. Viajaba a New Hampshire tempranito un fin de semana al mes y volvía tarde. No fue fácil traer los trabajos por un mes y volver al siguiente para entregarlos, pero decidí seguir hasta terminar lo que me había propuesto porque sabía que valía la pena. Saqué mi certificado en Human Services con el cual dejé la escuela por un tiempo y trabajé para la comunidad como consejera para los niños y los padres. Noté que en el sistema bilingüe la comunidad hispana aumentaba y que en su mayoría era puertorriqueña. Entonces decidí dejar el trabajo de consejera y volver al sistema bilingüe con la intención de completar cursos que me faltaban para conseguir la certificación de maestra, y lo logré.

Como hispana, a veces era difícil trabajar con los anglosajones porque no cooperaban conmigo algunos colegas. No les gustaba la idea de que hubiera un programa bilingüe en sus escuelas pero la ley lo ordenó que fuera así. Tenía vocación de maestra, era muy paciente y disciplinada con los niños, me respetaban mucho y me querían. Les enseñaba las costumbres hispanas a través de las comidas, los cantos, los bailes; enseñando lo máximo para que más tarde siguieran esforzándose en los estudios, para alcanzar una buena calidad de vida, ser un buen ciudadano, dejar bien su país de origen y conseguir el respeto de todos como un buen ser humano. Me llevaba con todas las maestras hispanas, la mayoría puertorriqueñas, me consideraban una buena maestra y me identificaban conociendo el mismo idioma. Al saber hacer bien las cosas que uno quiere conseguir vale la pena este cambio migratorio. Para emigrar se necesita fe, perseverancia, paciencia, respeto, humildad y saber comportarse para lograr éxito honradamente. Para mí, el orgullo de sembrar mis semillas en este país y darle buenos principios a mi familia crea un buen modelo para mis descendientes.

Me satisface ver el programa de televisión "Ecuatorianos en el mundo" con Galo Arellano porque entrevista a los ecuatorianos que se han restablecido en diferentes partes del mundo y al terminar el programa siempre dice, "Emigrar es cosa de valientes: empezar de cero es cosa de emprendedores". Al igual que la tecnología y los programas internacionales de televisión que uno ve desarrollándose, he visto los avances de mi pueblo estadounidense especialmente el aumento de los inmigrantes hispanos de otros países; antes parecía un lugar tranquilo, con menos gente, automóviles y casi ningún hispanohablante; hoy resaltan los hispanohablantes en Worcester como una gran ciudad de hispanos propietarios, negociantes, dueños de restaurantes y tiendas, agencias de viaje y transporte, profesores y abogados. ¡Sí se habla español!

Déjame que te cuente...

La vida me sonríe, cumpliendo todo lo que he emprendido en cuarenta y seis años. He logrado mis objetivos: ayudar a mi esposo y dar una buena educación a mi familia. Me considero una buena inmigrante. He servido a pesar de todos los obstáculos que en el camino se me han presentado. Me he sacrificado para darle a mi familia lo mejor para que fueran unos buenos seres humanos y participantes en la sociedad en que hoy en día se vive.

Sueños de una niña

Mayela Vallejos-Ramírez

A mi madre por haberme permitido volar
y ser hoy quien soy.

Si alguien me hubiera dicho que pasaría una gran parte de mi vida aquí en los Estados Unidos no lo habría creído. La niña que nació y creció en un pequeño país centroamericano rodeada del cariño de su familia y amistades dio un giro de 180 grados en su vida cuando decidió que necesitaba expandir sus horizontes. Esto me lleva a recordar dos acontecimientos importantes que sembraron esa semillita de la curiosidad por indagar lo que había más allá de los entornos de mi pueblo y mi familia. El primero sucedió cuando tenía unos cinco años y mi tío llegó del colegio con la historia de que uno de sus compañeros se iba a los Estados Unidos con una beca de la AFS (American Field Service) y que viviría con una familia norteamericana. Recuerdo claramente que les dije: "algún día cuando sea grande yo también iré en ese programa", todos se rieron y continuaron con sus pláticas de adultos. El tiempo pasó y yo olvidé ese momento. Cuando llegué al colegio en mi primer año, en mi clase de estudios sociales, la profesora doña Gladys de Duarte nos mostró unas fotos de Mount Rushmore y me dije a mí misma: "Yo voy a ir a ese lugar".

No fue hasta tres años después que Don Javier Cortés, entrañable amigo de mi familia y un hombre al que admiraba por su sabiduría, su inteligencia y por saber tantos idiomas, además de conocer varios países, llegó con la noticia de que estaban reclutando estudiantes que quisieran participar en el programa de intercambio de la AFS. En ese momento me remonté a mi niñez y recordé lo que había dicho en ese entonces. Estaba emocionadísima pensando que mis sueños se me podían hacer realidad. Fui corriendo a contárselo a mi madre, pero ella no se emocionó y me dijo que era muy difícil que me lo dieran. Para entonces, ya estaba determinada a hacer todo lo que fuera necesario para obtener una de las becas. Fue un largo año de papeles que iban y venían. En la casa a nadie le parecía interesante lo que hacía. Creo que el hecho de que mi papá tuviera poco tiempo de haber muerto no le permitía a mi mamá darme el apoyo que yo necesitaba en ese momento, pero nada me hizo desistir: estaba propuesta a lograrlo a costa de lo que fuera. Lo recuerdo como si fuera ayer que una tardecita, como a eso de las seis, sonó el teléfono: era una persona de la AFS para informarme que habían llegado los diez primeros nombres de las personas que irían a los Estados Unidos por un año y que el mío era uno de ellos. Estaba que brincaba de una patita, ¡no podía creer mi dicha! En mi casa nadie se alegró. Así que fui a visitar a una amiga de mi mamá que era muy buena conmigo, doña Victoria Velázquez. Ella sí que se alegró por mí y me dio muchos ánimos. Yo no podía entender en ese momento por qué mi mamita no se mostraba feliz por mí y no me percaté que era que desde ese instante estaba sufriendo por mi partida. Fue hasta que regresé que me di cuenta lo mucho que ella me quería. ¡Estaba tan orgullosa de mí! Durante ese año ella hizo muchos sacrificios para llamarme por teléfono dos veces al mes, pues en esa época las llamadas eran carísimas, y me enviaba paquetes con ropa y con antojos, además de sus constantes cartas que me daban la fortaleza para estar lejos de ellos.

Los siguientes tres meses fueron de preparativos que tuve que cumplir sola. Esa fue la parte más difícil para mí porque era una niña muy tímida y todo me daba miedo y vergüenza. Siempre había tenido personas que me hicieron las cosas y eso me había hecho muy consentida además de la timidez. Mi mamá me dijo "pues si usted quiere irse va a tener que hacer todas las cosas usted misma". Me encapriché y empecé con todas las diligencias sin ayuda de nadie. Me fui a San José para sacar mi pasaporte, nunca había ido sola a la capital y eso fue una odisea pero pasé todas las pruebas hasta ir a la embajada americana para que me dieran la visa. Recuerdo que ahí vi como a veinte jóvenes con sus madres o padres haciendo el procedimiento. También recuerdo que la cónsul me dijo: "Y usted, ¿con quién vino a hacer los trámites?" y yo muy orgullosa le dije "SOLA, porque vengo de Guanacaste y mi mami no podía venir conmigo". Ella se sonrió y me dijo "¡La felicito!" Yo estaba tan orgullosa de mí misma con mis escasos dieciseis años.

Un doce de agosto tomé un avión con cuarenta ticos y ticas que veníamos a ese intercambio. Llegamos al aeropuerto John F. Kennedy donde nos recogieron y nos llevaron a una universidad en Nueva York la que pasamos una semana de entrenamiento. Nunca olvidaré a tantas personas que conocí de todas partes del mundo. Por fin, nos enviaron a nuestros respectivos lugares y nuevas familias. Llegué a Sioux Falls, South Dakota con grandes ilusiones y deseos de aprender el inglés. Claro que también me moría de miedo al pensar que mis conocimientos de la lengua eran casi nulos y mi nueva familia no hablaba español. Viví con una adorable familia: mis papás Weniger. Helen y Robert no sólo me abrieron las puertas de su casa sino también las de su corazón, realmente me trataron como a una hija. Mi papá Weniger se dio a la tarea de enseñarme diez palabras nuevas en el café Sunshine cada tarde después de recogerme del colegio.

No me relacioné mucho con los americanos porque no me sentía muy bien entre ellos, hasta que un día en la cafetería una chica se acercó a mí y me dijo "¿Es cierto que tú hablas español?" Desde ese momento nos hicimos inseparables. Era Myrna Cuevas, una joven de Monterrey, México. Fue un año muy lindo de grandes experiencias y aprendizaje. Ya para finalizar el programa mis papás Weniger me regalaron un viaje a Mount Rushmore y mi otro sueño se me hizo realidad.

Luego regresé a mi país: la niña tímida y temerosa que había salido de un pequeño pueblo llamado Santa Cruz regresaba convertida en una mujercita firme y decidida a triunfar en este mundo. Todos comentaban lo diferente que me veía y cómo mis acciones mostraban a una joven más extrovertida y madura, a tal extremo que el director del colegio me pidió que enseñara las clases de inglés de una profesora cuyo esposo había muerto y ella no podía trabajar por el resto del año. La que se fue de Santa Cruz nunca hubiera aceptado ser estudiante/maestra por cuatro meses; pero la que regresó, sí aceptó el reto. Esta experiencia fuera de mi país había cambiado mi vida para siempre.

Al año siguiente me fui a la Universidad de Costa Rica en donde estudié inglés como segunda lengua. Le había jurado a mi mami que nunca más me volvería a ir porque la encontré muy afectada con mi partida; todos me contaban cómo lloraba cada vez que recibía mis cartas, pero como dicen "uno pone y Dios dispone..." la vida tenía otros planes para mí.

Recién había terminado la licenciatura y como regalo del cielo me habían dado un trabajo de maestra de inglés en el colegio experimental de la Universidad de Costa Rica, cuando llegó una de mis profesoras de la UCR y me contó que en Reed College en Portland, Oregon buscaban una persona que quisiera ir por un año para ser asistente de español. Ese gusanito que parecía dormido en mí se despertó y empezó a convencerme de que podía venir por un año, "¿qué era un año? el tiempo se va rápido", me dije a mí misma. Le comenté a la profesora Mirian de García quien había sido mi mentora y consejera que sí me interesaba la propuesta y que iba a preparar mi solicitud. Lo que no sabía era cómo se lo iba a decir a mi mami. Se me ocurrió llamar a mi cuñada y le conté lo que me estaba pasando. Ella me dijo: "Mire Mayela, los traumas son personales. Tal vez usted desista de hacer este viaje para no incomodar a su mamá, pero por dentro va a vivir con la duda, con el rencor, con la molestia de que no lo hizo por ella y eso va a ser peor." Le agradecí el consejo y llamé a mi mamá decidida a escuchar lo que fuera. Le dije: "Mamá, me dan esta oportunidad de ir por un año a Portland para perfeccionar mi inglés". Y ella me contestó: "¡Qué bien mi amor! Y, ¿para cuándo es el viaje?" No lo podía creer, me quedé atónita pensando que mi mamá ya no me quería y que no le importaba que me fuera. ¡Qué extraños somos los seres humanos!

En menos de un mes estaba volando a Portland tan llena de ilusiones. Viviría en la casa española con seis estudiantes más. Mi trabajo era asegurarme que en la casa hablaran español y que hiciéramos diferentes actividades sociales y culturales. Aunque éramos muy diferentes uno del otro por alguna razón mágica nos acoplamos de una manera maravillosa. Pasaba inventando cosas para que el tiempo en la casa fuera productivo y pudieran sacarle el máximo de provecho. Con ellos aprendí tantas cosas, especialmente de Jaime Zapata, un joven que aunque se veía tosco en el exterior era más dulce que la miel. Yo nunca había conocido a un chicano, era algo nuevo para mí como muchas cosas más que aprendí en esos dos años en Reed. Lástima que no puedo contar con lujo de detalle todas esas historias que son sumamente interesantes. En el college había cuatro casas más y yo me hice muy amiga de la alemana y la francesa, teníamos actividades compartidas y todo era como un sueño.

Tal vez el aspecto que me impactó más fue ser asistente de la Dra. Sharon Larish porque me di cuenta que yo sabía mucho de literatura inglesa y norteamericana pero nada de la latinoamericana. ¡Qué vergüenza! Me acuerdo del primer libro que tuve que estudiar para su clase *Pedro Páramo*, estaba más perdida que una valija en el aeropuerto. Lo leí como cuatro veces y no entendía lo que estaba pasando. Así que me dirigí a la biblioteca y me leí unos artículos sobre el libro y todo empezó a tener más sentido para mí. Desde ese momento me enamoré de la literatura latinoamericana y me empeñé en aprender cada día más. Al mismo tiempo, empecé a estudiar gramática española con el Dr. Robert Johnston porque no podía concebir no poderle explicar a los estudiantes de la mesa de español la diferencia entre el imperfecto y el pretérito. Me parecía que eso a mí nunca nadie me lo había enseñado. "Inaudito" me decía "haber estudiado la gramática de Chomski en Costa Rica y no saber nada de la mía".

Al empezar la primavera, el Dr. Paul de Young me dijo que era poco fuera de lo común que se contratara un "language scholar" por dos años pero que yo era la primera asistente que habían tenido para la casa de español y que como había hecho un papel tan espectacular querían preguntarme si me quería quedar por un año más. Ni lerda ni perezosa les dije que sí.

Después de pasar el verano con mi familia, regresé por un año más y empecé a pensar que me gustaría hacer una maestría en los Estados Unidos. Recordé que hacía unos tres años había conocido a una cubana en el colegio donde yo hacía mi práctica docente. Ella estaba en Costa Rica ese verano con una beca Rockfeller en mi colegio. La verdad que nadie le ponía mucha atención a la señora y decidí hacer que se sintiera bien en mi país. Al final ella me dio una tarjeta de la Universidad de West Virginia y me dijo: "Mira, si alguna vez quieres hacer una maestría escríbele a Robert Elkins y dile que yo te recomendé". Pues busqué la tarjeta y como por arte de magia la encontré en mi libreta de teléfonos. Le envié una carta exponiéndole mi deseo de estudiar allá y me contestó en seguida diciendo "que el hecho que fuera recomendada de la señora White y que estuviera en Reed College, me hacía una candidata excepcional". Mandé mis papeles y en agosto de ese año llegué a Morgantown, West Virginia para empezar mi Maestría en Literatura Latinoamericana.

La mayoría de los estudiantes latinoamericanos realizaban sus estudios en TESOL (la enseñanza del inglés como segundo idioma), pero ya para esa época estaba totalmente convencida que mi mundo era el latinoamericano. Nunca había sentido tanto gusto enseñando y compartiendo mis conocimientos culturales y gramaticales con personas como lo hacía ahora. Así que había encontrado mi verdadera profesión. Gracias a Dios, escogí al Dr. Pablo González como mi asesor académico y director de tesis. Este hombre fue como un padre para mí, además de que me dio la oportunidad en dos años consecutivos (también algo fuera de lo común) que le acompañara como su asistente a Guanajuato, México. Con esto estaba cumpliendo otro sueño de vida: conocer México. De niña tenía una vecina, doña Marta, una joven mexicana que se había casado con un doctor tico. A mí me encantaba ir a su casa para oírla hablar con ese acento diferente y además que me regalara enchiladas y taquitos, pues eso en mi pueblo no se veía; el único restaurante mexicano "Antojitos" que existía estaba en San José y a veces cuando mi mamá y yo íbamos a la capital, me llevaba a comer ahí. Mi experiencia como asistente del Dr. González me dio la oportunidad de conocer muchos lugares de México y de empaparme más de esa hermosa cultura. Además que eso me proporcionó la experiencia para que más adelante fuera la directora de grupos en Querétaro mientras hacía mi doctorado.

Cuando iba a terminar mi maestría, tuve el firme propósito de regresarme a casa, ya que me sentía cansada y había rechazado las dos universidades a las que había solicitado para hacer el doctorado. Sin embargo, un día el Dr. Johnston que ahora trabaja en Northern Arizona University, me llamó para ofrecerme un puesto de "Visiting Lecturer" el cual acepté porque pensé que era una buena oportunidad para ahorrar un poco y regresar a casa con dinero propio. Ese año el Dr. González me llamó varias veces y me animaba a seguir con el doctorado diciéndome que una maestría no era suficiente y que yo tenía mucha madera. Me parecía que era mi papá que se valía del Dr. González para repetirme algo que me decía cuando era niña: "Quiero que mi hija obtenga el título más alto que pueda conseguir". Llamé a la Universidad de Nebraska y hablé con la jefe del departamento de ese entonces, la Dra. Harriet Turner quien me dijo que activaría los papeles y que no necesitaba volver a presentar la solicitud. Ya para marzo me comunicó que era una vez más la mejor candidata ese año y que me otorgaban una beca especial además de la beca regular. Creo que para esa época mi familia no me creía que fuera a regresar para vivir en Costa Rica, pues cada Navidad y verano que estaba allá decía lo mismo: "esto es ya lo último que voy a hacer, ya me voy a regresar". Mi estancia en Nebraska fue muy buena. Hice mi doctorado en cuatro años. Trabajé de nuevo en Northern Arizona University como profesora visitante y luego regresé a Nebraska por tres años como directora del programa básico de español porque la Dra. Harriet Turner quería ayudarme a que obtuviera la tarjeta de residente. Después de obtener la residencia solicité trabajo en otras universidades y me gustó Colorado Mesa University para establecerme. Es un lugar muy lindo rodeado de montañas y en donde no hace el frío inclemente de Nebraska.

Casi sin darme cuenta, he pasado nueve años de mi vida en este lugar. Siempre le digo a las personas que me preguntan que si vivo en los Estados Unidos y yo les respondo que no. "Yo trabajo en los Estados Unidos y *vivo* en Costa Rica." Eso gracias a que durante todos estos años he pasado cuatro meses del año en mi país natal y ocho trabajando aquí. A veces es un poco duro porque extraño a mi familia pero amo lo que hago y todas las oportunidades maravillosas que la vida me ha dado.

En fin, mis tres sueños de niña: ser estudiante de la AFS, ver Mount Rushmore y visitar México se han cumplido gracias a la tenacidad que ha caracterizado mi vida y a la madre que Dios me dio porque me enseñó que en esta vida uno trabaja por lo que quiere, y por la libertad que me dio para crecer y tomar mis propias decisiones. He tenido una vida dividida entre dos naciones, dos lenguas, dos grupos de personas: mi vida es una dualidad que a veces se me complica pero no la cambiaría por nada, es la vida que he decidido vivir. Gracias a miles de personas, especialmente a mi familia, que han sido una parte fundamental en este camino.

Seguimos viviendo

Amalia Barreiro Gensman

Para quienes han sentido en carne viva lo que es la maldad y la violencia,
he aquí un intento de consuelo...

Ante la malicia hay incertidumbre,
furia, rabia, enojo y el corazón se hunde.
Y el dolor nos sube hasta flor de piel,
y la sangre hierve pues lo está sintiendo.
   Mas, poquito a poco seguimos viviendo

Miramos al Cielo y en el desconsuelo,
a Él le gritamos ¿cómo lo permites?
Y lloramos tanto a puños cerrados;
y no concebimos que haya tantos malos.
   Mas, poquito a poco, seguimos viviendo.

Y en nuestra impotencia no hallamos sosiego.
Y pasamos días de gran sufrimiento.
Y nos percatamos de lo que hay adentro.
Y a veces, el alma se va deprimiendo.
   Mas, muy poco a poco seguimos viviendo.

Y el tiempo se pasa para adormecernos;
buscamos, sentimos, cambiamos de ritmo.
Y pasamos noches de vela en silencio,
largas noches tristes, de mil pensamientos.
   Mas, muy poco a poco, seguimos viviendo.

Mas, como sombras que surgen a momentos,
recuerdos felices que nos traen consuelo.
Y llegarán días en que no pensemos,

Déjame que te cuente...

    en que a la rutina la usemos de ungüento.
       Y ya, poco a poco seguimos viviendo.

    Tal vez no mañana o por mucho tiempo,
    un día sin saberlo llegará el momento
    en el que encontremos calma en el silencio;
    y nos acerquemos al Poder Eterno.
       Y ya, poco a poco seguimos viviendo

    Y cuando dejemos que Dios se haga cargo,
    que Él haga justicia, que Él se encargue de ellos;
    y nos deshagamos del resentimiento.
    Tendremos la paz que llenará el cuerpo.
       Y así, poco a poco seguimos viviendo.

    Mas, cuando de nuevo este horror ocurre,
    El dolor despierta, el corazón gime
    y se unifica al que está sufriendo.
    Y al darle consuelo siempre le asegura
    que pasado el tiempo, este sufrimiento
    se anida en el pecho y se vuelve tierno.
       Y así, poco a poco seguimos viviendo.

Me fui con la música a otra parte

Esther Villarino Kahn

Barcelona

Nací y me crié en la ciudad de Barcelona. Barcelona es una ciudad preciosa con unos edificios bellísimos y al lado de la playa con su olor del mar Mediterráneo. Mi Barcelona querida, un paraíso de luz y color, de olores a mar. Y una profunda oscuridad, desesperación para los que no tienen recursos. En su canción *Barcelona i Jo* nos canta el famoso cantante Serrat en su catalán nativo.

Barcelona i Jo
Mil perfums i mil colors.
Mil cares té Barcelona.
La que en Cerdà somnià,
la que va esguerrar en Porcioles,

la que devoren les rates,
la que volen els coloms,
la que es remulla a la platja,
la que s'enfila als turons,

la que per Sant Joan es crema,
la que compta per dansar,
la que se'm gira d'esquena
i la que em dóna la mà.

Déjame que te cuente...

Barcelona y yo
Mil perfumes y mil colores.
Barcelona tiene mil caras.
La que soñó Cerdà,
la que destrozó Porcioles,

la que devoran las ratas,
la que sobrevuelan las palomas,
la que remoja la playa,
la que se asoma en las colinas,

la que se quema para San Juan,
la que cuenta para danzar,
la que me da la espalda
la que me da la mano.

Nací en esa Barcelona de mil caras. La que te da la espalda y a la vez te da la mano. La que tiene luz y olor y oscuridad y desesperación. Me pusieron de nombre Esther y soy la cuarta de seis hermanos. Éramos una familia de clase media y aunque no nos faltaba nada, tampoco nos sobraba.

Gobernaba el régimen franquista en España. Durante la dictadura, Franco impuso todo tipo de reformas de política familiar. Lo hizo para "fortalecer" la familia tradicional. Su intención era promocionar el patriarcado y la unidad de España, dando ayuda financiera para las parejas casadas, los beneficios para las esposas que no trabajan fuera del hogar, las prestaciones de maternidad, ayudas económicas para los hijos y los premios de natalidad para recompensar a las familias numerosas. Todo esto lo hacía para reforzar la idea de que las mujeres casadas estaban subordinadas a los hombres y el lugar de la mujer estaba en la casa. Su política discriminaba fuertemente contra las mujeres casadas. Imponía estrictas normas de pocas oportunidades para las mujeres a seguir carreras profesionales, mientras que celebraba y recompensaba su papel como madres y esposas. Durante el gobierno de Franco, la legislación española prohibió a las mujeres casadas participar en casi todas las formas de oportunidades económicas, como el empleo, la propiedad de bienes e incluso de viaje, a menos que tuvieran el consentimiento de sus maridos.

La vida de mi madre estuvo regida por estas leyes que discriminaban a la mujer casada. Ella tenía como profesión sus labores domésticas. Quizá yo nací gracias a la política de Franco y ella siempre me contaba que su gobierno favorecía a las familias numerosas. Con cuatro hijos o más ya se consideraban numerosas y cuando una familia tenía el cuarto hijo, el gobierno le regalaba una nevera. Así que vine al mundo durante el régimen de Franco con una nevera bajo el brazo.

Otro de los objetivos de Franco era unificar España y para eso debía prohibir las diferencias culturales y lingüísticas entre las diferentes regiones del país. Cataluña es una región bilingüe de España, Barcelona es su capital. En Cataluña se habla el catalán como lengua original de la región y el castellano como lengua del estado español. Durante la Dictadura de Franco las lenguas regionales de España fueron prohibidas y fue impuesto el castellano como lengua del estado. Así que crecí en los años sesenta con una fuerte represión de mi lengua materna, el catalán. En mi familia éramos bilingües, hablaba catalán con mi madre y castellano con mi padre. Pero recuerdo salir a la calle y que me dijeran "no hables en catalán aquí" y yo dominaba las dos lenguas pero no sabía cuál era la diferencia entre la una y la otra, y por qué estaba prohibido hablar una en sitios específicos.

En 1975 con la muerte de Franco, las demás lenguas del estado español pasaron a ser lenguas oficiales con el castellano y volvieron a ser enseñadas en los colegios. Los letreros de las calles cambiaron y volvieron a ser en catalán con el nombre anterior a la dictadura. Así la "Avenida Generalísimo Franco" pasó a ser "Gran Vía de Les Corts Catalanas". Mi familia, como muchos otros catalanes, pasó a apoyar frenéticamente el catalán y resentir el castellano. Crecí entre dos mundos en una región bilingüe; aunque nunca me consideré ni de un lado ni de otro. Con el tiempo muchos colegios adoptaron una enseñanza prácticamente en catalán y abandonaron el castellano. Más adelante, cuando he llevado a mi hija y a mi marido a Barcelona, algunos se han rehusado a hablarles en castellano, prefieren hablar en inglés antes que en castellano.

En estas condiciones el movimiento feminista pasó la época de mi madre. Ella hizo el servicio social y se dedicó a sus labores: sus estudios fueron coser, cocinar, ser refinada. Mi madre nos enseñó los valores que ella observaba en su época. En casa las niñas teníamos que ayudar en casa y los niños no, ellos hacían "cosas de hombres". La educación era cosa de hombres, así pues mis dos hermanos fueron a un colegio privado para que tuvieran una buena educación porque su futuro sería mantener una familia. En cambio, yo fui a la escuela pública al lado de casa porque mi futuro era casarme y criar hijos, no era importante mi educación. Las mujeres se educaban para ser buenas esposas y madres aunque siempre hubo otra opción en España para las mujeres, la de hacerse monja.

Mi hermana mayor se hizo religiosa y a los diecisiete años entró en el convento de novicia. Nosotros nunca fuimos muy religiosos pero sí conservadores. Mi madre tuvo un gran disgusto del que nunca se recuperó porque jamás entendió esta opción de mi hermana. Siempre la rechazó. Yo tampoco lo entendí mucho en el momento pero con el tiempo comprendí su decisión: leí a Sor Juana en la universidad, mientras que mi madre nunca pudo leer a Sor Juana.

Más adelante mi hermana ha sido un modelo de mujer fuerte, fue a África a ser misionera y estuvo allí veinte años. Después volvió a España y ahora organiza a voluntarios para ayudar a la comunidad inmigrante en España. No la vi todos esos años, ella se fue primero y después me fui yo y nunca coincidíamos: cuando ella iba de vacaciones a España yo no estaba y viceversa. A pesar de los muy diferentes caminos a los que nos ha llevado la vida cuando nos volvimos a ver nos hicimos grandes amigas. Desgraciadamente el motivo por el que nos acompañamos y estuvimos juntas muchos días fue el funeral de mi madre y más adelante el de mi padre.

Al terminar mi educación secundaria estudié turismo en Barcelona, pero en la España de los ochenta no había oportunidades para una españolita media como yo, además para trabajar con el turismo hace falta hablar bien el inglés. Quería encontrar un trabajo e independizarme, quería viajar y vivir mi vida, así que tenía que aprender esa lengua. Entonces decidí marcharme a Inglaterra y como no tenía dinero para mantenerme por mi cuenta me fui de *Au Pair*, un acuerdo en el cual una debe cuidar a los niños y ayudar en la casa de una familia inglesa y a cambio de eso se le proporciona alojamiento, comida y un salario mínimo.

Mis padres estaban horrorizados porque una señorita no podía marcharse a Londres a hacer de "chacha", de sirvienta, ¡qué vergüenza, qué dirán! Fui otra hija que le daba un gran disgusto a la madre al no seguir los cánones establecidos para las mujeres. Una señorita de buenos modales debe quedarse en casa y mantener las apariencias, siempre ir bien vestida, arreglada, sonreír y dar gracias por lo que se tiene. Nunca se debe confrontar lo establecido, aunque no se tenga dinero, posibilidades, trabajo, ni futuro. Una debe seguir con su familia hasta que encuentra marido... si lo encuentra. La posibilidad de independizarse como mujer sola no entraba en los pensamientos de mi madre, pero los intereses y la felicidad de su hija no era tan importantes como las apariencias de la familia. Comprendí que mi madre pensaba así porque no había conocido nunca otra manera de pensar. Quién sabe lo que habría sido mi madre si hubiera estado expuesta al feminismo, quizá una gran artista, empresaria, escritora, diplomática. Mi madre tenía gran talento, mucha energía y enorme dedicación pero no posibilidades de desarrollarlos.

Londres

Sin dinero y con la oposición familiar me marché a Londres. Allí empezó la segunda etapa de mi vida y fue el comienzo de mi autoexilio. En Londres no tuve suerte con las familias de *Au Pair*. Aprendí lo que era discriminación, malos tratos, explotación, constantes burlas por no hablar bien inglés, por ser española. Experimenté lo que era que trataran mejor al perro que a mí: supe lo que era ser inmigrante.

Al final me fui a vivir por mi cuenta, alquilé una habitación de una señora italiana, Carmen, que me trató estupendamente. Carmen había llegado a Londres después de la Segunda Guerra Mundial cuando todavía no existía la Unión Europea. Por una temporada no tuvo papeles y tuvo que trabajar muy duro. "La historia siempre se repite" me decía mientras me enseñaba a hacer pizza. Además de ella hice muchísimos amigos de todas las nacionalidades: polacos, rusos, jamaiquinos, nigerianos, colombianos, argentinos, indios, paquistaníes, mexicanos, estadounidenses, irlandeses… y todos ellos me enseñaron una cara diferente de Londres.

Trabajé limpiando casas, hoteles y hasta un hospital cerca de Wembley Stadium en Londres; sirviendo desayunos en un hotel Durrant St. al lado de Oxford Street y cerca de donde supuestamente investigaba Sherlok Holmes. Trabajé en McDonald's de Earls Court, no muy lejos del Parlamento Británico. También tuve un trabajo en la City of London sirviendo almuerzos a los banqueros. En todos estos trabajos casi no había ingleses porque mis compañeros eran de todas partes del mundo excepto de Inglaterra. Cuando una está en una tierra extraña y percibe el rechazo de los nativos, se crean unos lazos muy fuertes entre los no nativos.

Aprendí inglés y entre mis amigos había un neoyorquino viviendo en Londres. Él se convertiría más tarde en mi marido y con el tiempo nos fuimos a vivir a Nueva York. Mi neoyorkino era una persona encantadora pero muy diferente a mí. Michael era de religión judía y de Nueva York, me hablaba de cosas que yo no entendía y que desconocía por completo.

Nueva York

Llegué al Aeropuerto Kennedy el 23 de enero con una visa de tres meses para casarme. Me casé por lo civil el día de San Patricio en el City Hall de Nueva York. San Patricio, el patrón de Nueva

York y de los irlandeses, bendeciría nuestro matrimonio plurirreligioso y multicultural. Mi marido y yo no practicamos ninguna religión, pero yo como católica y él como neoyorkino, disfrutamos de la coincidencia de la celebración de San Patricio: cada año festejamos con flores verdes.

En Nueva York me tocó aprenderlo otra vez todo. Hablaba inglés pero tuve que modificarlo al estilo americano. Adaptarme fue muy difícil aunque no tuve la necesidad económica de sobrevivencia que había tenido antes en Londres como mi marido me mantenía ya no tenía que luchar por sobrevivir económicamente. Él me quería pero no comprendía mis problemas para adaptarme, ni mi confusión de culturas, así que en mis primeros años en Nueva York mi sobrevivencia fue más bien psicológica: todo mi mundo se había vuelto al revés, todos los valores que tenía que conocía eran distintos. Además de la adaptación a los EE.UU, me tenía que adaptar a los subgrupos locales, a Nueva York y específicamente a la comunidad y a la familia judía de mi marido.

Su familia se opuso a nuestro matrimonio por la diferencia de religión. Era incomprensible para mí que a pesar de que no fueran ellos religiosos, sí fueran muy tradicionalistas con los valores de su religión y su cultura. Todo era una situación nueva para mí que no podía asimilar. La incomprensión de la ciudad y mi familia política me llevó a una crisis, al grado de que tuve que ver a un psicólogo, el cual me ayudó de alguna manera, pero como no tenía experiencia en el multiculturalismo, no podía entenderme en este aspecto. Llegué a pensar en dejar Nueva York y a mi marido y volver a mi vida anterior, donde me esperaba una vida dura pero con sentido.

Entonces se dio la casualidad de que cuando vivía en Queens encontré un anuncio en el periódico en el que pedían profesores de español y envié mi curriculum vitae. Me llamaron y empecé a trabajar en Inlingua. Ahí conocí a mucha gente de diferentes nacionalidades y me di cuenta de que había posibilidad de tener una carrera enseñando español. El conocer a otra gente me empezó a ayudar a sentirme mejor. Una de mis estudiantes trabajaba en el piso 55 de una de las malogradas Torres Gemelas.

Déjame que te cuente...

Mi familia en Barcelona se horrorizó de que enseñara español, la lengua del enemigo y me consideraron una traidora. Para mí todo era una gran confusión de identidad y de valores.

Siguiendo los consejos de algunos compañeros de trabajo me matriculé en La Guardia Community College donde tomé algunas clases y me convalidaron otras. La universidad me ayudó muchísimo, allí conocí a muchos como yo: de todas partes y de ninguna. Aprendí también que a los neoyorkinos tradicionales no les gusta mezclarse con "los recién salidos del barco" como dicen allí. En cambio yo sí me sentía muy bien con todos los otros que acababan de bajar del barco, me explicaron todo tipo de historias de rechazo y solidaridad, vi que no era la única: me ayudaron más que mi psicólogo.

En La Guardia Community College, mientras hacía cola para apuntarme para una clase, me habló Susan, una chica de color, me preguntó en español con acento madrileño si era española, le dije que de Barcelona. Susan me había reconocido en una cola larguísima de gente... Susan era de Guinea Ecuatorial y había crecido en Madrid. Nunca nadie en todo Nueva York me había reconocido como española. Nunca yo hubiese reconocido a Susan como española. Nueva York tenía mucho que enseñarme todavía...

Nos hicimos íntimas amigas y después de conocerla jamás volví a sentir pena por mí misma a causa de mi difícil adaptación a Londres o a Nueva York, Susan había crecido como una minoría discriminada en España y había sido siempre la rara en las calles de Madrid, ahora era una minoría discriminada en EE.UU, sólo cambiaba el lugar y la lengua.

Años después nació mi hija, con ella aprendí a ser madre y entonces comprendí a mi madre y sus circunstancias. Sonia es una adolescente brillante, inteligente, decidida, trabajadora. Ha estudiado sobre el feminismo y ha crecido en la multiculturalidad: sé que tiene un futuro prometedor. Quiere estudiar relaciones internacionales en la universidad y quiere ir a vivir al extranjero. Habría sido bonito que su abuela la pudiera ver.

Washington, DC

Con el tiempo fuimos a vivir al área metropolitana de Washington donde terminé mi maestría en español y he dado clases en diferentes universidades en esta área. Mis alumnos y mis amigos son de todas partes del mundo, razas, religiones, edades, clases sociales, etc. Finalmente me adapté a los EE.UU porque todas las personas que forman el mosaico que es este país me mostraron el camino. Llegué a comprender la vida y las diferentes comunidades que aquí radican. Quizá no del todo, quizá me falte mucho por aprender, pero estoy ilusionada por seguir aprendiendo cada día.

En Washington he trabajado para universidades con un gran número de minorías. Me alegro de poder ser un modelo y una ayuda para todos estos americanos que por raza, religión, por ser recién arribados al país, por género u otra razón, no son tratados como los otros "americanos".

Un día, el Museo de Lenguas en Maryland me invitó a hacer una presentación sobre mi lengua materna, el catalán. Allí quedó mi presentación grabada con mis experiencias sobre esta lengua minoritaria para que la conozca todo el mundo. Mi lengua materna, mi granito de arena, en la gigante Torre de Babel de la diversidad lingüística en el mundo.

Mi objetivo al marcharme de mi ciudad natal era conocer más del mundo. Ha sido y sigue siendo dificilísimo comprender este universo tan complicado: las diferentes culturas y lenguas son como un gigante rompecabezas con miles de piezas. He aprendido muchísimo de cada uno de los compañeros que he conocido en mis viajes, sigo completando el rompecabezas. Quizá lo que mejor sé hacer es añadir piezas nuevas cada día, sin olvidarme de las que ya he puesto. Estoy muy agradecida por todas las oportunidades que he tenido en mi vida... y soy consciente de que otras mujeres de generaciones anteriores nunca las tuvieron.

Memorias de "Un Día sin Inmigrantes"

Myriam Villalobos

Esta historia no le pertenece a un individuo, es la historia de muchos...

Recuerdo que cuando me pidieron compartir mi historia como una inmigrante chilena, la primera cosa que vino a mi mente fue una entrevista que di al diario de mi escuela hace algunos años atrás, después de la marcha en apoyo a los inmigrantes ilegales en Estados Unidos, "Un día sin inmigrantes" un primero de mayo. Recuerdo vívidamente ese día primero de mayo, el día de los trabajadores (La celebración del día internacional del trabajador) como la figura del padre de Francisco Jiménez, tan bien descrita en *Cajas de Cartón* o la del padre de Sandra Cisneros, y muchos más.

Era un día frío, después de mucho debatir conmigo misma, pensando en mi hijo, mi pequeño, decidí ir. Era mi sexto año en Estados Unidos. Tenía miedo, debo confesar, ¡cómo no!, no sabía qué esperar. Había experimentado escapar de la policía en Santiago, en los tiempos de la dictadura chilena, conocía muy bien lo que era huir de la policía que venía detrás de nosotros, y el miedo al "guanaco", ese carro que tira agua para dispersar a los manifestantes. Nadie sabía de dónde venía esa agua, pero nadie quería saberlo tampoco. Solíamos decir: "¡Uf, uf, qué calor, un guanaco por favor!" ¡Miles de voces al mismo tiempo, miles de nosotros gritando por nuestra libertad! No sabía cómo iba a reaccionar a algo similar ahora en mis cuarentas, no quería correr, ¡claro! Me sentía un poco vieja para hacerlo.

Mi inglés era bastante deficiente, no estoy diciendo que haya mejorado mucho. Todavía no sé por qué estoy escribiendo en inglés, tal vez para probarme a mí misma que lo puedo hacer. Muchos de nosotros arribamos a la costa del "American Dream" sin saber inglés, pero traemos bajo nuestros brazos que somos alguien en nuestros nativos países, pero sin inglés parecemos que no somos nadie, que no tenemos identidad ¿Quién eres sino puedes decir quién eres? ¡Eres un cuerpo, uno diferente, tienes manos y ojos pero son diferentes!

Así es que en el nombre de los que son como yo, pero sin papeles, ¡decidí ir! Mi esposo me deseó suerte. Muchas de mis estudiantes no entendían por qué iba si era una residente legal, otras pensaban que era una maestra "cool", "bacán", "padre", "way", "chévere", otras me apoyaron sin decir nada. Mis colegas me sustituyeron para que ninguna de mis clases se cancelara. La jefe de mi departamento me apoyó, ¡todos ellos pensaban que el trato a los inmigrantes era injusto y con estas líneas quiero agradecérselos!

Recuerdo las preguntas de la joven periodista: ¿Qué sucedió en la marcha? ¿Era una atmósfera positiva o negativa? Mirándome con esos curiosos ojos, y yo comencé a contarle la historia de ese memorable día.

Fui con el contingente de Boston College, y nos encontramos en Cambridge con todos los representantes de todas las universidades de Boston. Marchamos desde Harvard Square al Boston Common, como puedes imaginar, era una larga caminata, pero con el espíritu de esos jóvenes estudiantes, con las banderas de colores que llevábamos para apoyar a los inmigrantes, nos servían para sobrepasar esa hostil presencia de la policía de Boston. Nosotros demostrábamos nuestro compromiso por lo que creíamos. Las personas que observaban la marcha nos mostraban su solidaridad, y muchos de ellos se sumaban a nosotros. Ya eran miles los que marchaban con nosotros cuando llegamos al Common, y era una experiencia que elevaba el espíritu.

Dígame más, los jóvenes ojos me miraban mientras escribía tan rápido como podía, así como mis pensamientos parecían explotar, dígame más acerca de su país, ¿de dónde es, por qué vino a los Estados Unidos?

Soy de Chile, le dije, y vine a los Estados Unidos casi seis años atrás. Aunque ya había venido como turista, ser una inmigrante es una experiencia totalmente diferente. La experiencia más impactante para mí fue cuando mi esposo me llevó a Ellis Island, un símbolo de la entrada a este país en el cual comenzaba una nueva vida. Todavía recuerdo las fotografías que mostraban la desesperación de los inmigrantes cuando los agentes pintaban una señal en sus abrigos en la espalda, indicaban si es que podían entrar al país o si debían ser forzados a regresar a sus países de origen. Hubo una fotografía que me impactó en particular que mostraba a un sacerdote quien abandonó su posibilidad de estar en este país porque dio su abrigo a un hombre, cuya familia había sido admitida pero él no, por el sacrificio del sacerdote ese hombre no fue separado de su familia y pudo estar aquí.

Esta experiencia, junto con el hecho de ver a cientos de miles de otras personas marchando alrededor del país, apelando por sus derechos, me inspiró a ir a la demostración del primero de mayo, para aportar con mi pequeño granito de arena al montón que iba creciendo, juntos sabíamos que podíamos producir un cambio. Como ciudadana de este planeta, siento que debo compartir la responsabilidad por el planeta en el que vivimos. Hoy día la lucha es por los derechos de los inmigrantes, así es que sentí que debía estar con ellos.

¿Cuál cree usted es el ideal del próximo paso para trabajar en este asunto? Aunque la legislación está procediendo en el Congreso, yo estoy de acuerdo con Carlos Fuentes, el conocido escritor mexicano que dijo que debemos recobrar el sentido de racionalidad, porque la ley está llena de irracionalidades. También estoy de acuerdo con los activistas de derechos humanos que insisten en que nosotros debemos estar más conscientes de los grandes asuntos que afectan a más de doce millones de inmigrantes ilegales que hay en este país. La educación tiene que estar presente en todos los niveles, nacionalmente, en los estados, en nuestras comunidades locales, ¡y aquí en nuestra escuela también! Además existe un componente internacional en este asunto, hay personas en México y Centroamérica que también están protestando por esta propuesta

Déjame que te cuente...

legal aquí en los Estados Unidos. Ojalá que todos estos elementos puedan confluir y llevarnos a una manera más civilizada de relacionarnos, no importa nuestra nacionalidad. Esto me parece mejor que construir una clase de "gran muralla" de alta tecnología que marque la frontera. Las murallas traen un falso sentido de seguridad para aquellos que las construyen, pero bien sabemos que las murallas no duran para siempre. La Muralla de Berlín bloqueó el movimiento por la libertad durante décadas, pero finalmente la gente tomó el poder y con sus propias manos la derrumbó pedazo a pedazo. ¿Por qué podríamos pensar que la nuestra no podría sufrir el mismo destino?

Siete años más tarde, mientras leo nuevamente esta entrevista, todavía pienso lo mismo, todavía estamos luchando por los mismos derechos, hoy día un poco más vieja y no estoy tan segura que podría correr, pero sí afirmo con seguridad que nuestra tarea todavía no ha terminado.

Dichosa yo

Cecilia Vázquez

Nací en la Ciudad de la Habana, Cuba y aunque viví en un apartamento muy modesto tuve la dicha de vivir un "poquito mejor" que la mayoría de mis amigas porque mi padre viajaba al extranjero gracias a su puesto en el Ministerio de Turismo. A pesar de que en sus viajes le pagaban una "dieta" o viático en dólares que no era gran cosa, siempre le alcanzaba para traernos algunos regalitos. Luego mi mamá también viajó en dos ocasiones porque sabía varios idiomas y aunque no era comunista, el gobierno la dejaba viajar representando a Cuba porque no había muchas personas en su trabajo, la Oficina Nacional de Invenciones, Información Técnica y Marcas, que tuvieran sus conocimientos.

En uno de sus viajes, mami y papi coincidieron y lograron cubrir sus gastos con la "dieta" de uno. El dinerito que reunieron nos sirvió entonces para mudarnos a un apartamento mejor en El Vedado. Claro está que eso era ilegal en Cuba, pero a la señora mayor dueña del apartamento no le importaba reducir su espacio ya que le venía muy bien ese dinero, por lo que hicimos la mudanza. Mi hermano mayor y yo dormíamos en un cuarto y mis padres en otro.

Cuando llegué a la edad universitaria, no obstante mis buenas calificaciones en el preuniversitario, no pude estudiar lo que realmente quería. El año que me correspondía iniciar mis estudios universitarios el gobierno no ofreció muchas plazas de psicología. El cupo era bastante limitado y si no me seleccionaban podía quedarme fuera, por lo que decidí estudiar economía, que tenía más de cien plazas abiertas; de esa forma iba a lo seguro y sería una profesional algún día. Durante cinco años estudié una carrera que no me gustaba, pero sabía que tenía que graduarme "para ser alguien en la

Déjame que te cuente...

vida". Era lo que escuchaba siempre desde niña y fue la educación que me inculcaron mis padres. En mi casa contar con un título universitario fue siempre una prioridad.

Cuando terminé la carrera tuve la dicha de enterarme a través de una buena amiga que el Consulado de México en Cuba estaba ofreciendo dos becas del Consejo Nacional de Ciencia y Tecnología (CONACYT) para estudiar una Maestría en Economía en el Centro de Investigación y Docencia Económicas (CIDE) en México. Por supuesto que esta noticia no fue anunciada públicamente; si así hubiera sido, todos los recién graduados de la universidad como yo se habrían presentado a los exámenes de admisión, así que nosotras fuimos de inmediato a presentarnos a los exámenes. Había dos becas y éramos solamente cinco estudiantes recién graduados. Al mes siguiente, el Consulado nos informó que mi amiga y yo nos habíamos ganado la beca y nos proporcionó una gran alegría pensar que podíamos salir de Cuba y comenzar una nueva vida.

Una vez en México, nuestros nuevos amigos de la maestría nos ayudaron mucho. No teníamos nada pero ellos buscaron afanosamente en sus casas para traernos de todo: sábanas, toallas, vasos, platos, escoba, etc. El colegio nos daba una pensión mensual como estudiantes internacionales y, por supuesto, mi amiga era mi compañera de cuarto. Gracias a las nuevas amistades resultó muy agradable nuestro comienzo en un mundo completamente desconocido para nosotras. Cuando terminamos el curso introductorio de la maestría, tuve miedo de seguir allá más tiempo y de que en esos años eliminaran en los Estados Unidos la Ley de Ajuste Cubano que nos da derecho a la residencia americana después de haber vivido un año y un día en el país. Era mi intención realizar mi propio "sueño americano", por lo que decidí venir a los Estados Unidos.

Un tío mío que vivía aquí y a quien no veía desde niña me fue a visitar a México y me informó que en Estados Unidos había programas de posgrado en otras áreas. Exploré y descubrí que podía solicitar visa como estudiante internacional para hacer una Maestría en Español en la Universidad Estatal de Nuevo México. También podía ser instructora asistente mientras estudiaba la maestría, por lo que reorienté mi carrera. Entré al país por El Paso, Texas, con visa de estudiante. Este tío, padrino actual de mi hija mayor, vivía muy cerca de la universidad y me ofreció casa, comida y apoyo emocional. Como no sabía inglés estaba forzada a estudiar en español. Por segunda vez estudié algo que no era lo que a mí realmente me gustaba, pero a la misma vez no me desagradaba y, según mis asesores académicos, parecía que cumplía muy satisfactoriamente con mis obligaciones como estudiante e instructora asistente de español. Terminé mis estudios de maestría con buenas calificaciones y el Departamento de Lenguas y Lingüística me ofreció continuar trabajando en la enseñanza, ahora como instructora y ¡me encantó la experiencia! Esos años descubrí algo que nunca me hubiera imaginado que podía hacer con tanto gusto y placer: ser profesora. Desde entonces me dije: "Cecilia, ya tienes tu futuro en tus manos. ¡Adelante!"

Tras dos años de experiencia quise mudarme a otro lugar. Era joven y la universidad estaba en una pequeña ciudad llamada Las Cruces donde no había mucho que hacer. Era hora de un cambio y… ¿dónde mejor que en Miami? Recogí mis cosas y me fui a Miami a una nueva aventura. Allí solicité trabajo en varios lugares y lo conseguí en el Miami Dade Community College y en dos compañías privadas de enseñanza de idiomas. Tenía tres trabajos y empecé a ahorrar para comprarme un pequeño apartamento. Trabajé muy duro durante dos años hasta que en 1999 recibí la oferta de la Universidad de Miami para enseñar español. Hasta este momento sigo en el mismo lugar dando lo mejor de mí cada día y feliz de tener ahora una bonita familia con mis dos hijas, un gran esposo y un trabajo que disfruto mucho, además del placer y orgullo de enseñar mi idioma y mi cultura. ¿Qué más puedo pedir?

Déjame que te cuente...

Mis patrias

I
Verdor que quema
sol implacable
dulzura de aire
que nos embriaga

Sabor infinito
trópico anhelante
eternidad imperecedera
raíces podridas...

II
Retoños de silicona
ambigua comodidad
materia que todo puede
vacío lleno de brillo

Jazmines que ya no huelen
y el aire, el aire frío
sentidos que ya no siento
lógica implacable
conveniencia infinita
muerte eterna...

La colmena

Incesante actividad
que a todos deslumbra,
pragmatismo frío y gris,
puntualidad asombrosa,
engranaje diabólico.

Maquinaria atroz
que muele sin cesar,
que nunca para,
que nunca parará.

Que devora,
que gasta,
que se nutre de lo que somos
o de lo que pensamos que somos.

Mecanismo brutal,
despiadado
pero siempre complaciente
que nos hace marcar
el imperturbable ritmo
de nuestras vidas prestadas.

Frenesí, miedo, delirio,
magia embrujada, hechizo eterno,
loco delirio,
vacío infinito.

Odisea

María Marsh

Esta historia empieza hace varios años, en la ciudad de Chihuahua, México, en donde trabajaba una joven maestra llamada María, quien enseñaba en una escuela primaria. Ya tenía diez años ejerciendo su profesión que la apasionaba. Tenía un novio llamado Francisco que era de la misma ciudad y que trabajaba como ingeniero. Pensaban casarse en un futuro cercano, pero un día María conoce a un extranjero que era un inmigrante alemán llamado Hans. Él vivía en Rosarito, un pueblito cerca de Tijuana, Baja California.

> Hay un lugar en los entornos de una playa
> donde la arena juega con el agua,
> y xóchitles acuáticas.
>
> La brisa me trae recuerdos,
> vivos, muertos, ingratos.
> Rosarito Edén en el infierno,
> nido de soñadores, hogar del ayer.
>
> En tu suelo emprendí una epopeya.
>
> Tengo una cita con la sonrisa de tu horizonte,
> con tu negro mar,
> para cerrar el marco de una historia
> sin final.

Desde el momento que lo conoce sus ojos azules como turquesas le roban el corazón.

Y son tus ojos de zafiro
que electrizan mi sentir.
Y es tu vikingo acento que ofusca mi pensar.

¿Qué me has dado?
Hermoso espécimen de la humanidad
¿Qué embrujo me diste?
Ariano, torrente de querencias.
Besando te pierdes
en el torbellino de mis ojos cafés,
en la locura de mi morena piel.

Qué importan las palabras necias
ni las sombras del pasado.
Nuestra unión es la vida
y el futuro lar,
pues todos tenemos
un mismo corazón para amar.

María rompe con Francisco pues ella sabe que Hans es el hombre con el que había soñado. Así que empiezan una relación y después de meses de conocerse deciden casarse.

Por el momento María tiene que mudarse a Rosarito para vivir su nueva vida de casada, pero el plan era mudarse a Chihuahua después de que Hans arreglara sus asuntos. Lo máximo sería un año y María regresaría a Chihuahua a vivir con su esposo, rodeada de sus familiares y amigos. Pero el destino les jugaría una mala pasada a María y a Hans, ya que después de cuatro meses de casados unos abogados con los que Hans tenía negocios asociados, con el afán de apoderarse de toda la companía deportan a Hans de México. Lo deportan como "persona indeseable para el país" y así no tienen otra opción que establecerse en los Estados Unidos. María pasa su primera navidad en este país en una caja de tráiler sin electricidad y con un calentoncito de gas.

Ella trata de arreglar los documentos para que su esposo regrese a México de manera legal a través de su ciudadana mexicana, pero lleva años intentándolo sin tener resultados positivos. Con el tiempo y mientras María está tratando de conseguir el perdón para Hans, están pasando otros hechos que le darían un viro distinto a su vida. A los dos años de la deportación la pareja tiene un hijo al que le ponen por nombre Hans.

> Oleadas de stamina ese es mi child
> Grita, ríe, llora y todo en una hour
> Si el se enoja todo se vuelve muy sour
> Y entonces se convierte en caballo wild.
>
> Mi niño de corazón salvaje y mild
> gran berrinchero como un hércules lour
> Sonrisas transparentes del chico our
> Así y todo él es mi niño de oro schild.

Aún así ellos siguen tratando de conseguir la visa para que Hans emigre a México y puedan vivir los tres en Chihuahua. Después de cuatro años de tratar por todos los medios, la pareja pierde las esperanzas de que este perdón se pueda dar y como Hansy ya está en la edad en la que tiene que asistir al pre-escolar y después al kínder, deciden fijar su residencia permanente en los Estados Unidos y ya no tratar de obtener la visa para que Hans regrese a México.

Se hace la promesa de que así como había triunfado en su país, también lo haría en este nuevo mundo que la había aceptado y adoptado como ciudadana. Para esto su primera meta es retomar su trabajo en la docencia, pero como no es maestra titulada en los Estados Unidos ella no puede ejercer su profesión. Tampoco le dan crédito de sus estudios y títulos en México, ni toman en cuenta su experiencia como maestra. Entonces decide entrar en la universidad para obtener su licenciatura en español, lo que logra en 1996. Después obtuvo empleo en el Sistema Educativo de Texas enseñando español en una preparatoria pública y ha continuado desarrollando sus métodos de enseñanza en los últimos quince años. Más tarde en 2005 recibe su título de Maestría en Literatura Española con énfasis en Escritura Creativa, lo que le permite enseñar en el colegio comunitario en las tardes y en la universidad durante el verano. Actualmente ella está en proceso de completar su doctorado en estudios hispánicos.

Ha sido un camino largo, difícil y con muchos sufrimientos, pues tuvo que aprender a adaptarse a la nueva cultura: otro idioma, otra comida, otra música y otras costumbres en general, pero este sufrimiento tuvo su recompensa porque ahora no solamente es bilingüe, sino que también es bicultural.

Con el tiempo su vida personal tuvo varios cambios y María volvió a casarse con un maestro universitario, con quien vive felizmente en el sur de Texas...

> Los días anubarrados,
> se desvanecen
> el verdemar de tus ojos
> ilumina las sombras.
> Melancolía,
> morriña,
> murría,
> alótropos de semánticas superadas
> vengan noches sin menguantes,
> días de duelo,
> que venga lo que sea
> si mis ojos castaños
> ya vuelven
> a besar con la mirada.

Ella aún regresa a México ocasionalmente a visitar a su familia y amigos y sobre todo, para deleitarse de su rica cultura mexicana.

Consecuencias funestas de la prepotencia y las ansias de poder

Blanca Glisson

En este mundo hay personajes prepotentes que llegan al poder en nuestros países hispanos con el único deseo de enriquecerse y avasallar a la gente humilde, a los desafortunados, a quienes manipulan con eslogans como "quien da cariño, recibe cariño", lo que solía decir un ex-dictador panameño, para hacer lo que ellos quieren, haciéndoles creer que el gobierno va a velar por sus intereses, cuando lo que les importa son los suyos propios. Estos personajes se llaman dictadores y son los responsables directos de que las personas se sientan forzadas a salir de sus países de origen y emigrar a otros países donde se respire libertad.

Estos "hombres", si es que así se les puede llamar, ya que están más cerca a lo irracional, por consiguiente, del mundo animal, sin ofender a nuestra hermosa fauna; a quienes sólo les importa satisfacer su ego aunque esto signifique el tener que eliminar a todo aquel que se les enfrente u oponga, aniquilando la voluntad de los más débiles. Lo anterior expresado nos trae a la memoria eventos que han pasado y que continúan pasando en nuestra querida América Latina, en donde los derechos humanos son violados causando por consiguiente, la frustración y el deterioro de los pueblos; derivado todo esto por seres sedientos de poder.

Para ilustrar de manera específica esta problemática, comentaré acerca de la situación política que existió durante los años 70 a 90 aproximadamente, en mi país natal, Panamá, en donde no existía un gobierno civil democrático, lo que imperaba era la tiranía de un gobierno militar, el cual se había apoderado del poder dando como resultado que las personas que apoyaban al régimen y al "partido" en turno, llegaban a ocupar puestos gubernamentales sin tener siquiera la preparación requerida para desempeñar estos cargos. Estos individuos inescrupulosos sedientos de poder, se daban a la tarea de perseguir, intimidar y ultrajar a la gente que no los apoyaba.

Se fueron dando casos de personas desaparecidas, encarcelados, asesinatos a "diestra y siniestra", a la vez que las amenazas públicas eran como el "pan de cada día". La libertad de expresión fue abolida y las personas adversas al gobierno fueron tildadas de "traidores a la Patria" y "personas non gratas"; los ideales, las aspiraciones y los sueños fueron pisoteados y muchos tuvieron que pagar un alto precio cuando intentaron rebelarse: lo pagaron con sus vidas.

Por otra parte, al principio el régimen trató de utilizar las escuelas para propagar sus ideas, pero al darse cuenta de que no sería posible, las invadió y la dignidad tanto de los educadores como de los educandos, fue pisoteada sin consideración. Los programas de estudio tanto a nivel primario como secundario fueron modificados, sin tomar en cuenta los objetivos ni los propósitos de la educación basados en la democracia; lo único que se buscaba era la imposición de las ideas del régimen. Se trata de "uniformar", según dirigentes del gobierno, los programas de estudio tanto para las escuelas públicas como privadas, para que se siguiera un mismo patrón basado en las ideas comunistas.

Se presentan entonces, situaciones de violencia e irrespeto en donde la prepotencia militar se acentúa más y se empieza a notar en las escuelas la presencia de militares, sin previo aviso, quienes llegaban a las aulas, interrumpían las clases con el solo propósito de averiguar si los educadores estaban aplicando el nuevo currículum que ellos habían implantado.

El sector educativo no fue el único que se vio amenazado, el sector de salud al igual que el sector privado también se vieron afectados, dando como resultado el descontento general, que fue poco a poco aumentando dando origen a las huelgas y paros, lo cual generó la violencia del gobierno contra el pueblo oprimido;

aumentaron los ultrajes y las vejaciones, deteriorando una sociedad que durante mucho tiempo había sido pacifista, para dar paso a una sociedad con ansias de libertad.

Los sectores profesionales se declararon abiertamente opuestos al gobierno, el cual a su vez, amenazó directamente a los sectores tanto educativo como al de salud, de sacarlos de sus puestos y reemplazarlos con educadores y personal del servicio de salud traídos de Cuba, maniobra utilizada para debilitar el movimiento contra-revolucionario. Se crearon grupos "paramilitares", los cuales eran grupos partidarios del gobierno, quienes iban en contra del mismo pueblo, "pueblo contra pueblo", "hermano contra hermano", espías e informantes del régimen contra sus vecinos y su propia familia.

Ataques contra dirigentes y personas opuestas al gobierno se fueron escalonando; muchos salían de sus casas y no regresaban, debido a que eran detenidos para luego desaparecerlos. Los militares hacían constante despliegue de su fuerza, especialmente cuando los grupos civilistas, sin armas, se tiraban a las calles para protestar, y eran brutalmente dispersados con balas, perdigones y gas pimienta. Un régimen militar, el cual se sentía "omnipotente" porque estaban enfrentando a un "temible" enemigo, un pueblo desarmado e indefenso.

Un pueblo a quien se le había privado de la libertad de escoger a sus gobernantes democráticamente, ya que cada vez que habían "votaciones", estas eran fraudulentas debido a que el "candidato ganador" o mejor dicho, el "de a dedo" era el candidato del gobierno, el títere del dictador en turno.

Los recursos del Estado eran utilizados para el beneficio del régimen mientras el pueblo se moría de hambre al punto que, no recibía dinero en efectivo por su trabajo sino que se le daba "cheques", los cuales debería llevar a los almacenes o supermercados que los aceptasen para poder llevarles "un pedazo de pan" a sus hijos; práctica "aprendida" de su "mentor y amigo", el dictador cubano al que no necesitamos mencionar.

Déjame que te cuente...

Esta situación de represión originó hechos tan violentos que llamaron la atención internacional; uno de estos incidentes fue el que sufrió el vicepresidente que había sido electo por el pueblo y que el régimen dictatorial había ignorado, quien fue salvajemente atacado por grupos formados por partidarios del gobierno llamados "varilleros"; el cobarde ataque al vicepresidente fue filmado clandestinamente por personas de los grupos civilistas, contrarios al régimen, imágenes que fueron vistas por millones de personas alrededor del mundo, quienes expresaron su repudio a la represión que sufría el pueblo panameño.

Afortunadamente, como sucede en toda película de horror en donde se elimina al personaje brutal y sanguinario, así mismo sucedió en nuestro querido país Panamá, en donde se presentan situaciones de conflicto que ayudan a derrocar finalmente a este siniestro régimen dictatorial. Esperamos que nunca jamás se vuelva a repetir la pesadilla que vivimos los panameños por un periodo de largos veinte años y que ocasionó que muchos panameños tuvieran que emigrar a otros países, especialmente a los Estados Unidos de América, buscando un mejor futuro y ante todo, la libertad que es inherente a todo ser humano. En mi caso personal, el haber emigrado a los Estados Unidos me ha ayudado a crecer de manera tanto personal como profesionalmente, por lo cual siempre estaré agradecida con esta gran nación.

Ahora en Panamá, país hospitalario y reconocido como: "Puente del Mundo y Corazón del Universo", se respira libertad y progreso, lo cual se puede apreciar en el crecimiento tanto económico como cultural, añadiendo a esto, la expansión de "Nuestro Canal", orgullo de todos los panameños.

Lo anterior expuesto nos enseña que a pesar de las desventajas históricas que han afectado a muchos de nuestros países latinoamericanos, en cuanto a regimenes dictatoriales sedientos de poder se refiere, siempre hay esperanzas de un futuro mejor donde haya libertad, igualdad y paz para todos; en donde no haya la forzosa necesidad de partir de nuestra querida tierra que nos vio nacer y a la que siempre extrañaremos profundamente.

De aquí y de todas partes

Diva Ninoschka Cuéllar Rivero

Las primeras memorias que tengo de mi niñez se relacionan todas con mi padre. Veo su imagen echado en su hamaca cantando viejas melodías desde el tango hasta las sambas brasileñas arcaicas de comienzo de siglo. También recuerdo que aprendí todas las canciones que le cantaba su madre cuando era niño... eran canciones castellanas antiguas. En esa época vivíamos en un pequeño pueblo que se llamaba Magdalena, en la selva amazónica de Bolivia, región fronteriza con Brasil. Esa selva tropical que se extiende pasando por nueve países fue mi cuna. Nací en Bolivia , pero me identifico mucho con Paraguay, tanto porque somos vecinos como por el hecho de que en ambos países sufrimos mucho por una guerra inútil.

Mi niñez transcurrió al lado de mi padre consumida por la lectura. Mi papá se llama Carmelo Cuéllar Jiménez, sus padres vinieron de la ciudad de Santa Cruz de la Sierra en busca del oro blanco de la época, "la siringa" y sus abuelos eran españoles de la región de Segovia. Mi papá tenía una biblioteca que iba de pared a pared, en la que a través de la lectura conocí a Ernesto Sábato, Julio Cortázar, los poemas de Federico García Lorca, los llantos de Hernández, la melancolía de Bécquer...

Los recuerdos de mi padre fueron lo primero que me ayudó a crear una cosmovisión propia para mí en la que se acumularon todas las tradiciones, creencias y mitos que alimentaban la cultura y los pensamientos de los intelectuales de su época, en mi mente se crearon ideas basadas en una mezcla de países, de culturas, de creencias que se originaban en esos libros de los escritores, cuentistas y anécdotas que iban desde autores de México hasta la Argentina.

Déjame que te cuente...

No sólo me empapaba con las ideas de estos escritores, sino que en muchos casos hasta los había conocido personalmente, autores como Neruda, Vargas Llosa, Benedetti, Borges hasta el nutrirse de los más clásicos de la literatura Española como Góngora, Quevedo, Garcilaso, Garcia Lorca, Rubén Darío y Miguel Hernández. Recuerdo nítidamente que declamaba poemas de Amado Nervo, uno de los que más me acuerdo era el poema "En Paz"

Me lo sabía de memoria: *"Yo te bendigo, vida, porque nunca me diste ni esperanza fallida, ni trabajo injusto, ni pena inmerecida..."*

Lo que más me marcó en la vida fueron las enseñanzas que obtuve de mi señor padre, hombre culto, sabio, amante de las letras, de los libros, de las palabras, digno servidor de su pueblo, Bolivia, en calidad de gobernador, de senador, de embajador, diplomático y también de ex-combatiente de la Guerra del Chaco, guerra que se libró entre Bolivia y Paraguay entre los años 1932 y 1935. Durante su tiempo en que se desempeñó como diplomático llevó muy en alto el nombre de nuestro país sudamericano. Y también debo mencionar que fue él quien me dio mis nombres, una historia singular de mi vida: cuando hizo una visita a Rusia estuvo personalmente hablando con Leonida Brezneh y Nikita Krusehev quienes le sugirieron que me nombrara "Ninoschka". Mi primer nombre es "Diva" y mi padre me contó que desarrolló una gran admiración por la cantante de ópera griego-americana María Callas cuando él estaba exiliado en Argentina, durante la época en que se organizaban los intelectuales bolivianos exiliados en Buenos Aires y Montevideo para preparar la Revolución Boliviana de 1952. Luego de muchos años, mi padre viajó a Estados Unidos y aumentó su admiración por la Sra. Callas al escucharla cantar ópera en persona. Cuando nací, al parecer a mi madre no le gustaba el nombre de María, y mi padre me hizo bautizar como "Diva Ninoschka" en honor a la diva operática y a sus amigos rusos.

A la tierna edad de doce años mi único regalo de cumpleaños fue una máquina de escribir *Brother* de color naranja. Como he dicho, mi padre era un prolífico escritor, además de pensador, y temible luchador en la Guerra del Chaco, había sido uno de los protagonistas de la Revolución Boliviana de 1952 como activo partícipe. Siempre capté que había algo en él que era diferente de los demás... quizás eran sus momentos de nostalgia en los que se echaba en su hamaca y se acordaba de la crueldad de esa guerra en la que fue un gran héroe y se convirtió en una leyenda... quizás por ello se refugió en las letras, en el mundo de los libros, y allí también me llevó a mí. Su eterno enamoramiento por seguir escribiendo artículos en los periódicos para que su voz se escuchara fue el primer paso para que yo empezara a aprender a redactar y escribir. Mi papá escribía sus artículos de su puño y letra, y yo, a mis doce años apenas entendía lo que él escribía... así que transcribía lo que le escribía y al hacerlo, fui descubriendo sus pensamientos, sus ideas, sus posiciones en la política, sus anhelos, sus frustraciones con un sistema político y social injusto...

Recuerdo que se juntaba en las tertulias en hogares con sus amigos intelectuales entre los que se contaban don Antonio Carvalho Urey, don Plácido Molina Barbeyr, don Hernando Sanabria y cada uno declamaba o comentaba las obras o los eventos políticos de la época. Yo absorbí todo eso, era como una esponja escuchando lo que ellos conversaban, y todo eso se quedó conmigo. Cuando tenía unos trece años me dio el libro "Rayuela" ¡tuve tanta dificultad para entenderlo! y luego otro libro que me marcó mucho fue "La Vorágine" de José Eustasio Rivera por lo que a muy temprana edad aprendí a ver la cruda y cruel realidad de la vida en Hispanoamérica. La lista sería interminable para nombrar todos los libros que me daba para leer, en esa época no teníamos televisión, no teníamos juguetes, la única distracción era leer. Para mí fue un escape, me internaba en un mundo de magia, de cuentos, de historias. La vida en Bolivia para una joven no era fácil, no había muchas chicas a quienes les gustase leer como a mí, usualmente lo único que se aspiraba en ese entonces era a casarse, tener hijos, criarlos y no había mucha ambición académica que se inculcara a las jóvenes, era sólo seguir el rol de madre, esposa y ama de casa.

Por él adquirí un amor por la poesía con sus melancólicos

llantos, con sus tonos de tristeza de amores perdidos, las palabras y las frases y el alma de los poetas y los escritores que se develaban ante mí, se convirtieron en el imaginario que yo creaba en mi mente. Siempre desde niña sentí que era más madura que mis amigas, leí tantos libros, historia, novelas, poesías y estuve conviviendo más en el mundo de los adultos que pensé que entendía mejor el mundo de las personas mayores, pero aún tenía muchas preguntas sobre muchos temas.

Otro evento que cambió mi vida fue que a los nueve años de edad, fui enviada a vivir a Maryland. Apenas llegué a los Estados Unidos aprendí a hablar el idioma inglés, en menos de tres meses hablaba perfectamente, el tiempo que pasé en Estados Unidos es uno de los más bonitos de mi niñez y cuando regresé a Bolivia extrañaba los dibujos animados en la televisión, mi escuela, a mis amigas, pero poco a poco me fui resignando a mi vida en Bolivia.

El tiempo transcurrió, un día conocí a mi futuro esposo, Steven Brashear quien trabajaba para la embajada americana en La Paz; era un militar de la unidad de las fuerzas especiales Boina Verde. ¡El mismo día que me conoció me pidió casarme con él! Un par de meses después nos casamos y me mudé a Estados Unidos. A pesar de que viajé muy lejos desde mi tierra natal, en mi corazón se quedaron grabados todos los recuerdos de las historias que me contaba mi padre, de las letras de las canciones antiguas, los boleros, los tangos, las sambas, al igual que las interminables tertulias de los intelectuales. No fue fácil llegar a Estados Unidos y dejar todas esas emociones atrás.

Si me fui físicamente de Bolivia, se quedaron conmigo las historias y los cuentos sobre la Guerra del Chaco que mi padre me contaba, guerra cruenta que cobró más de cien mil vidas en el lado boliviano; me contaba el cuento "El pozo" del escritor cochabambino Augusto Céspedes y cada vez que me lo contaba, sus ojos se llenaban de lágrimas...

Cuando llegué a Estados Unidos, me propuse que tendría que terminar una carrera, que tendría que encontrar alguna manera de saber más de lo que me había enseñado mi padre. Cuando nos mudamos al estado de Texas me inscribí en Austin Community College, con excepción de las matemáticas, las otras clases fueron más llevaderas, sobre todo porque era bastante lectura y escritura, precisamente lo que más me gustaba hacer. Trabajaba a tiempo completo y al final del día estaba agotada, pero encontraba fuerzas para tomar clases en la noche, fueron largas horas, largos días, horas de frustración porque no me gustaban las matemáticas, porque no podía estar mucho tiempo con mi esposo, con mi familia… pero siempre me decía a mí misma que debía cumplir con la meta de conseguir el título de Filóloga.

Uno de mis mayores orgullos fue tener a mi hijo Christian Brashear Cuéllar, el sol de mi vida, la luz de mis ojos. Al tenerlo, mi visión sobre muchas cosas cambió, mi hijo y mi esposo Steven fueron los motores que me impulsaron a salir adelante, siempre quise que ellos se sintieran orgullosos de mí. Nuestro hijo Christian tuvo la bendición de tener un padre que lo ayudó, lo iluminó, le alumbró el camino, lo cuidó siempre y paradójicamente ambos estudiaron la misma carrera de Estudios Latinoamericanos en la Universidad de Texas en Austin. Mi hijo es un joven con una mente brillante, un muchacho que sólo nos ha dado satisfacciones y alegrías. Y mi esposo estuvo siempre a mi lado dándome ánimo para seguir adelante.

He contado con la gran fortuna de viajar a muchos países, de conocer otras culturas, la oportunidad de aprender el uso del lenguaje y las palabras que se utilizan en otros países. Mi padre me dio un diccionario a temprana edad y ese fue siempre mi guía que me servía para poder utilizar hasta los arcaísmos. Siempre pensé que nuestro uso de la lengua es una buena guía para los demás y creo que es una responsabilidad el buen uso del lenguaje, especialmente el lenguaje castellano. Quizás es por eso que me gustaba tanto viajar y ver de cerca cómo eran otras sociedades, su forma de hablar y de expresión, lo que sin duda alguna enriqueció mi vida de una manera inmensa.

Déjame que te cuente...

Terminé mi carrera en Texas State University, me gradué con altos honores y luego fui aceptada en el programa de Maestría en Filología Hispánica, actualmente estoy en el comienzo de un arduo camino para el doctorado. El destino me dirá para dónde voy de aquí en adelante, pero definitivamente el camino no ha sido nada fácil.

Nací en Sudamérica pero siento que pertenezco aquí y a todos los sitios, que llevo buenas experiencias y muchas culturas que me han dejado impresas un conocimiento de la gente de tantos países que he visitado y que me han hecho la persona que ahora soy.

"Déjame que te cuente…"
Volumen III

- Antología -
Historias de inmigrantes hispanos

Compiladora y editora:
Ana María González
Asistente editorial:
Amalia Barreiro de Gensman

Presentación

En un tercer volumen se ha prolongado la trayectoria de contar nuestras historias de migrantes hispanos a los Estados Unidos de América. El trabajo es continuo y sin duda alguna no tendría fin, considerando los millones de hispanos que nos encontramos radicando, a veces por azares del destino, en esta tierra, lejos de nuestros seres más queridos y donde día a día plantamos semillas para sentir que de alguna manera el destierro no ha sido en vano.

Es un recuento de memorias y reflexiones para que a las futuras generaciones les sirva como legado de lucha y de perseverancia. Está escrito con la esperanza de que a la vez cada ejemplo sea considerado un modelo para inspirarles a vislumbrar sus propios éxitos personales y profesionales.

Ana María González

Entre universos

Amalia Barreiro de Gensman

Alicia Migliarini,
de español maestra era
con risa de castañuela
y con alma aventurera.

Ojos verdes cristalinos
con su flor en la cabeza
alta, esbelta y muy coqueta
y por afición, poeta.

Recuerdo noches bohemias
tocándonos la guitarra
cantando coplas y tangos
compartiendo entre colegas.

Gracias amiga querida
por tu sonrisa y tu tiempo,
sigue cantando en el cielo
que aquí te estamos oyendo.

Hacia el norte: fragmentos de una memoria familiar

Gabriel Trujillo Muñoz

A mis padres

I

¿Qué frontera es la frontera que soy, la que me ha formado desde que era niño, la que me sigue enseñando cosas a mis 55 años de vida? Debo decir que si has nacido o vivido en la frontera México-Estados Unidos, lo primero que aprendes es a hacer a un lado los estereotipos que muchos viajeros, nacionales y extranjeros, han creado al pasar por esta zona del mundo. La convivencia diaria con el otro, con los otros, que al final son uno mismo, es una experiencia reveladora. Reveladora en un doble sentido: porque nos permite ver con claridad que la frontera, por más trincheras y alambradas que se le construyan, acaba uniendo antes que desuniendo a los que viven a su sombra. La visión de una frontera terrible y violenta es tan cierta como la realidad de una frontera de trabajo común y espíritu de sacrificio.

El fronterizo, sea mexicano o estadounidense, sea chino, japonés o coreano, sabe que el esfuerzo compartido establece un lazo indisoluble más allá de juicios y prejuicios. Y, por otra parte, es reveladora porque para quien la experimenta todos los días, la frontera sigue siendo una lección de vida y un ejemplo de terquedad y resistencia. Quizás porque la frontera en que vivo es un arenal interminable, una tierra dura y hostil, a la vez plena en su naturaleza viva y resistente en su luz curativa y traslúcida. Es un cerco de alambre de púas, un muro de láminas corrugadas, un yonque lleno de objetos de segunda y una ciudad, como Mexicali, que es un espejismo en medio del desierto. Pero no al estilo maravilloso de un cuento de las mil y una noches sino como un monstruo mutante de

Déjame que te cuente...

una película barata de ciencia ficción.

La mejor imagen de la frontera actual está en la larga fila de autos o personas que esperan cruzar al otro lado, al verde paraíso de los dólares. ¿Y qué es el otro lado para un fronterizo? No Disneylandia, Hollywood o Las Vegas, sino algo más modesto: la otra cara de nuestra misma realidad, una realidad de poblaciones rurales, horizontes planos donde la vista se pierde en la lejanía, campos de cultivo y centros comerciales con las mismas franquicias que en cualquier otra parte del orbe y donde se habla en español antes que en inglés. La frontera es más que una línea vigilada por aviones a control remoto, patrullas de la migra, túneles para el contrabando de drogas y tiroteos entre narcos. Es más que emigrantes ahogándose en los canales del río Colorado o muriendo deshidratados bajo el implacable sol del verano.

¿Qué es, entonces, la frontera para un fronterizo como yo, nacido en Mexicali en 1958, apenas a unas cuadras de la línea internacional? Yo diría que la frontera es una forma de ver a los otros (en mi caso: a los estadounidenses, a los anglosajones) sin aureolas de leyenda, sin reverencias de por medio. Un aceptar que el paisaje, que este paisaje a la Georgia O'Keefe, sigue siendo parte vital de nuestra existencia colectiva; que esas imágenes de los westerns clásicos no han desaparecido del escenario del mundo porque todos los atardeceres las contemplo como el resplandor vivaz de una naturaleza en llamas; que el choque entre dos culturas, como la latinoamericana y la anglosajona, puede sacar chispas de violencia e intolerancia, pero también puede incendiar la imaginación de sus artistas.

II

Del pasado, de su pasado, mi padre hablaba poco. Cuando le pedía me contara de las aventuras de su infancia o adolescencia, sólo me mostraba una foto suya, tomada en 1925, cuando tenía unos 4 ó 5 años de edad. Mi padre niño mira a la cámara con azoro. En su cinto cuelga un revólver 33. Por él, sé que en su pueblo, Chinicuila del Oro, mi abuelo era el comerciante del pueblo y que mi abuela murió por una picadura de alacrán, cuando mi padre sólo contaba con tres años. El niño de la pistola, entonces, es un niño huérfano de madre. Pero la pistola dice mucho: es un símbolo de la violencia que lo rodea. Su pueblo es pueblo de masones, de librepensadores, pero los pueblos vecinos son de cristeros que vienen a Chinicuila y matan a muchos familiares. Esa pistola se transformará, cuando mi padre cumpla 16 años, en un violín y en un rifle máuser... Música y estruendo... Melodía y muerte. Será primero músico de banda en su pueblo, de ésos que acompañan las bodas, los bautismos o los sepelios. Luego, su habilidad con el violín lo llevará a enrolarse en el ejército a instancias de su hermano mayor, Manuel, que ya pertenece a la milicia. Será músico del ejército y llegará, después de haber estudiado en la escuela militar de Comunicaciones en Texcoco, a ser sargento. Pero la carrera militar no es lo suyo.

—¿Alguna vez peleaste una batalla? —le preguntaba desde mi ignorancia de niño.

—No. Pero estuvieron a punto de matarme.

—¿Cómo? ¿Cuándo?

—Llevábamos a unos presos, unos asesinos, de Mazatlán a la ciudad de México. Íbamos en tren. Ellos eran cuatro y nosotros éramos tres soldados como guardias. Íbamos en el vagón trasero y uno de los presos logró quitarse las cadenas. Golpeó al sargento y le quitó el arma a mi otro compañero. Entonces levanté mi rifle y le grité que tirara el rifle o lo mataba. Vi sus ojos y pensé que iba a dispararme. Corté cartucho y le apunté con firmeza. Yo tenía 18 años y si hubiese visto que temblaba, me habría disparado sin pensarlo dos veces. Fueron unos segundos eternos.

—¿Y qué pasó? —yo insistía.

—El sargento era un cabeza dura. Se incorporó en ese momento y le devolvió el golpe al preso. Lo bueno es que los otros prisioneros no siguieron al levantisco y pudimos entregar a todos a las autoridades correspondientes. Eso fue lo más cerca que estuve de morir en el ejército. El resto del tiempo lo pasé tocando, con la banda de música, en los quioscos de pueblo o sirviendo como telegrafista y radio-operador en aeropuertos militares.

En 1944, mi padre deja el ejército y entra a trabajar en la Compañía Mexicana de Aviación. En 1950 se enamora de una muchacha jalisciense de ojos vivaces, mi madre. Primero viven, ya casados, en Mazatlán. Luego pondrán los ojos más al norte.

III

Mis padres llegaron a la frontera norte mexicana después de un largo periplo. Las estaciones de su travesía fueron Guadalajara-Mazatlán-Mexicali. Del sur conservador al puerto de las sirenas del carnaval. De la ciudad marítima a la urbe del desierto. El linaje de mi madre es el linaje de la guerra: las de la Reforma, Revolución y Cristera. Un linaje de vidas cruzadas y miedos colectivos, de personalidades obcecadas y defensa de sus creencias a sangre y fuego. Familia con raíces guanajuatenses (donde la vida no vale nada) y jaliscienses, cuyo centro son los Altos de Jalisco, con sus ranchos ganaderos, sus presas naturales y pueblos inmóviles en sus usos y costumbres. Familia con antepasados franceses y españoles, que dieron, con los años, una variopinta descendencia de mujeres altas con cabelleras pelirrojas.

Pero mi madre, con su pelo negro, fue la morena de la familia, la niña que al no tener el look extranjero, tuvo que valerse de su propio esfuerzo para hacerse un lugar en una familia numerosa, donde los hombres podían hacerlo todo y las mujeres debían obedecer. A mi madre obedecer no se le daba. Ella quería pintar pájaros azules, quería aprender geografía y conocer el mundo. Pero era una muchacha espigada que, en la realidad familiar, sólo tenía como destino casarse y tener hijos. Muchos de sus sueños toparon con el muro de las tradiciones. Ella, sin embargo, nunca se dio por vencida. Y como todo en su vida lo hizo por sí misma, creó un sistema donde la gente debe darse su lugar, debe avanzar sin deberle nada a nadie. Como ella lo hizo.

Cuando conoció a mi padre, vio en aquel joven radiotelegrafista una oportunidad de vivir fuera de la sombra familiar porque entre más lejos, mejor. Primero vivieron en Mazatlán, donde pronto limpió de sirenas el departamento de mi padre y lo convirtió en una casa para ellos solos. Y allí demostró que no iba a ser un ama de casa más, que no esperaría a su marido haciendo los quehaceres hogareños y escuchando las radionovelas de moda.

—Tu padre vivía sin muebles. Un camastro era todo el mobiliario. Le dije: "Yo no puedo vivir así". Pero su salario no alcanzaba para comprar mesas, sillas, cómodas, burós, sofás y sillones. Así que, sin decirle una palabra, me puse a coser vestidos para las fiestas del carnaval. Vestidos, no disfraces, para los bailes de lujo. Una amiga de la alta sociedad me consiguió las primeras clientas. En semanas ya no podía tomar pedidos. Tu padre puso el grito al cielo: él era el que traía el dinero a la casa. "Pues ahora ya somos dos", le contesté. Y en un mes ya teníamos mesas, sillas, cómodas, burós, sofás y sillones. Yo hacía el quehacer en el día y los vestidos por la noche. No dormía. Pero así salimos de aquel departamento y tuvimos una casita. Todos esos muebles que compré en Mazatlán me los traje a Mexicali. Y de ahí en adelante, no dejé de hacer cosas para comprar un auto, un terrenito; para pagar albañiles y levantar nuestra casa.

Así es mi madre: una luchadora nata que no acepta las cartas que le ha dado el destino, una mujer incansable que se crece en las malas, que da la cara a todo reto o desafío. En su niñez vivió en un paraíso pleno de ojos de agua, mariposas gigantescas y colinas verdes, y eso no lo puede olvidar. Es el fulgor de su infancia, cuando andaba libre por el campo y cuando para ir a la escuela debía cruzar entre toros de lidia, la naturaleza de pájaros piando y la hierba húmeda dándole la bienvenida cada mañana, lo que la mantiene trabajando y lo que la hace cantar incluso en este desierto tan lejano a su tierra natal. Una mujer que ha hecho de sus mudanzas una lección de vida. Pero incluso ahora, a sesenta años de distancia de haber llegado a la frontera, continúa siendo alguien que no se acostumbra al paisaje del desierto, a su clima caluroso, a su falta

Déjame que te cuente...

de plantas de todos los colores. Por eso, mientras se ocupa de sus quehaceres, tararea:

¡Ay, ay, ay, ay!
Canta y no llores,
Porque cantando se alegran,
Cielito lindo, los corazones

Tal es mi madre: una persona recia y voluntariosa, cincelada en el combate diario, anticipada a su tiempo, que nunca ha aceptado las cosas como son, que jamás se ha dado por vencida. Una mujer que ha creado sus propias reglas para cimentar a nuestra familia, para hacer de este desierto un jardín, para vivir a su modo cada momento de su existencia.

—A mí nadie me detiene —me afirma desde su actitud siempre despierta, desde su mirada penetrante.

Y eso no es una verdad: es un artículo de fe. Su lema de batalla. Su escudo de armas.

IV

Cada verano mis padres se van de vacaciones al sur. Mi madre me lleva a Guadalajara, con sus calles empedradas y su lluvia una tarde sí y otra también. En Mexicali sólo somos nosotros tres, pero en Guadalajara la familia se multiplica. Mi abuelo Isabel y mi tío Pedro me llevan a los torneos de charrería y luego, con mi tía Amparo, vamos al parque Agua Azul y comemos carnitas en los mercados populares. En Colima, en donde está la mayor parte de la familia de mi padre, vamos a la playa o a los ingenios azucareros. Si Guadalajara es tierra colorada, Colima es selva pura, verde, con animales sigilosos, como culebras y alacranes, monos y pájaros multicolores, que entran, sin pedir permiso, a las casas de mi tía María y mi tío Manuel.

Al regresar a Mexicali me doy cuenta que no añoro nada del sur.

Es otro mundo. Un mundo fascinante, pero no es mi mundo. Esa es una sensación extraña: me gusta ver este paisaje plano, polvoso, poco colorido, sin contrastes. Aquí nada corta la mirada. Aquí todo está a la vista, sin obstáculos. Y este sol del norte es un sol fuerte, implacable, que por más que me queje de él no cambio por aquellos soles pálidos, siempre cubiertos por nubes, del sur del país.

Me gusta regresar a Mexicali. Me gusta volver a "ésta tu tierra", como dice mi madre en tono de reprobación, donde la vida es arena volando, luz naciendo. En estos confines que son puros espacios abiertos siento que es mi casa. No una de abolengo, como las del sur de México, sino una casa improvisada, que se hace como se puede, que se construye contra todos los pronósticos y todas las adversidades, contra el calor del verano, los terremotos intensos, las plagas de grillos y la falta de verdores y jardines. Si algo me define es ser fronterizo, es vivir sin resquemores en la periferia de mi patria.

V

La línea está ahí desde que la recuerdo: una alambrada divisoria. Y sin embargo, he visto atravesarla una y mil veces por gatos, hombres y mujeres que lo hacen a diario. Siempre está llena de agujeros que propician el paso de quien se atreva. En ella crecen plantas y los árboles se enredan en sus rombos de metal. Al otro lado está Caléxico, los campos de cultivo del Valle Imperial, las patrullas de la "migra", los aviones a propulsión a chorro que en número de tres vigilan la frontera desde gran altura. De vez en cuando las avionetas de fumigación descienden tanto que uno cree que van a estrellarse contra el suelo. Cuando paso con mis padres a Caléxico, no tardamos más de diez minutos, aunque haya una buena hilera de carros. El guardia fronterizo gringo ve rápidamente el pasaporte de cada quien y nos deja pasar sin más preámbulo. Pocas veces nos pregunta qué traemos de México o a dónde vamos. Mucho menos hace que mi padre se baje y abra la cajuela trasera del auto.

Sí, la línea está ahí desde que la recuerdo. Una alambrada en cuya cúspide brilla una corona de púas: sus filos destellan duros, lacerantes, agresivos. A tantos años de distancia, voy con mi madre y le preguntó:

—¿Por qué no emigraron al otro lado?

—Pudimos hacerlo –responde mi progenitora–. No quisimos.

— ¿Por qué?

—No era nuestro modo de vida. Tu padre y yo teníamos entonces parientes en California. Yo en Los Ángeles y él en Anaheim, muy cerca de Disneylandia. Ya murieron, pero ellos nos decían que nos pasáramos, que siempre había trabajo en los Estados Unidos, aunque a mí nunca me convencieron. Y tu padre, que en paz descanse, era cardenista, nacionalista de los buenos. Primero México y siempre México, ése era su credo y el mío. Y por eso nos quedamos en la frontera. Aquí teníamos lo mejor de sus productos pero seguíamos siendo mexicanos. Nunca nos arrepentimos.

En mi niñez, los sábados, si mi padre tenía el día libre, pasábamos al otro lado. Íbamos de compras, en el Plymouth 1956 de mi progenitor o en el Plymouth Belvedere 1965 de mi madre, a las tiendas de El Centro, California, a 20 kilómetros de la frontera. En sus grandes almacenes, mis padres compraban aparatos eléctricos o muebles para la casa, los comestibles para el fin de semana. Pasar a los Estados Unidos era un trámite donde no entraba ni la sospecha ni la paranoia en semejante ritual.

Luego de las compras, el ritual exigía que llegáramos a comer al restaurante-buffet estilo viejo oeste: el Cameo. En la calle principal de El Centro, el Cameo lo dirigía un pionero que muestra, orgulloso, pinturas de indios y vaqueros, con fotos antiguas del Valle Imperial. Allí la especialidad eran las costillas de res, la barbacoa y los cortes de carnes de puerco. La mayoría de su clientela eran viejos residentes que buscan la comida de antaño y mexicanos, como nosotros, que saboreábamos su abundante variedad de platillos caseros.

Más tarde, "para bajar los alimentos", caminábamos por la calle, entrando y saliendo de las tiendas. En alguna de ellas descubrí libros sobre países del mundo a menos de un dólar. Mis padres me compraron varios de Alemania, Japón e Inglaterra. Regresábamos a casa, cansados a más no poder, pero felices por la travesía. Aún ahora, lo que no se me olvida de aquellos viajes son los campos de cultivo bien trazados, las trilladoras que desmenuzan la tierra, los grandes camiones donde cargan melones, cebollas y sandías. Mexicali y El Centro son pueblos rodeados de actividad agrícola, de becerros que nos miran pasar como manchas fugaces, de tierras en surcos que brillan bajo el sol. Yo abro uno de mis libros recién adquiridos: el monte Fuji, cubierto de nieve, me recuerda por contraste el desierto en que vivo, las arenas que soy.

VI

Ahora que lo pienso creo que toda mi perspectiva de la frontera surge de que mis padres, nacidos en el sur del país y que teniendo la oportunidad de emigrar a los Estados Unidos, prefirieron quedarse en Mexicali a hacer sus vidas y aquí, en el lado mexicano de la frontera, se pusieron a fincar su destino, un destino que acabó siendo el mío. Recuerdo que nos visitaba una hermana de mi madre que vivía en Los Ángeles y que siempre llegaba a nuestra casa con regalos y con historias de lo bien que les iba en el otro lado. Pero mi madre, después de prepararle alimentos al estilo Jalisco que devoraba al instante, solía responderle con absoluta confianza:

—Gracias, pero aquí estamos bien.

Y eso mismo digo ahora: me encanta la frontera por las oportunidades que me da de ver las luces y las sombras del imperio americano, pero me gusta verlas desde este lado de la línea, desde éste mi país que se agrieta y despedaza y que, sin embargo, sigue en pie y avanzando. Como mis padres, también afirmo que a pesar de todos los pesares, aquí es donde quiero estar. En esta tierra de nadie que es tierra de todos, en este sitio de paso y de permanencia, donde conviven los nómadas y los sedentarios. O mejor dicho: donde convive lo nómada y lo sedentario que cada quien lleva

Déjame que te cuente...

consigo. Tal es la frontera que me ha tocado vivir y conocer, tal es la realidad que me pertenece por derecho de querencia y terquedad.

Migraciones interiores, ésa es la mejor definición que tengo del periplo de mi familia. Gente que se marchó de su tierra para ir al norte, para enfrentar los riesgos que vinieran por cuenta propia, sin el apoyo de parientes, sin la asistencia de conocidos. Y que cuando llegaron a la frontera, tampoco hicieron lo que muchos otros tenían como meta: cruzar al otro lado, tomar para sí el paraíso de los dólares.

Mis padres, en cambio, forjaron su destino en la mismísima línea internacional. Tomaron para ellos lo mejor de ambos mundos. Mis padres, orgullosos y cumplidores, levantaron su casa y crearon un hogar en la orilla de México, en la ciudad de Mexicali, bajo un sol abrasador.

De ese linaje vengo.

Tal es mi signo de identidad.

Gabriel Trujillo Muñoz

1968: Hacia la tormenta

Ésta es la luz que habla
en susurros pero habla desde el asiento trasero de un Plymouth 1956
rumbo al norte: al Centro de las cosas: donde los ángeles
son destellos en el cofre del auto: un brillo en la antena
que oscila a 55 millas por hora
¿Qué escuchamos en este momento
mis padres y yo? ¿Una canción de los Beatles? ¿Una pieza
de Montovani? ¿A qué año me refiero cuando digo ahora?
1966 tal vez: no: un poco más adelante: 1968
Un buen año en sus comienzos: dicen que habrá olimpiadas
en México y los astronautas van a intentar descender en la luna

El futuro está con nosotros y usa casco de superhéroe
el desierto está con nosotros y nos deslumbra con sus espejismos
y sus campos olorosos a fertilizantes: vamos: aprisa:
quiero llegar a las tiendas repletas de juguetes: a las tiendas
donde los dulces brillan en su plástico alucinante: vamos
nos aguarda el buffet a la vaquero gringo con sus panes
enormes y sus trozos inmensos de cordero asado en salsa de barbacoa

Ésta es la luz de la que hablo
en aquellos instantes suspendidos en la nada: como un espejismo
que nos cubriera haciéndonos parte suya: el auto acelera
y mi padre ríe al ver las mariposas que se estampan en el parabrisas
mientras mi madre se entristece al ver tanta belleza destruida
esos colores son los de su infancia en el paraíso del sur
en ese reino donde abundan el agua y sus verdores

¿Qué hago aquí?
¿A dónde me dirijo más allá de un sábado de compras
a las diez de la mañana? Luego vuelvo mi atención
a esos gritos que salen de la radio: "Quita esos berridos"
Dice mi madre y dejo de oír la voz de Janis Joplin
Vuelven las melodías instrumentales que me adormecen
y luego las noticias de lugares lejanos que dan a conocer
el número de soldados muertos en Vietnam: hoy fueron 37

Déjame que te cuente...
y hay lucha en Saigón: tomo mi metralleta de juguete
y disparo contra el enemigo: nadie queda en pie
cuando termino de jalar el gatillo: ¿quién lo diría?
He matado a cientos y en clase odio toda disciplina militar
hacer ejercicios y marchar por horas para el desfile
de la independencia nacional: sólo soy héroe en mi imaginación
sólo peleo batallas en mi mente: como en una película
donde la guerra es un espectáculo estruendoso: una fiesta
explosiva con cohetes al aire y colores luminosos
cayendo a tierra como relámpagos
Nada es real
Bajo el vidrio: percibo el aire helado que golpea mi cara
es bueno estar vivo y respirar sin dificultad: ser hijo
de la luz que me cimbra de cuerpo entero

La autopista sigue hacia el norte
hacia el paraíso donde los ángeles habitan: un mundo
de muchachas bailarinas y perros que aman a los niños
de vaqueros intrépidos y piratas desalmados: una ciudad
donde los dibujos animados viven en grandes mansiones
y en cada garage hay naves del espacio a punto de saltar
hacia la Luna: un mundo de luces inagotables
que yo veo desde la distancia: como un resplandor creciente
tras las montañas de piedra: tiempo después sabría
que por esta carretera pasaron en sus autos
Rodolfo Valentino y Tyron Power: Lana Turner y Ava Gardner
Los dioses y las diosas de Hollywood en sus días
de impecable poderío: en sus épocas de triunfo
en la pantalla: pero ahora sólo nos acompañan
los hippies a la easy rider: en sus motos gigantescas
libres en sus vestimentas y cabelleras: con sus barbas
de profetas bíblicos: son como soles que deslumbran
en su paleta de colores: mariposas que zumban
mientras el cielo se vuelve diamante puro: un tapiz
de gritos y carcajadas: de música ruidosa y aullidos
de coyotes: libres en una forma exultante: de un modo imprevisto
y jubiloso: ellos que son apariciones de un espejismo
que me quita la modorra: por más que los denigren
son como ventanas entreabiertas a un mundo más extraño

que la dimensión desconocida: y luego están
las muchachas que los acompañan: esas ninfas que se visten
como mi abuela pero con atuendos transparentes: como
hijas de una danza que es remolino y frescura: eternidad
y contemplación: en sus ojos hay más universos
que todos los recorridos en un viaje a las estrellas

¿Pero quién soy ahora?
Sólo este niño abandonado a sus alucinaciones
En el asiento trasero de un Plymouth verde 1956
Yendo de su casa fronteriza en Mexicali a El Centro: California
Participando del antiguo ritual del shopping: aprendiendo
Que la luz cambia las cosas: trastoca los reflejos
De la existencia: da otro color a las palabras que pronuncia
Sin entenderlas del todo: Main street: free gift: great opening
Un niño que suma lo intangible con lo tangible: lo oscuro
Con lo luminoso: los cercos de púas con las barras cremosas
De chocolate: los guardias de la aduana estadounidense
Con las camareras blanquísimas que atienden la fuente de sodas
Los camellos de Camel con las dunas que se avizoran desde la carretera

No sé quién soy ahora
Y sin embargo las arenas se mueven en mi memoria
Y dejo de ser sal y sombra: vida y luz: para volverme
Una distancia que se alarga: una carretera
Que es el propio paraíso: con padre y madre a bordo
En un auto que atraviesa los campos de cultivo y se pierde
Más allá de mí mismo: en ese 1968 que comenzaba
Con los mejores augurios: un mundo sin fisuras: un desierto
Donde el tiempo brillaba para siempre
Como la luz del sol en el parabrisas
Mientras alguien cantaba: "El amor es una cosa esplendorosa"
Y los tres pasajeros de aquel viaje sonreíamos al unísono
Felices de ser quien éramos: de vivir como vivíamos
Una familia más a la orilla de la civilización
Participando en la misma: inolvidable travesía: con el viento
En la cara y el júbilo brotándonos por cada poro

Déjame que te cuente...

Esta es la luz que hablo
Esta es la canción que canto cuarenta años más tarde
Como una celebración por aquel viaje con mariposas muertas
Y el aire tibio del mediodía que se colaba en el auto
Y las voces de mis padres como la lengua de los ángeles
Que nunca volvería a oír: a disfrutar como en ese
Momento de iluminación: ante ese atisbo de trascendencia
A los nueve años de mi edad: con el sol en la cara: en un Plymouth
    verde 1956

De canciones de amor y otras penas

Rosario Montelongo de Swanson

Sublevación íntima

Crecí escuchando las historias
que acompañaron
el nacimiento de cada una de nosotras
y fuimos siete.
Entonces no sabía que las historias marcan,
te señalan un lugar
y que con cada recuento lo reiteran.
Cuando por fin comprendí lo que mi historia significaba,
entendí de golpe y protesté:
¿Y qué hacer con la historia,
con lo heredado,
con algo mío mas no de mí?
Y comencé a inventarme,
a agregarme capítulos enteros
a ser irremediablemente yo.

Plegaria a la humanidad

una vez más
la violencia
es el punto de reunión
entre nosotros
el desierto quema
calcina
pero
uno a uno llegan,
caminan
la pared...

Déjame que te cuente...

no detiene su andar
es apenas escala
por la zona
por siglos antes abandonada
porque ese río humano
quiere vivir
y se aferra
al sol quemante
de espaldas mojadas
que escurren
alimento único de biznagas y cactos
todos se conjugan en
uno
un deseo simple
de vida, de vivir
pero
cuando alguno sucumbe
a la sed o a algún arma de fuego
un hilo rojo
corre en la tierra
a lo largo y ancho de la frontera
en el norte y en el sur
y la pared no lo para,
no detiene su andar
en la frontera
la tierra es roja caliza morena
pero pocos saben de dónde le vino a la tierra
ese color
y nos quedamos mudos de muerte
y sordos de palabras
si son niños o mujeres encinta
los que mueren
en las orillas de la suerte.

Rosario Montelongo de Swanson

María de las Soledades, Soledad, Soledad Luna

El silencio de la noche
dibuja figuras extrañas
en las cortinas de las casas
ya María de las Soledades
deja de estremecer mi sueño
con la lluvia infinita de tus nostalgias
Soledad, Soledad Luna
atrapada en la memoria de mi sueño vives
tu aliento marino entibia mi imaginación
y mis recuerdos corren
hasta ese lugar azul entre agua y cielo
ahí tu memoria se vuelve lluvia,
tempestad marina,
corriente subterránea de recuerdos:
olor a jarro mojado
maíz tostado en la madrugada
azahar de limas y naranjas.
Soledad, Soledad Luna,
sonámbula deambulas
por la playa vacía de mis recuerdos:

rezos antiguos como sollozos
muchachas caminando alrededor de un kiosco
bancas negras en la encalada plaza,
hombres de lascivo mirar.
Música, flores, murmullos.

El oleaje cargado de algas y espuma arrecia en mi playa y
mis pies llenos de arena caminan en ella:
una niña baila su primer vals,
tú aprietas el paso
golpes caen sobre su cara y la nariz le sangra
la mano agresora se detiene y su boca cubre,
un hilo de sangre las separa
a ti te arde la cara
no sé si de golpes o deseo.
Mis pies se hunden en la arena y

Déjame que te cuente...

    el tiempo de la noche se acaba.
    entre agua y cielo ya no hay azul, sólo rojo
    la marea de tus recuerdos disminuye.
    Soledad, Soledad Luna
    sólo queda tu aliento marino en mi recuerdo,
    el lejano rumor de rosarios
    y ave marías y una diminuta cicatriz
    no sé si de golpes o deseo.

Así fue

Y fue así como sucedió
¿Sentiste la presencia del espíritu santo?
Miro las lilas y te recuerdo.
Su tenue violeta
en las cúspides se torna olor morado,
"como de santo" solías decir.

¿Sentiste la presencia del espíritu santo?
Años antes
la respuesta hubiera brotado de mis labios
palabras, palabras, palabras
sin emoción, sin fe, sin sentimientos.

Pero hoy no. No sé que decirte. Sólo silencio.

El hilo telefónico transporta mi
silencio lejos, lejos, lejos.

Silencio.
Qué extraño pensar en mi silencio yéndose de mí,
llegándose hasta ti, lejos, lejos, lejos, Madre.
Silencio.
¿Cuántas veces me has envuelto en tu vacío?
Por las noches trato de llenarlo
atrapar las libélulas de pensamientos que se me escapan
antes de que pueda derramarme en ellas
y así

devolver la fe y el aliento a las palabras,
expresar lo que quise decir y no pude
lo que pude decir y no dije
Silencio.
Silencio que te fuiste de mí lejos, lejos, lejos
vago, difuso como el olor de las lilas lejanas.
Silencio.

Elegía para cuando muera

Un día esta tierra extraña me recibirá en sus brazos
alimentaré su vida subterránea
pasos extraños
avivarán mi memoria de agua
y no podrás ya parir soledades
en la maraña de tus senos

Mi vida que ya muerta a ti da vida
alimentará tus profundidades
grabará designios secretos de savia
como gotas de sacrificio
piedra de agua Mante y Ameca.

La mata subterránea de mi pelo encanecida crecerá;
surcará fronteras secretas;
mi vientre dará a luz a infinidad de criaturas terrestres
creará glifos en la piedra donde
el agua de mi memoria corre y te recuerda...

Irremediablemente otra

y así he aprendido a vivir
siendo la que aún no soy
entre las angustias del presente
y la certera ansiedad de saber que seré la que
todavía no sé
la que fui y ya no la soy
y ella conmigo

Déjame que te cuente...

    a la otra
    le da vida
    y ella a mí
    y sola yo con ella
    siendo
    ella yo
    Yo la irremediablemente otra, YO.

Infinita de palabras

    Tiempo, tiempo, tiempo
    agua, agua, agua
    como una canción de cuna que se aleja

    Mujer con palabras infinita hecha
    mujer
        (desarraigo)
    mujer
        (pena)
    mujer
        (raíz)
    mujer
        savia
    mujer
        sabia
    mujer
        sabías
    a llanto
    a lluvia
    a semilla
    a vientre
    a tierra
    a diáspora

    las raíces que trajiste las llevas en la boca
    te cuelgan como babas cuando hablas y no las recoges
    te escurren
    entre las piernas
    se oyen

quejidos en el viento como una canción de cuna
que húmeda regresa
Mujer con palabras infinita hecha
 llórame un río
  cántame un puente
Mujer
 cruza conmigo el puente...

El que persevera alcanza

Paulina Ceja

Durante los primeros diez años de mi vida radiqué en México con mis padres biológicos. Nací en un rancho del municipio de Angostura, Sinaloa y fui la sexta de diez hijos. Mi padre era un hombre irresponsable, abusivo y vicioso; y mi madre era una esposa sumisa que nunca se atrevió a oponerse a sus decisiones, por lo que mi niñez fue plagada de privación, negligencia, abuso y pobreza. Sin embargo, fue justamente la adversidad la que empezó a moldar mi carácter y mi deseo de prosperar. A los seis años era una niña tímida, insegura, melancólica con una desesperada necesidad de seguridad e inspiración. Afortunadamente tuve una maravillosa maestra de primer año, quien poseía admirables cualidades que yo no veía en mi hogar. Era una mujer inteligente, independiente, respetada, paciente, cariñosa y dedicada. Gracias a ella, en su clase adquirí el deseo de aprender, me di cuenta de mi potencial académico y vislumbré por primera vez la mujer en la que me gustaría convertirme.

Cuando tenía diez años, una serie de eventos inesperados me colocaron en el camino que me trajo a la tierra de las oportunidades. Primero, después de la muerte de mi madre, fui adoptada por mi tía materna, quien ya era residente legal de los Estados Unidos. Posteriormente me trajeron a este país donde con un tanto de agudeza, diligencia, perseverancia y determinación podría alcanzar mis metas y realizar mis sueños.

Una vez que comencé la escuela empecé a aprender inglés de inmediato. Una amiga de la familia me hizo un regalo muy preciado: se trataba de un pequeño diccionario inglés/español, el cual

Déjame que te cuente...

resultó ser un verdadero tesoro para mí. Aparte de las clases del año escolar, asistí a clases durante las vacaciones de invierno y de verano. En menos de dos años, ya leía y comprendía inglés mejor que muchos chicos que habían nacido en este país.

A los catorce años de edad reafirmé la idea clara de la clase de mujer en la que quería convertirme: una mujer inteligente, independiente y respetada, como mi maestra. Aunque al principio no tenía una imagen definida del camino que habría de tomar, sí sabía que la educación sería un componente esencial de mi plan. Con esta idea en mente, durante la secundaria y la preparatoria, trabajé con diligencia para desarrollar destrezas y aprender conceptos que me ayudarían a alcanzar mi meta, por lo que aparte de los cursos requeridos, tomé clases de mecanografía, taquigrafía, francés, anatomía y fisionomía. También remplacé los cursos regulares con cursos avanzados de AP en historia, química, cálculo, física e inglés, y así, los últimos tres años de preparatoria me pasé las tardes, las noches, los fines de semana y las vacaciones leyendo, haciendo tareas, estudiando y escribiendo ensayos. Afortunadamente mi arduo esfuerzo dio sus frutos y fui aceptada a las siete universidades a las cuales envié mi solicitud de admisión, entre las cuales opté por asistir a la Universidad de California en Irvine.

Durante los siguientes cinco años me topé con varias situaciones adversas que podrían haberme evitado que continuara mi educación, pero fueron desafíos que ayudaron a formar mi carácter. Hacia el tercer trimestre de mi primer año universitario, mi tía —quien siempre había alabado mi éxito académico, había apoyado mi educación y se había ganado mi cariño y respeto, me dejó de hablar porque me fui a vivir a la universidad en contra de su voluntad. Aunque sufrí por su ausencia, fui lo suficientemente obstinada para continuar el camino que yo había elegido para mí. Además, en mi soledad, hubo una persona que me dio la fuerza interior que necesitaba para seguir adelante: una vez, mientras dormía, mi madre se posó detrás de mí y puso su mano sobre mi hombro, señal que interpreté como un gesto de apoyo incondicional.

Después de que mi tía me rechazó, me mudé a la casa de mi novio y nos casamos un poco después. Nuestro primer hijo nació durante el verano, a finales de mi segundo año universitario. Aunque algunos considerarían que hubiera sido más fácil alcanzar mis metas educativas antes de casarme y tener hijos, no consideré ni uno ni otro como obstáculos que pudieran impedírmelo. Terminé una Licenciatura en Español y adquirí la licencia de profesora.

Desde 1996 he enseñado español en varias preparatorias. Después de cinco años de experiencia decidí emprender el desafío de enseñar la clase de Lengua de Español AP y poco después empecé a enseñar Literatura de Español AP. No conforme con el simple hecho de enseñar y con el firme propósito de aumentar mis conocimientos sobre el proceso de los exámenes de AP, en 2004 hice mi solicitud al College Board para evaluar dichos exámenes, lo que llevo haciendo desde hace varios años con una gran satisfacción académica y profesional.

Dieciséis años después de haber completado la Licenciatura en Español y de haber terminado de educar a mis hijos, los biológicos y los adoptados, decidí continuar mi educación y estudiar una Maestría en Educación. En cuanto termine mi maestría pienso hacer la solicitud para facilitar los talleres de AP Español Lenguaje o Literatura. Sin embargo, mi sed de aprender es tal que seguramente continuaré estudiando para un doctorado en educación. Mi meta a largo plazo es trabajar en el departamento de educación de alguna universidad. Aun después de jubilarme de mi trabajo en la preparatoria, me gustaría seguir compartiendo mis conocimientos con otros que han escogido esta noble profesión.

Por lo pronto disfruto de mi vida presente. Soy inmensamente feliz, no sólo por haber logrado mis metas profesionales, sino porque he sido bendecida con una familia maravillosa con un esposo y unos hijos que me aman, me respetan, me consideran y me atienden como a una reina.

Hay momentos que creo que, al igual que Belisa Crepusculario, he sido "tan tozuda" que yo misma he forjado mi propio destino,

Déjame que te cuente...

pero otras veces pienso que hay un ángel que me ha protegido y me ha dado la fuerza interior que he necesitado en los momentos que pude haber flaqueado. De lo que no tengo duda es que la educación ha sido una parte fundamental en el éxito que he tenido en todos los aspectos de mi vida profesional y personal.

Ataúd para dos

La noche que su padre regresó borracho, Paulina, que entonces tenía 10 años, no se imaginaba, no tenía ni idea del por qué su madre no estaba, ni había estado en todo el día, en la casa.

Ya estaban acostadas ella y su hermana menor cuando su padre llegó. Sin encender la luz, su padre, se acostó en el colchón que se encontraba colocado sobre el piso perpendicularmente al de ellas. En el mismo cuartucho, en otro colchón, dormían sus tres hermanos menores.

Casi de inmediato, su padre le ordenó a su hermanita que se fuera a dormir con él. Ella, que seguramente intuía las malas intenciones de su padre, empezó a llorar. Paulina, quien sabía perfectamente para qué quería su padre que su hermana durmiera con él, quien por ser la mayor de la segunda tanda de hijos que su madre había tenido, sentía la responsabilidad de asegurar el bienestar de sus hermanitos, aún a costa de su propio sacrificio, sin pensarlo dos veces balbuceo: "Déjala. Yo duermo con usted."

A la siguiente mañana, Paulina, sentada en un sillón de piel sintética, trataba de comprender lo que veían sus ojos. Una mujer, con la apariencia de su madre, yacía, pálida, dentro de un ataúd. Paulina, que no derramó llanto, se revolvía acostada sobre el sillón, pasando saliva, tratando de explicar ese malestar en la garganta que no reconocía, que no sabría nombrar. ¿Acaso tenía ganas de llorar? Pero, ¿por qué no brotaban lágrimas? ¿Por qué sólo sentía ese incómodo malestar en la garanta?

Horas después, parada junto al resto de la familia de su madre (abuelos, tíos, primos, hermanos...) miraba con indiferencia una calavera junto a otros huesos que emergían de la tierra en el fondo

Déjame que te cuente...

del pozo, el pozo donde depositarían momentos después el ataúd con el cuerpo de su madre.

Nunca derramó Paulina llanto por la muerte de su madre. ¿Acaso no la quería? ¿Acaso no la echaría de menos? Acaso ni siquiera comprendía el significado de "la muerte". Acaso no creyó que la mujer en el ataúd era su madre. Esa mujer que aún meses después la persiguió en sus sueños. Esa mujer que se salía del ataúd y perseguía a la pequeña Paulina, quien huía aterrorizada, hasta que despertaba exaltada con la respiración fuerte y los ojos pelados en la oscuridad. Aún años después, aún décadas después, Paulina no comprendió por qué otros niños lloran cuando muere su madre, pero ella no.

Plegaria

Alberto Julián Pérez

Señor,
yo que creí llegar
al centro del mundo
cruzando alambradas,
atravesando muros,
me doy cuenta
que mi corazón
también tiene muros
y secretos.
Cada uno
busca escapar de su prisión,
de su destino
que es el destino de todos.
Nosotros los mortales
vivimos preparándonos
para la eternidad
y encontramos esto:
un camino,
un muro.
El centro del mundo
no está en ningún lado
porque el corazón del hombre
es tierra de nadie.
Sólo tus pasos nos guían
entre las aguas
a la tierra del milagro.

La caída

Aquí estoy, Señor,
entre mis hermanos
ganándome el pan
que me faltaba.
¿Pero quién soy, Señor?
He olvidado mi nombre.
No me reconozco en esta lengua.
Los demás me miran
como a un fantasma,
he dejado mi alma
en otro lado.
Esta ciudad extraña,
con sus calles y sus plazas,
es para mí un desierto.
Sólo te tengo a ti,
Señor,
para llegar
a la tierra prometida.

La de los jugos

Ana María González

A usted la he estado buscando. Fíjese que ya no iba a venir esta mañana a hacer ejercicio, porque me operaron de los ojos y no puedo ver para manejar, pero le pedí a Dios que me la pusiera otra vez en el camino y ya ve, Él nunca me ha fallado, aquí andamos en el agua y precisamente hoy que me entró la duda de venir siquiera un rato…

No, lo que pasa es que me acordé que usted me dijo que para desayunar siempre hace unas mezclas tan sabrosas y tan buenas con sus jugos y sus licuados, que yo pensé, "ojalá me la encuentre para que me diga bien cómo hacerlos y empezar a hacérmelos yo también", porque ¡ay! Dios mío, si viera cómo batallo hasta para ir al baño…

N'ombre! Es que yo quedé bien amolada desde que perdí a mi segundo hijo, se me fueron las ganas de comer, las ganas de dormir, bueno, las ganas de ir al baño y hasta perdí la cabeza, créame, yo de a tiro estaba loca, lo que se dice loca. So, con decirle que desde entonces, no puedo siquiera dormirme sola, donde quiera que vaya y en la casa que me encuentre, ya sea con mis sobrinos, con mis nietos y hasta con mis hijos que ya son viejos, se tienen que dormir conmigo, porque pues nomás no, me entra un pánico que me deja en vela toda la noche. Una vez, m'hija, la que vive aquí, de plano me dijo que no, que ya no podía estar allá, que me viniera y que aquí me iba a cuidar; sí, ya va para doce años que vivo en este lado. No, no puedo sacar la ciudadanía porque no puedo con el inglés, no, de veras no puedo; si viera que a veces con trabajos me acuerdo de dónde dejé el coche. Nada más la semana pasada perdí la bolsa con todos mis papeles, hasta con la tarjeta de residencia y m'hija me llevó a sacarlos todos otra vez. So, ya estoy vieja para hacerle la lusha al inglés, entiendo ahí más o menos, pero hablarlo nomás no. Sí, sí tengo muchos amigos, me dice m'hija que tengo más que ella y eso que no lo hablo, pero yo veo cómo me las arreglo y aunque sea a señas me hago entender...

Sí, va a hacer doce años que perdí al segundo; yo navegué con ocho hijos, pero perdí uno de bebito; so aparte de mi bebé, como ya le dije, primero perdí al segundo y luego al primero.

A m'hijo el segundo, ese día le di bien de almorzar y se salió con un amigo a arreglar unos papeles de un terreno, se fueron como a las nueve y ¡ay qué dolor, m'hijo ya nunca regresó! Nos llamaron y nos pidieron 500,000 dólares... no, no pesos, ¡dólares! figúrese usted y los conseguimos como pudimos, créame que vendimos hasta lo que no teníamos: terrenos, casas, muebles, bueno, todo lo que pudimos conseguir. Nos dieron indicaciones exactas y nos dijeron que no querían que fuera el mayor, sino el tercero de mis hijos a dejar el dinero, que se vistiera así y así, que lo dejara y que no volteara porque lo mataban. Como quiera no "no" lo dieron.

Después me trajo m'hija porque de plano no podía componerme, y ya llevaba dos años aquí cuando fui a verlos a Shihuahua, m'hijo el mayor me dijo que hasta íbamos a celebrar con un cerdo nomás que fuera, porque ¡cómo se parecía a mí en sus gustos! So, mataron un marrano grandote y ese día comimos carnitas, tacos, shisharrón, bueno, ¡qué no comimos con semejante marrano! Ya que acabamos, le pedí que nos fuéramos a la casa y me dijo que me adelantara, que en un ratito me alcanzaba; yo, muy confiada pues me fui, pero a m'hijo ya no volví a verlo, ya lo estaban esperando para echárselo, hasta el tercer día lo encontraron con todo y camioneta que según por un accidente, pero era muy obvio que primero lo asesinaron y luego rodaron el carro para aparentar otra cosa.

Yo le rezaba mucho porque quería saber si había tenido tiempo de arrepentirse para ver al Señor, no me dejaba la angustia de pensar cómo estaría m'hijo hasta que una noshe me hinqué antes de acostarme, y era tanta mi desesperación que con lágrimas le pedí que me hiciera saber cómo estaba; nada más me quedé dormida y lo vi tan guapo como era, con una camisa azul muy bonita que le sentaba muy bien; así, con su piel blanca y sus dientes parejitos –porque tenía unos dientes bonitos, era guapo m'hijo- y me dijo que ya no me preocupara, que él estaba tranquilo y que yo también debería estarlo. Desde entonces supe que ya no estaba sufriendo.

Luego me quedé trabajando en un restaurante que tiene aquí mi hermana, yo le ayudaba a hacer las tortillas; sí, trabajé por musho tiempo ahí con ella, pero ahora ya no puedo, me dan unas dolencias en los brazos que a veces no puedo ni moverlos, nomás véame cómo tengo que andar nadando como perrito. Ahí estaba duro y duro con las tortillas cuando me hablaron para avisarme que a mi tercer hijo se lo habían llevado, ¡Figúrese! Yo que aviento el palote, que me voy para la parte de atrás de la cocina, que me hinco y a gritos le hablé al Señor para ponerlo en sus manos, que por favor no le hicieran daño, que a Él se lo encomendaba, "Tú no vas a permitir que lo toquen; bajo tu amparo nadie me lo va a tocar y me lo vas a guardar y a entregar sano y salvo" y sí, así fue. Se pagó el rescate, otra vez vendiendo lo que pudimos, lo que nos quedaba y hasta lo que no; sí, con los terrenos nada más hay que darles los papeles y ya ellos se encargan de cambiarlo todo para que pase a otras manos, si tienen sus mañas, no se crea. So, lo secuestraron en El Paso y nomás lo soltaron. M'hijo caminó y caminó y por fin llegó una mañana a la casa; sí, bien flaco de tantos días sin comer, pero tan grande es Dios que no lo golpearon ni nada. Fueron de Ciudad Juárez los que se lo llevaron y es porque piensan que ya nomás por vivir aquí, uno anda con las manos llenas de dinero, pero Dios es grande y los sabrá perdonar, hasta yo los he perdonado porque si Él nos perdona, ¿quiénes somos nosotros para no hacerlo? Yo he aprendido tanto de la Misericordia de mi Dios Padre, porque véame, a pesar de todo lo que he navegado todavía estoy aquí, por eso quiero que me dé las recetas de los licuados, a ver si entre eso y los shoshitos que me tomo, logro regular mi estómago…

Y ni modo, aunque quiera ya no puedo ir a México como antes porque me angustio y mis hijos se preocupan; las shiquillas, mis

Déjame que te cuente...

nietas que tengo allá me ruegan que vaya y yo me siento partida no en dos sino en tres, para estar con los de aquí, con los de allá y con los que ya me recogió nuestro Padre Dios…

Ana María González

Los desterrados

Los desterrados llevan el sazón
de la comida de su madre en la boca,
las ganas de volar entre los colores de un cometa,
de hartarse de los olores y sabores del mercado
y de comerse un cono de fruta con chile y limón
como solían hacerlo al salir de la escuela.

Los desterrados no trabajan, no,
sino que se parten el alma para no perder
su pedacito de suelo que todavía creen poder alcanzar,
y en lugar de gastarse el dinero que les va cayendo
lo mandan por el Western Union hasta el último centavo
para alimentar una ilusión que todavía esperan disfrutar.

Los desterrados lloran, ríen, gritan en un lenguaje absurdo;
viven esperando volver y viviendo vuelven a esperar,
algo que les ayude a guardar la esperanza,
cualquier cosa que les permita soñar con la vuelta
antes de que se les acabe esta vida
para llorar, reír y gritar con los que añoran sin remedio.

Los desterrados se escapan, se fugan de sus propios recuerdos
que los persiguen y a veces los acorralan
todo por no saber qué nombre darle a su tristeza,
a la melancolía que no es como ninguna otra,
porque el desarraigo de su tierra les ha cortado
su propio corazón, así, de un tajo, sin darles tiempo de lamentarlo.

Los desterrados hablan una lengua extraña,
con un doloroso acento que delata su identidad
sí, es verdad, no son de aquí ni de allá:
—valga la expresión tan conocida y usada—
y todo lo dicen con una gramática alrevesada
igual que el alma que llevan tratando de remendar.

Los desterrados deshojan el calendario como una margarita
para medir la ausencia y no perder la noción de la esperanza

Déjame que te cuente...

    contando los cumpleaños, aniversarios, bodas, bautizos y festejos
    que se han perdido, que no podrán recuperar de ninguna manera.
    Sueñan con un camino de luz que cada noche los lleva a su madre
        tierra
    y despiertan ilusos, con los cabellos enredados de memorias y
        quimeras.

Mi aventura americana y la literatura

Beatriz Alem de Walker

La literatura siempre ha formado parte de mi vida, desde que era muy pequeña allá en el otro lado del mundo. Mi aventura comenzó a miles de millas del lugar donde vivo ahora, en otro rincón del continente americano. Yo nací y crecí en Montevideo, la capital del Uruguay. Un país pequeñito flanqueado por dos grandes colosos de la América del Sur, Argentina y Brasil. Literalmente un mundo aparte del que me toca transitar hoy en día. Los recuerdos de mi infancia y adolescencia en Uruguay son recuerdos felices, aunque incluyan unos doce años de dictadura militar. Como estudiante en la secundaria y más tarde en mis primeros pasos de universidad. Los pocos buenos profesores que aún quedaban en el Uruguay de la época (la mayoría había marchado al exilio), nos alentaban a leer, a estudiar, a educarnos. Los dictadores —nos decían estos magníficos educadores— buscan mantener al pueblo en la ignorancia para no ser desafiados. Así que "combatir la ignorancia" se convirtió en el lema de la revolución pacífica de los que permanecimos en el "insilio". Palabra usada por el escritor y dramaturgo uruguayo Carlos Manuel Varela que denominaba a los uruguayos que permanecieron en su país durante la dictadura a pesar de estar en contra de ese proceso totalitario. Los que crecimos en esa época leíamos vorazmente a los grandes filósofos, a los historiadores, literatos, dramaturgos y poetas, tanto clásicos como contemporáneos. Los uruguayos en general estamos muy orgullosos de nuestra educación, pero especialmente de la que tuvimos en aquella época, muy a pesar del sistema educativo imperante, aunque fuera en forma clandestina, ya que muchos de los libros y textos estaban prohibidos.

Déjame que te cuente...

Fue así que la literatura se convirtió en mi pasión. Claro que *La Ilíada* y *La Odisea*, *La Poética* de Aristóteles, las obras de Miguel de Cervantes, Lope de Vega y toda la gama de los clásicos griegos, hispánicos, etc. fueron parte de la lectura obligada y disfrutada a la misma vez. Aunque los autores prohibidos, como aquéllos del Boom Latinoamericano se convirtieron en lectura indispensable. Sin embargo, debo confesar que mirando hacia atrás no creo haber entendido todo lo que estos grandes autores querían decir en su forma más profunda. Varios años después volví a leer a muchos de esos autores en otro continente, en otro hemisferio y en distintas circunstancias de vida. Sus palabras tomaron una importancia casi "aclaratoria" de las experiencias de vida por las que pasé y aún siguen clarificando tantos momentos vividos.

Mi aventura literaria se unió a mi aventura americana en el hemisferio norte, todavía en las Américas pero un continente aparte de mi lugar de origen, siguiendo a mi esposo a su país con nuestros cuatro hijos. Estando tan lejos del resto de mi familia (padres, hermanos, abuelos, tíos y tías) mis hijos se transformaron en el centro de mi vida, en mis amigos más cercanos, los que dieron significado a todos mis esfuerzos. Mi amor por la literatura tomó una profunda dimensión personal. En mi mente las palabras de nuestro gran poeta chileno Pablo Neruda, que dirigió a su amada, para mí ilustraban perfectamente la relación con mi prole ya que cada uno de ellos fue considerado como un "...dulce jacinto azul, torcido sobre mi alma."

Gabriel García Márquez, nuestro Premio Nóbel colombiano, me recuerda que todos amamos el lugar en el que nacimos, aún un lugar que no era perfecto como aquél sobre el cual escribió en su obra magna, lugar inspirado en su ciudad natal de Aracataca, Colombia: "Macondo era entonces una aldea de veinte casas de barro y caña brava construidas a la orilla de un río de aguas diáfanas que se precipitaba por un lecho de piedras pulidas, blancas y enormes como huevos prehistóricos…". Todos los latinoamericanos llevamos un Macondo en el corazón.

Y mientras trataba de comenzar una nueva vida en Texas, tan lejos de mi hogar natal, las palabras de la querida Gabriela Mistral venían a mi mente:

> La mesa, hijos, está tendida
> en blancura quieta de nata
> y en cuatro muros azulea
> dando relumbres, la cerámica...

En Texas me costó mucho hacer amigos, las reglas de la amistad son diferentes en distintos lugares, debiera haberlo sabido pero no lo anticipé. Sin embargo, las palabras del héroe y poeta cubano José Martí me inspiraron a no desistir de tan necesaria relación:

> Cultivo una rosa blanca
> en julio como en enero
> para el amigo sincero
> que me da su mano franca.
> Y para el cruel que me arranca
> el corazón con que vivo
> cardos ni hortigas cultivo
> cultivo una rosa blanca.

Después de algunos años de vivir en Estados Unidos, recibí una noticia terrible. Mi querido hermano Miguel, que vivía en Francia, tenía un cáncer terminal. A París salí con dos de mis hijas ya adultas, y pasamos diez de los últimos días de mi hermano recordando los viajes hermosos en los que nos habíamos reencontrado: en París, en Mathaux, en Nueva York... Todavía hoy extraño tanto a mi amado Miguel, y es entonces que me rescatan las palabras de otra latinoamericana, Isabel Allende, que me dice: "La muerte no existe, la gente solo muere cuando la olvidan; si puedes recordarme, siempre estaré contigo." Es tan cierta esta reflexión de la famosa chilena, porque Miguel sigue vivo en nuestro recuerdo, como si todavía estuviera allá del otro lado del Atlántico, en la ciudad luz.

Hace ya muchos años que vivo en este país del norte, y no sólo me he acostumbrado a esta vida sino que me he integrado totalmente, aunque sea muy distinta de la que provengo. Pero pienso y siento como sintió mi admirado Mario Benedetti, el gran escritor uruguayo que vivió muchos años fuera de su país, no por voluntad propia sino por necesidad:

> Ah... si pudiera elegir mi paisaje
> elegiría, robaría esta calle
> esta calle recién atardecida en la que
> encarnizadamente vivo
> y de la que sé con estricta nostalgia
> el número y el nombre de sus setenta árboles.

La literatura ha jugado un papel muy importante en mi vida: ensanchó mi horizonte, cuando éste se vio recortado por la dictadura; me dio fuerza cuando era una inmigrante reciente y renuente, me consoló cuando perdí a un ser querido; me dio una segunda carrera después de la primera y más importante, la de ser madre.

Ciertamente cuando por circunstancias de la vida emigré a los Estados Unidos y comencé mi carrera académica, me di cuenta de la necesidad que existe entre nuestra gente joven, aquí en este gran país, de ser motivados a leer más literatura, a dejar volar su mente por esos mundos magníficos que otros seres humanos han creado para nosotros y a dar significado a su vida a través de las palabras y las ideas de nuestros grandes escritores.

Mi aventura en la lengua estadounidense ha revelado nuevas estrellas en mi cielo literario. Estrellas brillantes como Hemingway, Twain, Whitman, Dickinson y tantos otros literatos y poetas. Alguien dijo que "la vida es una novela", la mayoría de nosotros escribe su propia historia, no con papel y lápiz sino con vivencias propias; pero cuando las cosas se ponen difíciles, ¡qué bueno es escaparse a los mundos creados por aquellos que sí escriben con papel y lápiz!

Tierra lejana

Juana Pignataro

En esta tierra de todos
donde nadie habla a nadie
donde todos somos extraños
ya sea por nuestra piel
o por nuestra lengua,
donde nos llevamos la peor parte
por no conocer a nadie
y porque nadie nos conoce
o no nos quieren conocer.

Qué triste es vivir lejos de lo nuestro
donde todos somos iguales
hablando una misma lengua
y de color nos parecemos.

Pero por la circunstancia de la vida
buscamos la manera de vivirla
porque por belleza no se vive.

Tenemos que hacer amarga
la existencia de nuestra vida,
donde el destino nos lleva
ciegamente a un mundo,
que cuesta mucho
sonreír.

Pero vivir,
tenemos que vivir,
para existir.

La quinta de once

Amalia Barreiro Gensman

Matilde de la Concepción (Mati), María Teresa Isabel (Tere), Luz María Guadalupe (Luzma), Juan José (Juancho), Amalia de Jesús (Mayus), Plutarco Javier (Taco), Concepción Altagracia (Conchis), Manuel Antonio (Manolo), Cecilia Eugenia (Ceci), Beatriz de la Cruz (Ticha) y para cerrar con broche de oro, Gloria del Sagrado Corazón de Jesús y de María (Gloria). Agregándole el Barreiro Güemes Pavón Sanromán y se tendrá la lista de personas con quienes crecí.

Mis diez hermanos y yo, la quinta de la prole, crecimos muy unidos, creo que es la ventaja de tener una familia numerosa, la unidad entre nosotros todavía existe aunque estemos separados geográficamente. Es curioso cómo al decir que soy la quinta de once, la reacción cambia según la persona a quien se lo diga. Si la persona es hispana, por lo general lo considera común y muchas veces la respuesta es: "Yo soy el/la --- de ---" con números entre los espacios. En cambio, si se le menciona a un americano, el comentario es siempre de admiración o la expresión: "Eres católica ¿no?"

Recordar la niñez y la juventud es a veces difícil pues implica el sentir la nostalgia de años pasados, de lugares lejanos, de personas amadas que tal vez ya no vivan, de sentir que la edad se nos viene encima. Al mismo tiempo los momentos felices, las aventuras de chicos, las travesuras en que nos metíamos, son siempre recuerdos que nos traen gozo y sentido de identidad propia.

Mi vida en México, la que dejé desde 1969 estuvo siempre asociada a uno u otro de mis hermanos. Como quinta, era la más chica de los grandes y la más grande de los chicos, lo que significaba que podía ir a todas las fiestas o tardeadas porque todavía 'estaba en edad' así que en mis años de adolescencia, cada fin de semana podía asistir a una fiesta. Por lo general íbamos dos o tres de nosotros, a veces hasta cinco y claro que cuando llegábamos se escuchaba: "Ya llegaron los Barreiro, ahora sí a bailar" pues para nosotros era normal llegar y salir bailando. Estábamos acostumbrados a participar en las fiestas. Tanto en mi casa como en la de mis abuelos paternos (mis Abues), don Juan Barreiro y doña Teresita Pavón, siempre había música. Mi padre, Plutarco Barreiro era músico de profesión por lo que siempre había quien tocara ya sea el piano o el acordeón y un coro compuesto de su hermano y de sus primos. Recuerdo a mi abuelo enseñándonos a bailar, con suerte que yo siempre tenía pareja ya que podía bailar con mi hermano Juancho o con Taco y si no había hermanos bailábamos las hermanas.

La familia de mi madre, Concepción Güemes, era más seria, un poco más conservadora. Los domingos casi siempre visitábamos a mi abuela doña Concepción Sanromán viuda de Güemes (mi Ita) la que nos tenía juegos de mesa y libros para entretenernos. Las visitas en casa de Ita eran siempre divertidas pero también instruían. Mi tía tenía una colección de libros a los que siempre tuvimos acceso.

Salir de visita ya fuera a casa de mi abuela o a casa de alguno de mis tíos era toda una odisea. Por lo general, mis papás con los cinco más chicos tomaban un taxi y los otros seis nos íbamos en camión. Estábamos muy organizados ya que los más grandes cuidaban a los más chicos. Los chicos teníamos que darle la mano a una de las "tres grandes" y hacíamos nuestra rutina. Nos subíamos, corríamos a buscar asiento mientras que Mati pagaba por todos. Hoy en día en la ciudad de México me horrorizo al pensar el riesgo al que estaríamos expuestos. ¡Cómo han cambiado los tiempos!

La vida cotidiana era una constante interacción entre los hermanos. Siempre había alguien con quien jugar: si queríamos jugar a la casita, había bebés de verdad; para jugar al coche teníamos suficientes escaleras para sentar a todos; de vez en cuando armábamos guerras de los chicos contra las tres grandes y para hacer la tarea, jugábamos a la escuelita y nos ayudábamos unos a los otros. De los once, siete somos maestros. Aunque mis papás tenían que trabajar, mis abuelos paternos vivían con nosotros.

La casa donde vivíamos tenía tres pisos. En el primer piso vivían mis Abues, en el segundo nosotros y en el tercero había una azotea bardeada que además tenía un alambrado, así que podíamos jugar sin peligro de caernos. En la azotea corríamos, patinábamos o simplemente nos columpiábamos. Además, como era el lugar más seguro de la calle —esa casa estaba en la esquina de Pino y Amado Nervo, cerca del centro del D.F. y había mucho tráfico de coches, camiones y hasta un tranvía— los vecinos venían a jugar con nosotros. En una ocasión, cayó una granizada muy fuerte y empezamos a jugar tirando bolas de granizo primero unos a los otros y después a la calle. En eso, vimos un paraguas enorme y empezamos a bombardearlo con bolas de granizo. Lo malo es que debajo del paraguas venían mis papás quienes lo habían pedido prestado. Mi mamá utilizó el paraguas roto para "darnos una lección". ¡Todavía recuerdo los paraguazos que recibí! Años después, en parte de la azotea se construyó un salón de baile, de ensayos para la orquesta de mi papá y como academia de baile. Desde que estábamos en la secundaria, se organizaban fiestas de cooperativa (cada quien llevaba algo para compartir) la mayoría se hacía en el salón de mi casa. Ese salón se convirtió en un apartamento cuando nos mudamos al Pedregal de San Ángel y el edificio se vendió.

La casa del primer piso, donde vivían mis abuelos siempre estaba llena de gente. Ellos tenían las mismas cinco recámaras que había en nuestra casa, así que las alquilaban como casa de huéspedes para jóvenes que asistían a la universidad. Mi abuela, una gran cocinera, siempre tenía visitas y para santos, cumpleaños o aniversarios, siempre se organizaban comidas. Era muy común que una de sus primas le trajera una caja de chocolates muy finos. Mi abuela la guardaba en su ropero por varias semanas antes de abrirla y repartirlos entre nosotros. Lo malo era que cuando nos los daba ya estaban impregnados de olor a perfume. En una ocasión, mientras la fiesta estaba en grande, mis hermanos y yo nos robamos la caja con la idea de que así, los chocolates estarían frescos y razonamos que de todos modos éramos nosotros los que nos los íbamos a comer. Pare evitar el castigo, le pasamos unos a mi papá quien nunca decía que no a un chocolate, de esa forma lo hicimos cómplice. Un mes después, cuando mi abuela descubrió la caja semivacía, no nos pudieron castigar. Lo malo fue que la segunda vez que intentamos el robo, en vez de chocolates, mi abuela tenía una medicina que se llama Ex-Lax, un laxante en forma de chocolate y nosotros sin saber, nos lo robamos y así como dice el dicho: "Con el pecado viene el castigo". Mi padre, quien también sintió las consecuencias, se encargó de que fuera la última vez que robáramos algo del ropero de mi abuela.

La Navidad siempre nos proporcionó una oportunidad de unirnos y de cooperar. Empezando por juntar dinero para comprar el regalo de mis papás para el que todos aportábamos algo; claro que los mayores que ya trabajaban ponían más que los menores, pero todos cooperábamos con lo que tuviéramos. La Navidad implicaba poner el nacimiento sobre mesas y cajas de cartón y un banquito de madera, cubiertos de musgo y heno, con su portal, su caserío, su lago de espejo, su cascada de pelo de ángel, su ermitaño y sus ángeles colgados del techo volando como Tarzán. Las figuras eran de diferentes tamaños pues cada año conseguíamos unas nuevas o reponíamos las rotas. Un año, el nacimiento se quemó y sólo quedaron el Niño, algunos borregos y unos patos ahumados. En el nuevo, el Niño era más grande que San José y la Virgen, pero nunca se cambió.

Las comidas diarias eran eventos festivos. Creo que eso es lo que más extraño desde que llegué a Estados Unidos, y sobre todo de recién casada, cuando tenía que comer sola. La mesa del comedor medía cuatro metros y tenía catorce sillas. Era ovalada para poder agregar sillas en la orilla cuando se necesitara. A veces comer en la casa era como en un restaurante, unos llegaban a comer y otros ya salían, el horario de cada uno causaba un entrar y salir y muchas veces llegábamos con uno o dos amigos a comer, lo curioso es que siempre había comida. Las ollas y cacerolas de mi casa eran enormes, simplemente la olla donde se hervía la leche era de doce litros. En mi casa se usaban diez litros de leche diarios y el lechero los traía todos los días. Una tarde le informó a mi mamá que la leche costaría un peso más por litro a partir del día siguiente. Al preguntarle ella por qué, le respondió que el vecino hasta entonces le había informado que nuestra casa no era orfanatorio y que todos éramos en realidad sus hijos así que ya no le podía dar descuento por caridad. Esa misma olla se convertía en ponchera para las fiestas con varios litros de refresco y un litro de ron.

Mis padres eran estrictos pero comprensivos, su ejemplo era la guía a seguir. A nosotros se nos enseñó que cada persona, no importa quién sea o qué problemas tenga, (físicos o emocionales) es digna de respeto y de aceptación. Las puertas de mi casa siempre estuvieron abiertas para el que viniera. Todos teníamos amigos a quienes les encantaba ir a la casa ya que nunca se les cuestionó y siempre se les hizo sentir bienvenidos. Mis padres fueron ejemplo de tolerancia en todo aspecto —menos en falta de cortesía y buenos modales—. Ellos trabajaron con muchas personas de mundos muy diferentes. Su vida profesional se desarrolló entre músicos, bailarines, coreógrafos, directores artísticos, etcétera, y aunque profesaban la fe católica nunca criticaron o trataron de imponer sus creencias a nadie. Eso sí, si alguien les preguntaba o pedía consejos o ayuda ya sea económica o espiritual, siempre estuvieron dispuestos a ayudar, guiar y a dar ejemplo. Crecí rodeada de cariño y de comprensión aunque con disciplina y orden.

"Un lugar para cada cosa y cada cosa en su lugar" eran el lema de mi madre y la ley de mi casa. Mi padre era falto de vista y podía moverse y ambular por la casa sin ningún problema, claro está que si se tropezaba con algún juguete o mueble que estuviera fuera de lugar entonces recibíamos un severo regaño. La única vez que se nos castigaba o sentíamos el cinturón era cuando nos peleábamos unos con los otros. "El hermano que está unido a su hermana es como una ciudad amurallada" era otro de los dichos favoritos de mi mamá. El ejemplo y el amor de mis padres es la herencia más poderosa que pudiéramos haber recibido. Bajo su techo aprendimos a contar el uno con el otro, a saber que pertenecíamos a la familia como una parte integral de nuestra identidad y de nuestro ser.

Como adolescentes y como adultos empezamos a desarrollar once personalidades distintas y diferentes puntos de vista; desde políticos hasta religiosos, en todos los aspectos y en todas las gamas. Once personas diferentes pero unidas. Hasta la fecha seguimos así y gracias a la tecnología moderna, podemos estar en contacto constantemente. Cada año nos juntamos y tratamos de estar presentes en la reunión, haciendo todo tipo de esfuerzos para estar ahí. Estas reuniones, estamos hablando de hermanos, cuñados —a quienes se han nombrado miembros de la oposición— la siguiente generación de sobrinos con sus cónyuges y ahora nietos además de primos, es un fin de semana de hablar sin parar, de niños corriendo por todas partes, de camas improvisadas del "De rincón a rincón todo es colchón"; de doce personas en un coche, de recordar, reír y aconsejar…

Mi familia es como una colcha, de ésas que se forman uniendo retazos de tela, de cuadrito en cuadrito. Cada miembro de la familia es uno separado, diferente, pero unido a los demás. Me veo en ella como el quinto cuadrito de la primera fila. Veo en ella a mis tres hermanos y a mis siete hermanas, —dos de ellos ya están en el Cielo con mis papás; veo en ella a mis cuñados, veo en ella a Larry mi esposo; veo en ella a mis cuatro hijas, a mis yernos, a mis nietos; juntos y amalgamados con mis sobrinos y a mis sobrinos nietos. Esta colcha tiene la base del amor y el cariño de mis padres. La veo como una fuente de calor y seguridad. Con ella me cubro en todo momento y le doy gracias a Dios por ella; por esta colcha extendida geográficamente en todas direcciones con el verdadero centro en mi ciudad, el ombligo de la luna, mi entrañable México, D.F.

Una sabia decisión

Francisco Martínez

Mis alumnos, amigos, vecinos y otros profesores siempre me han hecho la siguiente pregunta: ¿Qué te trajo a los Estados Unidos? ¿Por qué estás viviendo en Oklahoma? Siempre he respondido esas preguntas brevemente. Por eso pienso que ya es hora de escribir con más detalles acerca de cómo llegué a Oklahoma y lo que me trajo a vivir y trabajar en este maravilloso país, los Estados Unidos de América. Más importante aún, de cómo me convertí en un profesor de español. Esencialmente le digo a todo el mundo que me considero un "Embajador Cultural del Mundo Hispánico". Voy a compartir con ustedes algunas reflexiones sobre mi vida como docente y cuáles son las estrategias de enseñanza que utilizo en mis clases para convertirme en un maestro eficaz; así como del lugar donde actualmente vivo y trabajo.

Para empezar este relato, nuestro viaje a los Estados Unidos comenzó cuando solicité una visa de estudiante en 1999. Recuerdo que mi familia y yo tuvimos que esperar más de un mes para recibir la forma de migración I-20 de la Universidad Estatal de Oklahoma en Stillwater, Oklahoma. Por alguna razón, el Departamento de Estudiantes y Asuntos Académicos Internacionales tomó un largo tiempo para emitirla y enviarla a Venezuela. Al principio estábamos desesperados. Mi familia y yo habíamos empacado y estábamos esperando a que el documento llegara al apartamento de mi cuñada porque ya habíamos alquilado el nuestro en Caracas, Venezuela. En aquel tiempo nos sentíamos como si nunca lo conseguiríamos. Esperamos por casi dos meses. Cuando finalmente llegó el documento, me fui a la Embajada de Estados Unidos en Caracas y conseguí mi visa F1, junto con tres visas F2, para mi esposa Berta y para nuestros dos hijos, Gidbert y Francis. El 27 de agosto de 1999 todos llegamos a Oklahoma. Nos sentíamos felices porque estábamos por fin aquí en EEUU: yo había sido aceptado como estudiante de posgrado para hacer mi doctorado en educación en la Universidad Estatal de Oklahoma. En el momento en que llegué, mis clases ya habían comenzado por consiguiente, estaba estresado pues tenía que ponerme al día con las clases. Llevaba dos semanas de retraso en las clases. Quiero destacar que antes de llegar a esta universidad en 1998 yo había conocido a los profesores del Departamento de Educación de la universidad. La Universidad Simón Bolívar en Caracas, Venezuela, para la cual yo estaba trabajando, quería firmar un convenio académico con la Universidad Estatal del Estado de Oklahoma.

Mi hermano mayor, Pedro, que era un estudiante de doctorado en la Universidad Estatal del Estado de Oklahoma, había terminado todo sus cursos y estaba trabajando en su tesis doctoral. Ya que él conocía a los profesores y el programa de doctorado, me lo había recomendado a mí. En 1997 había culminado mi maestría en la Universidad Simón Rodríguez en Caracas y estaba muy emocionado de ser un estudiante de doctorado.

La adaptación a nuestra nueva vida no fue muy fácil. Cuando mi esposa e hijos llegaron aquí no hablaban inglés en lo absoluto. Gidbert se había inscrito como estudiante del décimo grado en la Escuela Preparatoria de Stillwater. Francis se había matriculado en quinto grado en la Escuela Primaria Westwood. Afortunadamente, el sistema educacional de la ciudad proporciona un gran programa de inglés como segunda lengua y al cabo de unos meses podían comunicarse con los profesores y amigos en inglés. Al principio de nuestra llegada, era difícil para ellos hacer amigos en la escuela porque su conocimiento de inglés era limitado. Sin embargo, su vida cambió cuando sus nuevos amigos podían ir a casa a jugar con ellos. Mi esposa pudo asistir a los cursos de inglés como segundo idioma que ofrecía la Escuela Preparatoria durante la noche en Stillwater. Del mismo modo, se las arreglaba para asistir a algunos cursos durante el día que ofrecían las iglesias locales de la ciudad. Como he mencionado, el tener dos semanas de atraso en las clases me mantenía muy ocupado poniéndome al día con los trabajos asignados, además del proceso de adaptarme a la vida de estudiante además de cuidar a mi familia. Todavía recuerdo que los dos primeros años académicos fueron los más duros. No sólo tenía que batallar con mis clases regulares, entregar los ensayos de tarea, tomar exámenes, y todo lo que implica ser un estudiante, sino que también tuve que hacer mis quehaceres del hogar y asegurarme que hubiera bienestar y tranquilidad en mi familia; todo esto en un entorno cultural completamente diferente al que estábamos acostumbrados.

Estábamos acostumbramos a vivir en la gran Caracas, Venezuela, donde llevábamos una vida activa y metropolitana; en contraste con la ciudad universitaria de Stillwater, una pequeña ciudad de Oklahoma. Nuestra vida profesional en Venezuela era totalmente distinta; Berta, mi esposa, estaba empleada en el Ministerio de Relaciones Exteriores como trabajadora social y yo empleado como profesor asistente de inglés como lengua extranjera de la Universidad Simón Bolívar. Había enseñado inglés como lengua extranjera al igual que inglés con propósitos específicos por más de diez años. Había decidido venir a estudiar a una pequeña ciudad universitaria porque pensé que teniendo un título avanzado iba a tener más oportunidades profesionales. Venir con una familia que no hablaba inglés a un país con una cultura totalmente diferente a la nuestra para obtener un título de doctorado fue un verdadero reto.

Mientras tanto, mi vida profesional en los Estados Unidos seguía desarrollándose. En el 2002, antes de graduarme, empecé a enseñar español en la iglesia Católica Saint John aquí en Stillwater, como un servicio a la comunidad. Pensé que podía hacer algo útil por algunos feligreses que estaban deseosos de hablar el idioma español. Las clases que impartía me fascinaban porque mis estudiantes eran estudiantes adultos que estaban muy interesados en el aprendizaje de la lengua y la cultura hispana. En mayo de 2003, terminé mis estudios de doctorado en educación en la Universidad Estatal de Oklahoma. Por lo tanto, ya era hora de volver a casa, a

Venezuela. El país estaba pasando por una gran agitación política y económica. En 2002, se hizo un golpe militar que atentó contra la vida del presidente Hugo Chávez. Este intento fracasó. En el año 2003, el gobierno venezolano inició los controles de las divisas extranjeras. Ahora el Banco Central de Venezuela era el responsable de la compra y venta de moneda extranjera. En mi caso, la cosa empezó a hacerse difícil el transferir dólares de Venezuela a los Estado Unidos debido a la nueva ley. Esto a su vez se tornó muy arduo para nosotros conseguir el dinero de Venezuela. Hoy día el control de cambio sigue siendo controlado por el gobierno. En consecuencia, los enfrentamientos políticos entre el presidente Chávez y los partidos de oposición en Venezuela, la necesidad de dinero de Venezuela y mi familia aquí contribuyó a que nos quedáramos un poco más de tiempo, por lo que pospusimos el viaje de regreso a Caracas, Venezuela.

Mientras tanto estaba esperando que sucediera un milagro. Así pasó, un día, la profesora de español, la Dra. Cida Chase tocó a la puerta de mi casa y me ofreció un puesto como profesor de español en la Universidad del Estado de Oklahoma. Ella había recibido mi currículo y sabía que yo estaba buscando un empleo y como el Departamento de Lenguas Extranjeras de la Universidad Estatal de Oklahoma estaba buscando un instructor, el jefe de departamento me concedió una entrevista. Inmediatamente después de que me entrevistaron, me ofrecieron el cargo, el cual acepté con mucho gusto. Cuando recibí la oferta me pareció que era el trabajo de mi ensueño, no sólo porque lo necesitaba como una fuente de ingresos, sino porque quería seguir haciendo lo que estaba calificado para hacer. Siempre he sido un apasionado de la enseñanza de lengua extranjera o segunda lengua.

Por supuesto, tomar la decisión de residir en los Estados Unidos nos llevó un cierto tiempo. Primordialmente por las razones que he explicado anteriormente. Nunca pensé que iba a ser difícil decidir no regresar a Caracas. Creo que si ninguna de estas cuestiones hubiese pasado, nuestra historia habría sido completamente diferente. Justo después de haber terminado mi formación práctica opcional, todos nosotros decidimos que necesitábamos vivir y trabajar en los Estados Unidos. En el 2004, me ofrecieron un puesto como profesor asistente de español en la Universidad Estatal del Noroeste de Oklahoma en Alva, Oklahoma. En ese entonces, fue una maravillosa oportunidad que no podía rechazar en lo absoluto. Sobre todo, ya que habíamos decidido vivir y trabajar aquí. Hoy en día, soy un profesor asociado de español en esta prestigiosa universidad.

Como profesor universitario, tras haber adquirido mucha experiencia en enseñanza de lenguas extranjeras en Venezuela y ahora en los Estados Unidos, me doy cuenta de que para llevar a cabo la enseñanza eficazmente tengo que desarrollar actividades o estrategias en el aula con el fin de ser un maestro exitoso. La experiencia también me ha enseñado a utilizar canciones y juegos didácticos en mis clases para ayudar a fomentar una actitud positiva en el aprendizaje de lenguas. Por lo tanto, para crear motivación, incorporo estas actividades con el propósito de tener mayor éxito. Además, me gusta la idea de solicitarles a mis alumnos sugerencias de qué manera les gustaría participar activamente y cómo me iría mejor en la enseñanza. Sorprendentemente, los estudiantes vienen con ideas interesantes y refrescantes. En el fondo, los más beneficiados son ellos, los estudiantes. Como educador, estoy en constante búsqueda de la excelencia académica. Por eso siempre estoy escudriñando ideas a fin de mejorar mi práctica docente. En esa búsqueda, encuentro el constructo polifacético que promueve el crecimiento, el desarrollo y la comprensión de la enseñanza. Este constructo se llama reflexión. Me gustaría destacar que a través de las lecturas, debates, casos de estudio de la Universidad Estatal de Oklahoma, he aprendido la importancia de ser un profesor reflexivo. Por lo tanto, recomiendo a todo profesor el establecimiento de una verdadera y sincera relación entre profesor-alumno pues mejorará nuestra práctica. Este dualismo en la enseñanza se ha convertido en mi objetivo cuando cumplo con las necesidades de mis alumnos. Lo llamo "Si hubiera sabido entonces lo que sé ahora, lo habría hecho de manera diferente". El concepto de la

Déjame que te cuente...

reflexión me ha dado no sólo los recursos activos para mi pedagogía, sino también para considerar una cuidadosa autocrítica, con un sentido de responsabilidad y respeto hacia los demás.

Migración y exilio

Aída Cragnolino

A Gustavo y a mí jamás se nos había ocurrido emigrar y menos que nada a los Estados Unidos de Norteamérica. Éramos felices en la Argentina, donde nos conocimos, nos casamos y tuvimos dos hermosos hijos. Éramos una familia de clase media que nunca tuvo el anhelo de hacerse rica o de tener una casa de lujo. Nuestras vacaciones se limitaban a pasar unos días en alguna playa cercana a Buenos Aires o en las sierras de Córdoba.

Siempre estuvimos interesados en los avatares de la política del país y a pesar de la inestabilidad económica y los frecuentes golpes de estado militares, sobrevivíamos bien. Yo soy abogada, Gustavo tenía un doctorado en química y entre los dos lográbamos sumar una entrada aceptable dada nuestra manera de percibir la vida. Nos queríamos mucho y teníamos buenos amigos, interesados como nosotros en las alternativas de la política nacional e internacional, en las novedades del cine, la literatura y el teatro. Vivíamos en Buenos Aires que era y es, desde la caída del gobierno militar en 1983, una ciudad excepcional, de una riquísima vida cultural muy al día de lo que sucedía en los Estados Unidos y Europa. Por ésa época los países latinoamericanos estaban comunicados entre sí en el terreno de la literatura y las artes y gozamos mucho de la literatura argentina y latinoamericana, que se estaba imponiendo en el mercado mundial.

Alrededor del año 1972 empezaron a producirse en la Argentina enfrentamientos políticos que alcanzaron un estado de turbulencia que no habíamos experimentado en los años anteriores. Sería muy largo y difícil explicar en qué consistían las pugnas que comenzaron a ensangrentar al país.

Déjame que te cuente...

En 1973 hubo un golpe militar en Chile que desplegó un proceso de brutal represión. El presidente Allende, elegido en elecciones legales y democráticas fue asesinado defendiendo la sede del gobierno chileno. Percibíamos su gobierno como el modelo de una posibilidad de superar con democracia los problemas de la pobreza y la injusticia social de nuestros países. Su caída ensombreció nuestra visión, extremadamente optimista quizás, de un posible porvenir de nuestros países.

En el terreno de nuestra vida personal un hecho importante marcó nuestro futuro: la Argentina le compró un reactor nuclear a Canadá y Gustavo y otros profesionales de la Comisión de Energía Atómica Argentina fueron enviados a ese país del norte para entrenarse en la tecnología relacionada con el reactor. Nosotros llegamos a Toronto el 7 de enero de 1976, de donde nos llevaron a un pequeño pueblo llamado Deep River, cercano a Chalk River que era la sede de Atomic Energy Canada.

Conocimos a los argentinos que habían sido enviados en la misma misión que Gustavo y a varios canadienses que nos recibieron de maravillas, con los que pudimos conversar y compartir muchos de los temas que siempre nos habían interesado.

A pesar de que ya hacía varios años que la violencia asolaba al país, el 24 de marzo de 1976 se produjo una debacle. Hubo un golpe de estado militar en la Argentina que no sólo se proponía reemplazar el gobierno constitucional sino de acabar con todo atisbo de una cultura democrática y progresista. Tal como había sucedido en Chile, el gobierno militar inició una represión sangrienta.

Le enviaron un telegrama a Gustavo, ordenándole "su regreso inmediato al país" y nos hicieron llegar además pasajes para toda la familia. Mi padre y una de las compañeras de trabajo de Gustavo nos llamaron por teléfono tres días después del golpe. Nos dijeron que se había desatado una ola de terror nunca antes experimentada y que no se nos ocurriera volver. Por supuesto que pensábamos hacerlo porque era evidente que las intenciones de los militares eran amenazantes. Al perder el nombramiento de la Argentina perdimos también la visa que nos permitía trabajar temporalmente en Canadá y el sueldo que recibíamos de la Argentina.

Fue entonces que emigramos a los Estados Unidos. Allí Gustavo consiguió un puesto en un instituto de investigación de The Ohio State University. Dos años después inicié una segunda carrera, un doctorado en literatura latinoamericana, que me fascinó.

Las impresiones de la llegada a Columbus, Ohio fueron desalentadoras. La ciudad no era ni una ciudad ni ninguna otra cosa identificable con lo que en mi cultura podía ser una ciudad o un pequeño pueblo. Recorrimos calle tras calle con enormes casas, y lo que a mí me pareció, muchísimas gasolineras. Toda la ciudad daba una extraña sensación de soledad y vacío. No se veía un alma caminando, ni siquiera niños jugando en esos magníficos jardines. En realidad, no había por donde caminar ya que las veredas eran inexistentes. Después aprendí que las compras, los paseos, las visitas, se hacían en auto ya que tampoco había medios de transporte público. Cuando conocí la universidad decidí que lo único interesante en Columbus era el campus, sus calles llenas de estudiantes, sus bonitos edificios y un clima general de bastante energía, al iniciar mi maestría y mi doctorado conocimos a personas interesantes y a muchos latinoamericanos.

En mi país, muchos estudiantes universitarios de mi época se interesaban en Latinoamérica, dejando de lado las banalidades típicas de una especie de generalización sobre las características de cada país. Para nosotros conocer a toda esta gente en Columbus fue una experiencia importante y muy enriquecedora. Este sentimiento concordaba con lo que se hizo carne en mí durante mis estudios en la Facultad de Derecho de la Universidad de Buenos Aires. La galería en la cual estaba el centro universitario de la facultad de derecho se llamaba *El Quetzal*. El quetzal es un pájaro de Centroamérica, ya casi desaparecido, que no puede vivir en cautiverio. Aunque es un símbolo de la necesidad de libertad, me pareció siempre símbolo de una vocación "latinoamericanista" de los estudiantes con los que me asociaba.

Recuerdo con gran cariño a los Rojo: Grinor, mi maestro, mi profesor y director de mi tesis doctoral y a su esposa Valentina, artista plástica, ceramista y una persona muy creadora. Ambos tenían además un gran sentido encantador del humor y muy rápidamente nos hicimos grandes amigos. También recuerdo siempre y echo de menos a una pareja de colombianos, con los que compartíamos ideas y diversión, Teresa y Pedro, a los cuales perdí de vista, por culpa mía, en momentos difíciles. Los americanos, aunque más distantes, siempre nos trataron con cariño y respeto y muchos de ellos nos demostraron que estaban dispuestos a ayudarnos con el idioma y con todo lo que podíamos necesitar para instalarnos y para hacer nuestra vida más vivible. Aunque nunca en todos estos años nos adaptamos del todo, la vida sí se nos hizo más llevadera. Todo se veía sin embargo ensombrecido por las trágicas noticias que venían de la Argentina: las desapariciones de personas, los asesinatos, las torturas y podíamos compartir con Grinor y Valentina nuestras mutuas preocupaciones.

Éramos conscientes de ser privilegiados, no sólo porque habíamos salvado la vida al encontrarnos en el momento del golpe militar en Canadá, sino también porque Gustavo consiguió trabajo y yo pude comenzar una nueva carrera apasionante que solventé con el nombramiento de instructora de español en la misma universidad.

Después de la caída de los militares intentamos volver a la Argentina pero la vuelta resultó, por distintas razones, dificultosa. Volvimos a Estados Unidos y terminamos aterrizando en Texas. La vuelta fue fructífera profesionalmente para mi marido y para mí. En lo demás fue y sigue siendo frustrante.

La muerte de mi marido en el 2009 a los 69 años, ensombreció para siempre mi vida. Nos habíamos jubilado los dos y teníamos planes de disfrutar los años de vida que nos quedaban. Tengo dos hijos, sus cónyuges, que también considero hijos, y cinco nietos que viven en otros lugares de EE.UU. Mis hijos y mis nietos son lo que sustentan, a pesar de la distancia geográfica que nos separa, mis (pocas) ganas de vivir; y si no fuera por ellos quizás volvería, como dice el tango, a "mi Buenos Aires querido".

Recuerdos

Ana Patricia Chmielewski

Entre los mejores recuerdos que tengo de mi tierra natal, El Salvador, y de mis años de adolescente están las experiencias que pasé con una de mis tías favoritas, mi tía Consuelo. Ella era la hermana mayor de mi papá. Su nombre completo era Consuelo Isabel Arévalo Salguero. Nació en San Pedro Nonualco, pero vivió la mayor parte de su vida en San Salvador, la capital.

Lo que hace que esos recuerdos sean tan lindos para mí, así como las flores en la primavera o como una linda melodía, es que junto a ella siempre me sentía muy especial.

En esos días mi rutina consistía en asistir al colegio, estudiar y hacer mis deberes. Ese era mi enfoque: sobresalir en todas las materias y recibir reconocimiento al final de cada trimestre escolar. Al salir de clases a la 1:00 de la tarde tenía tiempo para hacer otras actividades. Entonces, cuando mi tía Consuelo preguntaba si podía acompañarla a hacer alguna actividad, yo… encantada.

Mi papá, contador de profesión, fue por muchos años Gerente General del Banco Capitalizador y mi mamá fue Supervisora del Departamento de Ahorros del mismo banco en la oficina central de San Salvador. Estos puestos demandaban mucho tiempo y trabajo. Por esta razón mis padres contrataban a dos muchachas, una cuidaba a los niños y la otra muchacha cocinaba y se encargaba de mantener la casa en orden.

Mi papá tocaba la guitarra. Su habilidad era excepcional. Mi papá tocó la guitarra desde que los ocho años, tenía "un oído" increíble para la música. Publicó el primer volumen de sus lecciones de guitarra pero no completó el segundo ya que falleció el 9 de julio de 2009. Gracias a él aprendí a tocar algunas melodías de mi época de adolescente. Mi mamá fue campeona de baloncesto. Comenzó a jugar basquetbol en su ciudad natal, San Miguel, El Salvador desde que tenía trece años. Mi mamá era tan buena deportista que le llamaban "gacela" por lo rápido que corría. Era popular por la exactitud con que lanzaba la pelota cayendo precisamente en la canasta. Siempre era emocionante verla jugar y anotar para su equipo. Tengo una colección de siete de las medallas que recibió durante los juegos Centroamericanos y del Caribe y de otros campeonatos. Actualmente reside en San Salvador y en Texas.

Éramos cinco hijos. Mis dos hermanas mayores asistían al Colegio María Auxiliadora, y lo llamo "colegio" porque en El Salvador una institución de enseñanza privada se conoce como "colegio." Yo asistía al Colegio Guadalupano. Mis otros dos hermanos son cinco y siete años menores que yo. Por eso, a mí me encantaba pasar tiempo con mi tía Consuelo.

Tía Consuelo viajaba a México frecuentemente porque tenía un negocio de importación. Ella manejaba una *boutique* privada en casa de mi abuelita. La *boutique* tenía joyas, ropa, zapatos, cinturones… los cuales vendía a sus amigos, a los amigos de sus amigos y a la familia.

Tía Consuelo era esbelta, activa y simpática. Medía aproximadamente cinco pies y tres pulgadas de estatura. Nunca la vi llevar pantalones. Siempre llevaba vestido y se adornaba con bonitos collares y aretes. Su pelo castaño lucía siempre arreglado. Le gustaba maquillarse y su comportamiento era calmado pero activo a la vez.

Normalmente, tía Consuelo visitaba a mi familia. Llegaba a nuestra casa, lo que a mí me gustaba mucho porque regularmente me hacía alguna invitación; ya sea de ir a su casa y aprender a hacer algún postre o de acompañarla a alguna actividad social. Me escogía a mí porque ella sabía que siempre estaba dispuesta a pasar tiempo con ella.

Ella vivía a unas cuadras de nuestra casa en San Salvador y siempre caminaba en vez de tomar un taxi o el autobús. Recuerdo que cuando visité a mis padres en el año 1998, tía Consuelo tenía 77 años y la vi tan bien. Cuando se lo dije, me respondió levantándose un poco el vestido, "¿ves estas piernas? Todavía están fuertes de tanto caminar."

Tía Consuelo nunca se casó. Vivía con mi abuelita paterna, -abuelita Chave, y su hermano menor, mi tío Roberto. Algunas veces viajaban a México juntos. Además a ella le encantaba cocinar, tal vez porque lo hacía tan bien.

La *boutique* era bonita y estaba muy bien organizada. Convenientemente localizada en una habitación junto a la sala. A veces llegaban sus amigas mientras yo estaba de visita y me presentaba. Me encantaba ver cómo se comunicaba con sus amistades, además de tener la oportunidad de admirar la mercancía.

Tía Consuelo viajaba a México cada mes en busca de productos que no fueran comunes en nuestro país y de buena calidad. Por eso tenía buena clientela.

Una ocasión, que recuerdo con mucho cariño, fue el día que aprendí a hacer torrejas. Las torrejas son un postre sabroso popular en el tiempo de Cuaresma y durante todo el año. Son rebanadas de torta de yema de una pulgada de grosor y unas cuatro o cinco pulgadas de largo. A estas porciones de pan se les agrega vainilla, se envuelven en claras de huevo batidas y se fríen. Luego se sumergen y se cocinan a fuego lento por diez minutos en una miel hecha de agua, dulce de atado y canela en raja. ¡Qué fragancia y qué sabor! ¡Inolvidable!

También me invitaba a disfrutar de sus eventos sociales. Entre otros, asistí a algunas despedidas de soltera y a la bienvenida de algún futuro bebé. Estos eventos se conocen como "tés" en El Salvador. Un "té" es una reunión formal de amistades en un local especial para banquetes. Los meseros sirven los aperitivos y las bebidas primero, después de un tiempo, sirven el plato principal y al final sirven el postre. Es una celebración muy placentera.

Tía Consuelo era una mujer ejemplar. La recuerdo con mucho

cariño por su comportamiento, su manera de tratar a las personas, su apariencia y especialmente su manera de tratarme a mí. Fue una mujer muy inteligente y capaz de manejar un negocio exitoso. Le encantaba escuchar música de mariachi y valses. Así conocí la música de Alberto Vázquez, Vicente Fernández, Alejandro Fernández, y otros cantantes y compositores mexicanos famosos.

Durante mi vida en los Estados Unidos he visitado a mis padres en El Salvador muchas veces y en esos viajes tuve la oportunidad de pasar tiempo con mi tía Consuelo. Recuerdo que en 1998 cuando mi esposo viajó a El Salvador por primera vez, mi tía Consuelo le envió, con la muchacha, unas naranjas tan grandes que yo jamás había visto algo así. También nos envió yuca y otros platillos que ella cocinaba. Para ese entonces abuelita Chave ya había fallecido y tía Consuelo y tío Roberto se habían mudado a una casa más cerca de mis padres.

El 26 de septiembre de 2003 mis padres llevaron a mi tía a disfrutar de un helado como ella lo deseaba. Por la noche recibieron una llamada de mi tía Margot con la noticia de que tía Consuelo había fallecido. Fue un día indescriptiblemente triste para mí.

Sin embargo, es lindo saber que su espíritu se regocija en la Gloria; y que esos lindos recuerdos quedarán en mi corazón para siempre.

"Tía Consuelo: fue lindo conocerte en vida. Gracias por el tiempo que me dedicaste."

Cuando una palabra no alcanza a decirlo

Nadine Patton

A Mariela Patton, de su hija.

La palabra "admiración" puede ser algo rara.

Implica el tener una alta estima y gran aprobación, pero a veces creo que no es apropiada o simplemente es limitada. Cuando digo que admiro a mi mamá, Mariela Muñoz Patton, esta palabra no puede contener en sí el impacto, la emoción, el aprecio y el enorme respeto que tengo por ella. Ella me ha inspirado en forma personal, profesional y espiritual más que nadie en mi vida; es en sí una turbina de fuerza y me ha enseñado que debemos moldear al mundo que nos rodea de la mejor forma posible para poder lograr nuestros sueños.

¿Qué es lo que ha hecho exactamente?

Nada fácil. Vino a los Estados Unidos dejando su carrera de arquitectura en Panamá. A pesar de esto, contra toda corriente, consiguió trabajar a tiempo completo a la vez que estudiaba también a tiempo completo y criaba a sus dos hijas y a su nieto y todo en una segunda lengua, ajena a sí misma. "*...y cuando abrí las cortinas del hotel me puse a llorar*". Fueron las palabras de mi madre al describirme su llegada a Lawton, Oklahoma hace treinta años. Me dijo que cuando llegó a Lawton era muy entrada la madrugada, todo silencioso y oscuro. Pensó que estaban en las afueras de la ciudad. En la mañana cuando abrió las ventanas del hotel, vio lo seco y despoblado que le rodeaba y se dio cuenta de que estaba en el centro de la ciudad, se sintió tan triste que se puso a llorar ¡Qué contraste con el verdor y la vegetación de su tierra! Bueno, eso fue hace treinta años. Desde entonces se ha adaptado poco a poco a este lugar, al que ella llamaba "el lugar de los arbustos". Mi madre comenzó como ama de casa y por medio del ejército americano continuó sus estudios de inglés. Las demandas de la vida militar de su esposo causó estragos en su matrimonio de tal manera que lo destruyó. Como lo mencioné, la única familia que tenía aquí éramos mi hermana, su nieto y yo. Para mantenernos tomó dos trabajos parciales, uno como asistente de maestra y el otro como coordinadora de actividades para antes y después de las clases. A sugerencia de muchas maestras, se matriculó en la universidad y cuatro años más tarde se graduó Suma Cum Laude con una Maestría en Enseñanza con especialización en Lenguas Romances. Lejos están las mañanas de invierno en que mi madre tenía que caminar para ir a su trabajo; lejos están las largas horas de estudio que hacía, después de atenderme a mí y a mi sobrino. Pero muy cerca de su corazón están todas las hermosas amistades que han florecido durante todos estos años en esta región árida de Oklahoma, "el lugar de los arbustos" quienes le han ofrecido su apoyo. Así que después de treinta años cuando abre las ventanas de su casa, ella ya no ve arbustos, sino amigas, más que amigas, hermanas del alma con las que Dios la ha bendecido.

La palabra admiración no es suficiente, no lo es cuando me encuentro pasmada de sus acciones, de su fortaleza interior y de su perseverancia; no lo es cuando me continúa enseñando lo que es la verdadera determinación; no lo es cuando me sigue dando ejemplo de lo que es sobrepasar todo obstáculo que se le presenta.

Es alguien a quien he tratado de imitar toda mi vida. Además de ser bellísima, tiene un gran sentido del humor, gracia y estilo muy personal. Es brillante con un gran carisma y un vigor interior que me ha sostenido y me ha hecho fuerte a mí.

La *admiro* más de lo que ella se pueda imaginar, más de lo que las palabras puedan decir y atesoro la intimidad que tenemos y la amistad que compartimos. Siempre he sentido, desde que era muy joven, que tenemos una relación excepcional basada en un respeto mutuo. Estoy tan agradecida de que siempre me haya tratado como a una persona inteligente y madura, como si fuera un adulto en vez de tratarme como a una chiquilla ignorante; a eso se debe que yo sea la mujer que soy ahora. Espero que se sienta orgullosa de mí por lo que he sido, lo que soy y lo que seré en las nuevas etapas de mi vida, al convertirme en la persona que me ha ayudado a ser.

Como madre e hija, no siempre hemos estado de acuerdo en todo e inevitablemente ha habido ocasiones en las que no hemos compartido las mismas ideas. Pero, ahora como adulta, la aprecio más que nunca. La palabra "admiración" no puede ser el vocablo correcto para medir lo que siento por alguien que es tan paciente, tan generosa, tan elegante, tan encantadora y una gran modelo para mí

Cuando se me pregunta ¿Admiras a tu mamá? Sólo acierto a contestar: "Hasta cierto punto".

La migración, la ansiedad y "México Lindo"

Margarita E. Pignataro

Mi madre siempre me había advertido que el migrar obliga a la persona a seguir adelante, a alcanzar la visión máxima que pueda existir en el mundo de uno, creado por nuestras decisiones y acciones. Tal consejo, "adelante y con ganas" era mi lema mientras trabajaba para alcanzar mi sueño profesional —un sueño que se convertiría en realidad por una migración transnacional a lo desconocido, a una tierra extraña y exótica de Miles City, Montana. Antes de la mudanza, ya estaba acostumbrada a mudarme por diferentes regiones geográficas: mi familia inmigró de Chile a los Estados Unidos, precisamente a Massachusetts desde Valparaíso. Durante mi búsqueda profesional viví en la Florida, Nueva York y Arizona. Fue fácil migrar en ese entonces porque tenía familia y amigos hispanos, tanto mexicanos como caribeños en dichos estados. Empecé mi carrera verdadera de migrar en la academia después de haber recibido mi doctorado en español de la Universidad Estatal de Arizona. Cuando me gradué no había puestos profesionales en mi campo, la literatura latinoestadounidense, en la ciudad de Worcester donde había vivido con mi familia; entonces para trabajar en mi carrera, me separé otra vez de mi núcleo familiar y viajé. La ansiedad me acompañaba durante esta migración transnacional y mi transformación profesional. Obteniendo un puesto de profesora visitante en Syracuse, Nueva York, dirigí una clase en español sobre literatura latino-estadounidense y dos clases sobre cultura y literatura hispana. Después de dos años en Syracuse, acepté un nuevo contrato en otra universidad y regresé a Worcester, Massachusetts. Al regresar a mi familia después de tanto vagar era un desafío, pero me encantó dirigir estas nuevas clases universitarias y de posgrado. Mis estudiantes eran una mezcla cultural de latinos, mexicanos, sur y centro americanos. En uno de mis cursos éramos ocho —todas mujeres— y durante el semestre empezamos a compartir nuestras historias como mujeres, apoyándonos unas a otras y creando una actitud de confianza y solidaridad entre nosotras. Una estudiante mexicana-puertorriqueña compartió con la clase su vocabulario dialéctico de ambos lados de su familia. Disfruté su entusiasmo de aprender de sus compañeras uruguayas, dominicanas y puertorriqueñas. Otra estudiante, una afro-puertorriqueña, que además de estudiar tenía un empleo de cuarenta horas semanales, apenas hablaba español y nos deleitaba con sus curiosas experiencias que tenían lugar fuera de la oficina donde trabajaba: cuando sus directores tenían fiestas en los yates o clubes de la élite la invitaban y los miembros de tales lugares prestigiosos suponían que ella era una trabajadora del yate o del club, mas nunca se imaginaban que era una de las invitadas. Por lo tanto, nuestro salón de clase se convirtió en una zona segura en la cual contábamos nuestras historias. Cuando mi contrato se vemció en Worcester, acepté un puesto en el estado de Washington, un lugar donde no conocía literalmente a nadie.

La demografía de una clase tiene un rol enorme en cómo se presenta la materia y cómo se entenderá. Por mi migración a Washington, me sentí perdida, un sentido que muchos encuentran al cambiar de lugar geográfico: en este nuevo paisaje me encontré aislada culturalmente en un campus donde no se presentaba la misma relación entre profesor y estudiante que había logrado en las otras universidades. El colegio, ubicado en un rincón remoto en el este de Washington, era prestigioso y notablemente de población blanca y donde muy pronto eché de menos la diversidad y ambiente familiar de salón de clase que había apreciado antes. Como en el caso de muchos migrantes, la razón principal por la cual me había separado de mi familia era para seguir mi carrera, ser autosuficiente, y a la vez, asistir económicamente a mi familia. También había aceptado tal puesto para tener experiencia como profesora —aunque no había posibilidades de enseñar clases de literatura y cultura latino-estadounidense que exploraban los temas que habían sido el enfoque de mi investigación y que engendraban conversaciones tan dinámicas en mis otras universidades. Había poco espacio en el currículo para discutir la producción cultural chicana y latina, el movimiento chicano y neorriqueño, la inmigración, las expresiones homosexuales o queer en los medios de comunicación masiva y los textos latinos, el feminismo chicano, la teoría fronteriza, el transnacionalismo, el posnacionalismo y la latinidad en los Estados Unidos.

Entonces estaba en Walla Walla, un valle rodeado de viñeras que me llenaba de incertidumbre y a la vez, sabía que era necesario disfrutar mi nuevo ambiente. No obstante, la ansiedad me golpeó fuerte y sin darme cuenta, un estado perpetuo de inquietud era mi mejor amigo y mi peor enemigo al mismo tiempo. Luego, de repente, me encontré con la tarea de un destino diferente: me enamoré. Él era profesor asistente adjunto y director de la galería de arte de la universidad. Nos conocimos en un taller de la exploración de cultura y teoría visual. Cada miércoles nos reuníamos y en la segunda reunión sentí una conexión espiritual e intelectual: lo vi y me llegó el rayo de amor. Yo, una chilena estadounidense, compleja, inteligente, con un aspecto de gitana profesional, quien había dejado mi comunidad por un empleo; reconocí de repente que tal migración resultó en un encuentro con un hombre fascinante, inmerso en una cultura gringa walla wallenza por más de veinte años.

La novedad de mis sentimientos nuevos me afectaron y estuve en mi mundo pleno y maravilloso. Solía ser apasionada por el aprendizaje y el trabajo y ahora estaba locamente enamorada de un hombre guapo, inteligente, cómico y respetuoso. Entonces para disciplinarme, me repetía mi lema personal: primero Dios-Diosa y La Virgen, la salud, la familia y luego los amores: empezando con la educación/carrera y luego la exploración de la vida amorosa. Con tales pensamientos me balanceaba y me llenaba de esperanza, pero por supuesto, la incertidumbre permanecía —¿quién iba a estar con una migrante como yo? La sensación de estar fuera de sitio me preocupaba al principio de mi relación con el director pero disminuyó pronto en las sombras del valle walla wallenze.

Déjame que te cuente...

Luego con la terminación de otro puesto de profesora visitante temporal y después de seis meses de noviazgo y solamente un año y medio en Walla Walla, descubrí que iba a migrar una vez más: ahora iba a ser una ciudad más pequeña en el este de Montanta que le daría a mi pareja una oportunidad de ser director ejecutivo de un pequeño museo. La posibilidad de vivir en Miles City, Montana me causaba una inmensa ansiedad. Por un lado, migrar esta vez no era para mis aspiraciones sino para que mi pareja consiguiera su sueño, y por otro lado, sería la primera vez que migraría sin un trabajo o un programa de estudio universitario fijo para seguir mis estudios. Sabía que para ser exitosa en este nuevo paso, si se lograba cumplir, tenía que superar mi ansiedad, especialmente si iba a vivir en una comunidad donde solamente había 2.4% de hispanos y donde la única institución de educación avanzada era un colegio comunitario que se especializaba en agricultura y enfermería y que no ofrecía ni un solo curso de español.

Aunque considerar tal migración se me hacía un poco difícil y mi propia ansiedad me obligaba a hacerme algunas preguntas. ¿Cómo convertiría tal ansiedad en algo productivo y creativo? ¿Sería mejor escaparme de la relación? ¿Habría llegado el momento de cambiar de carrera? Decidí acompañar a mi novio y quedarme en el noroeste. Regresar a mi familia en Massachusetts no me atraía porque sabía que mi independencia era algo que apreciaba y estar limitada en la casa de mis padres sofocaría mi espíritu gitano que guiaba mi aventura terrestre. Entonces otra vez avanzando paso por paso, entré a otra cultura con deseo de familiarizarme con aún otro terreno foráneo: Montana.

La lección de cada mudanza a cada rincón del mundo ha sido valorar la determinación de encontrar a la raza y a la gente con quien compartir historias y experiencias. Además he aprendido lo beneficioso que es mantener la confianza en mí misma. Entonces empiezo a explorar mientras mi pareja se entrevista para su trabajo. Al pasar por la avenida principal de Miles City, por la carretera 94, mis ojos se clavaron en la valla publicitaria del restaurante *México Lindo*. Después de haber visto innumerables cadenas de restaurantes y bares del oeste, conduje al estacionamiento de tal restaurante y me sentí tranquila. Al entrar a *México Lindo* la música de la emisora *Sirius XM Aguilar* se escuchaba por los altoparlantes y me senté a escribir, acompañada de la música y las conversaciones en español entre los meseros. Ver por la ventana la montaña distante me hizo sentir de repente como si estuviera otra vez en el desierto del suroeste. Pero la montaña era Montana, el símbolo de otra aventura.

Disfrutaba de tal ensimismamiento y la comida de *México Lindo* cuando escuché, desde otra mesa, que una señora exclamaba, "Esta es la mejor comida mexicana. Claro que no soy una viajera mundial, pero yo diría que lo es." Su compañera respondió, "En Seattle hay restaurantes que sirven buena comida." Y la primera coincidió rápidamente, "Oh, sí, de seguro en Seattle, pero ésta es la mejor comida mexicana." Al escuchar tal diálogo, mis uñas agarraron la mesa tan fuerte que parecía haber dejado marcas en ella. Mi primera experiencia en un ambiente "mexicano" en Miles City era que la gente dependía de *México Lindo* o un viaje a Seattle, Washington, para disfrutar la buena comida mexicana en un restaurante mexicano. Tuve que reflexionar por un momento y recordar que estaba en un lugar extranjero y en una tierra ajena con vaqueros estadounidenses. Nunca en mi vida había visto tantos hombres con hebillas anchas en sus cinturones, camisas tipo escocés, sombreros grandes, y vehículos polvorientos cubiertos por la tierra de los ranchos. Por supuesto, nunca había visto tal cultura porque nunca había vivido en un pueblo como éste. Entonces, a primera vista, estos mexicanos que vivían en Miles City y trabajaban en el restaurante eran los pioneros de la cultura, un tipo de maestro —en gastronomía, lengua, gestos— estaban integrados a la comunidad para crear la cultura montana-mexicana. Tal vez me darían un trabajo.... Con tal pensamiento reconocí lo que yo, una inmigrante como muchos otros, deseaba al llegar a un ambiente profesional nuevo o a cualquier lugar: la aceptación y la fortuna.

El analizar mi vida por la escritura, y el hecho de que escribo este testimonio, demuestran que he sobrevivido y ciertamente tengo una nueva perspectiva en cuanto a mi mudanza tan lejos de mi familia. Aunque el migrar sin familia es difícil, a la misma vez, estar donde hay muchas posibilidades para el amor, el empleo y la educación, a pesar de muchos momentos de ansiedad, es lo que necesito para mi alma y mi espíritu. Hay una energía que he llevado conmigo, del sur de América al norte de ella, y del noreste al noroeste, y el viaje internacional y transnacional corresponde a mi estatus transformativo. Me conformo con los misterios maravillosos del presente, como forman el futuro y como se aprecia cada momento mágico. He llegado a reconocer tales momentos mágicos en las lecciones del destino y creo también que tener fe en uno mismo en cada viaje que emprenderá, eventualmente superará cualquier obstáculo.

No me puedo imaginar los detalles que seguirán, lo único cierto es el amor y el control de las emociones. En fin, uno debe reconocer las bendiciones para seguir adelante con fuerza y confianza. Es el hecho de creer en el realismo mágico. Y si en un momento a una persona le toca migrar, mi consejo sería de tener la seguridad de que el universo lo llevará siempre a cumplir su destino.

¡Ahora sé quién soy!

Judith Abella Efdé

¿Cómo es posible tener tres hogares pero al mismo tiempo ser extranjera en todos ellos? Es una pregunta que llevo haciéndome por mucho tiempo. ¿Quién soy? ¿Me lo dirá mi nombre, mis apellidos? ¿Veo en ellos mi identidad? No. Encuentro sólo el origen de mi patrimonio, mis antepasados. Me confunden: Abella es italiano y Efdé francés de la época de los hugonotes. Son datos interesantes, de eso no hay duda, pero aún no sé quién soy. ¿Me lo dirán mis pasaportes? No. La verdad es que tampoco. Son sólo una legalidad que me da una identidad nacional para que reconozcan el número que represento dentro del censo nacional de cada país. ¡Qué esterilidad! Pues quizás sea mi acento, a muchas personas se las identifica por su acento. Otra vez quedo defraudada: resulta que dependiendo de la lengua que esté hablando mi acento o dialecto, si existe, es diferente también. Mi madre es alemana y mi padre es español, así que aprendí ambos idiomas ya desde el momento en que fui capaz de hablar. Cuando hablo en español el latinoamericano inmediatamente me identifica como española por lo del ceceo, en cambio cuando me escucha el español me identifica como catalana. Tiene algo que ver con dónde coloco la "l". Siempre traiciona. Queda claro donde me crié, ¿no?

El alemán oye que soy alemana y no extranjera, pero no hay rasgos que identifiquen de dónde vengo en Alemania; tiene sentido ya que me mudé a España a los cinco años. Tengo, lo que dicen, alemán de locutora, como si me hubieran entrenado a no adoptar ningún acento alemán en particular, pero un alemán no lo pasa por alto y lo juzga sin miramientos. Ahora, después de haber vivido casi tres décadas en los EE.UU, el estadounidense me oye hablar inglés, me mira, escucha, me mira otra vez y finalmente después de un buen rato me pregunta que de dónde soy, pues mi acento otra vez me ha traicionado. A veces contesto mintiendo en broma para ver cómo reacciona y digo que soy de Juneau, Alaska. ¡Hasta se lo creen! También esta broma ya es vieja. ¡Qué rabia! Ni siquiera el idioma que para mí es extranjero ayuda a clavar la chincheta que me coloca en algún lugar exacto del mapa del mundo… y mientras tanto mi identidad continúa siendo indefinida para mí.

Ya desde pequeña me sentía tan sola que no sabía a qué aferrarme. Es que ya no me queda familia con quien tenga contacto aparte de mi madre. Mi padre nos abandonó en España al año de mudarnos y desde entonces tampoco he tenido contacto con el lado peninsular de la familia. Se puede uno imaginar cómo me sentía en esa época y al no acabar de ajustarnos a la vida en España, me quedó la impresión de que tenía aún menos arraigo español. Así es que ya desde entonces no tenía un solo lugar que pudiera llamar mi hogar. En cierto modo soy de todas partes sin ser de ninguna. Al menos así pensaba. Siempre he llamado la atención por ser diferente, por no tener "rasgos típicos" –cualesquiera que fueran o según lo que este concepto signifique-, por tener un acento, ¿de qué? Y todavía me pasa igual. Es agradable que se den cuenta de uno al principio, pero después de tanto cansa. ¿Por qué no puedo ser uno de "ellos"?

A lo largo de los años he aprendido que no se trata de que no sea de ninguna parte o no tenga hogar, sino que de hecho tengo tres hogares, tres patrias que quiero con todo mi corazón. Tengo raíces en dos de ellas ya que me crié en éstas y me han brotado nuevas raíces en los EEUU, mi hogar físico, mi patria adoptada. Soy rica, rica a más no poder.

Me ha llevado mucho tiempo llegar a este descubrimiento, pero me he dado cuenta de que no tengo por qué identificarme tan sólo por un país, un pasaporte rojo que demuestra que soy un miembro de la comunidad europea, por ser alta, rubia o hasta por el hecho de que tengo ojos azules; que sea una "cabeza cuadrada" como los españoles nos llaman cariñosamente a los alemanes por nuestro extraordinario sentido de la disciplina y la puntualidad, algo no muy común en España, admitámoslo, y que pueda hasta dar la apariencia de tener un cierto sentido de arrogancia a primera vista. Al mismo tiempo, por otra parte, con tan sólo una sonrisa poder mostrar mi lado más cálido; y a veces hasta algo pícaro, mi lado español. Una calidad que no se le puede atribuir al alemán, ya que tiene una tendencia de ser muy directo. Vaya paradoja debo ser, hasta que me di cuenta de que nada de esto importa. ¡Qué tonta he sido! Soy quien soy. Quien bien me conoce me identifica y no duda de ello, ¿por qué debo dudarlo yo entonces? Veo en mí partes de Alemania, mi país natal, y las influencias de la crianza de mi madre. También veo en mí partes de España, donde me crié, eduqué y pasé gran parte de mi niñez y juventud. Y ahora también reconozco rasgos de los EE.UU en mí, donde he pasado la mayor parte de mi vida adulta: tengo lo mejor de todas estas naciones en mí y alguna que otra vez lo peor. No soy lo uno sin lo otro y la verdad es que me sentiría perdida si no tuviera contacto con cualquiera de mis patrias. Me sentiría como sorda, ciega o muda. Necesito todos mis sentidos, todas mis nacionalidades, todos los rasgos y las características de las naciones que forman mi ser para sentirme completa. Ahora sé quién soy. Soy Judith Abella Efdé, una persona única como lo somos todos.

Camina mi camino

Bernardo Torres

Decir mi historia
Como decir 'decir mi vida'
Como decir 'decir tu historia'
O su historia
O nuestra historia
o vuestra historia
como decir 'decir
es una crisis, una aventura';
decir es incierto, como el viento
como decir lo mío,
decir lo tuyo,
lo suyo,
lo nuestro,
lo vuestro;
mire, abuela,
perdóneme,
que la traiga aquí,
a este espacio,
de repente,
sin avisarle,
usted que decía:
decir es solo decir,
viento seguro
que sopla
la calcinada calle.
Quiero oírla de nuevo,
sentirla pegadita
a mis orejas.
Amiga,
Si lo que quieres es decirme

Déjame que te cuente...

    tu historia,
    No la digas,
    camina mi camino, ven,
    arrúllame en tus pies,
    que yo también tengo algo
    que contarte;
    te arrullaré inseguro,
    de mis labios,
    del camino,
    saltarán,
    quebrantadas,
    mis palabras,
    mas, si lo quieres,
    las enveneno con mi aliento,
    para que te lleguen seguras
    polvorientas de rabia.

21 años después

Wilfredo Hernández

En octubre de 1992 apareció un anuncio en inglés en *El Nacional*, un diario de Caracas, Venezuela, mediante el cual se buscaba a instructores calificados para enseñar Español en escuelas secundarias públicas de Estados Unidos. Un mes antes yo había comenzado una maestría en la enseñanza de lenguas extranjeras e inmediatamente después de leer el aviso, concluí que sería beneficioso pasar por lo menos un año en un país angloparlante y así mejorar el idioma que había aprendido desde adolescente. Además, el sueldo y las condiciones laborales eran muy atractivas. El proceso de solicitud incluyó dos entrevistas: una preliminar en noviembre con una profesora estadounidense que radicaba en Caracas; y una muy extensa en febrero con dos administradores del programa que contrataría a los docentes. Ambas fueron en inglés y versaban sobre mi experiencia y conocimiento docentes. Yo había estudiado Idiomas Modernos en la Universidad Central de Venezuela y había enseñado sucesivamente en escuelas secundarias y universidades de Caracas desde fines de los años ochenta.

A principios de junio de 1993 recibí una llamada de uno de los administradores del programa avisándome que era uno de los candidatos para enseñar en Virginia y que la última prueba consistiría en una entrevista telefónica con la directora de la escuela que estaba interesada en contratarme. No recuerdo haberme sentido tan nervioso como en los días anteriores a la llamada, pero todo salió bien y, dos meses después, en agosto, llegué en avión a Raleigh, Carolina del Norte. En Chapel Hill recibí un breve entrenamiento antes de trasladarme por carretera a Strasburg, un hermoso pueblo ubicado al norte del parque nacional Shenandoah, donde tuve la dicha de residir entre 1993 y 1994. Había cumplido 30 años en mayo y era la primera vez que visitaba los EE.UU.

Luego de enseñar por un año en Virginia, decidí no regresar a Caracas. La estancia en Estados Unidos había tenido un efecto profundo en mí, particularmente al comprender que Venezuela era mi pasado y el país huésped mi futuro. Gracias a los consejos de varios amigos, decidí solicitar entrada al programa de postgrado en Letras Hispanas de la Universidad de Connecticut. Viajé a Caracas en junio de 1994 para cambiar la visa, para vender todas mis pertenencias y me mudé a Nueva Inglaterra ese mismo verano. Entre 1994 y 1998 completé la maestría y los cursos de doctorado en UCONN. Entre 1998 y 2000 recibí una beca de Trinity College, en Hartford, para escribir la tesis doctoral; allí también pude enseñar Español y encargarme de organizar actividades culturales para los estudiantes. En 2000, mientras aún redactaba el trabajo de grado, recibí una oferta de empleo como profesor visitante en Allegheny College, Meadville; un pueblo de Pensilvania ubicado a 86 millas al norte de Pittsburgh, donde he enseñado desde entonces.

Antes de venir a los Estados Unidos había vivido en Caracas por trece años, y estaba acostumbrado a ir con frecuencia al cine, al teatro, a visitar librerías, a escuchar música clásica en vivo y a disfrutar del anonimato urbano. Excepto por dos años, he residido siempre en pueblos: primero en Virginia, luego en Connecticut y ahora en Pensilvania. Pero las diferencias entre los pueblos venezolanos y los estadounidenses son inmensas. Esto lo digo con la experiencia de haber crecido en uno en Isla Margarita y haber vivido cuatro años en Storrs y catorce en Meadville. Mientras en la provincia venezolana el acceso a la cultura (educación, bibliotecas, librerías y cine, entre otros) era limitado, en las poblaciones en que he residido en Estados Unidos es fácil. En el caso de las bibliotecas, siempre he podido leer lo que he querido. Como he enseñado en universidades por dos décadas, no puedo sino sentirme privilegiado de la facilidad que siempre he tenido para encontrar cualquier material que he necesitado. Es cierto que aún extraño ir al cine a mirar películas extranjeras, algo que no puedo hacer en Meadville, pero ahora las miro en video o, si tengo tiempo, manejo a Pittsburgh, donde hay muy buena oferta de cine independiente e internacional. Cuando viajo, lo que hago siempre a ciudades, también intento ver todos los filmes internacionales que pueda.

Sin embargo, el mayor contraste entre Caracas y los tres pueblos que mejor conozco en Estados Unidos es la seguridad. Entre 1989 y 1993 Venezuela pasó un periodo político y económico particularmente muy inestable. Fueron años en que, por lo menos en la ciudad capital, mucha gente quería abandonar el país porque pensaba que el futuro era incierto. La violencia era cotidiana y cualquier persona se exponía a perder sus bienes o su vida si, por ejemplo, si se atrevía a circular a pie o en auto en la noche. El temor de que a uno lo podían asaltar y herir incluso dentro de su residencia era compartido por mucha gente. Recuerdo un incidente que me afectó profundamente: la casa donde vivía, localizada en Colinas de Bello Monte, un área de clase media en el este de Caracas, fue asaltada varias veces; junto con el televisor, la computadora y algunos muebles valiosos, los ladrones se llevaron incluso un radio de onda corta que había adquirido para escuchar estaciones de radio internacionales. Quizá porque hubo que instalar todo tipo de seguridad para poder sentirnos más protegidos, la casa perdió su atractivo.

En cada uno de los pueblos donde he morado en Estados Unidos, el funcionamiento de la seguridad pública ha sido excelente; tanto en Storrs como en Meadville, los recintos universitarios no tienen vallas protectoras y los edificios se mantienen abiertos y cualquier persona puede visitarlos; no hay guardianes protegiendo los bancos o los centros comerciales y mucho menos el campus universitario. En caso de ocurrir algún accidente vial, la policía aparece con prontitud; si hay heridos, las ambulancias llegan en minutos. Algo que desde 1993 también me ha llamado la atención es la dignidad y el profesionalismo de los agentes encargados del orden, desde los policías municipales, los estatales y los más especializados como la policía federal. Esto se observa no solamente en el uso que hacen de la lengua sino también en el firme respeto que tienen hacia los ciudadanos. En Venezuela me daba miedo cuando aparecían los policías porque no les tenía mucha confianza.

Además de la oportunidad de hacer estudios de postgrado y de haber disfrutado de un grado de seguridad inusitado en Venezuela, establecerme en los Estados Unidos también me ha permitido expresar una parte de mi personalidad que reprimía en Venezuela, es decir, mi homosexualidad. Nací en Porlamar, la ciudad más grande de isla Margarita, pero, como indiqué antes, crecí en un pueblo. Por varios años viví en Ciudad Guayana, estado de Bolívar, en el sur de Venezuela; y desde 1980 me establecí en Caracas, a donde asistí a la Universidad Central de Venezuela. Aunque la homofobia era menos amenazante en las ciudades por el anonimato que inherentemente existe en ellas, crecí y alcancé la adultez en un país y en una época donde había poca libertad sexual y mucha hipocresía. Por el contrario, cuando llegué a Estados Unidos en agosto de 1993 encontré un país donde la homosexualidad formaba parte de las discusiones públicas gracias a la agenda política antidiscriminatoria propuesta por el Presidente Bill Clinton.

Afortunadamente para mí, todos los sitios en que he residido en Estados Unidos están cerca de ciudades: Strasburg, de Washington, D.C.; Storrs, de Hartford y Boston; y Meadville, de Erie, Pittsburgh y Cleveland. Esta proximidad ha implicado que en estos 21 años siempre he podido visitar una ciudad con frecuencia. Los cambios culturales más significativos en la historia moderna están asociados al ámbito urbano. Para un hombre gay que, como yo, comenzó a expresar sus inclinaciones eróticas públicamente después de mudarse a los Estados Unidos, las ciudades fueron —y continúan siendo— espacios muy significativos. Recuerdo, por ejemplo, haber leído en 1993, mientras vivía en Strasburg, artículos en el *Washington Post* sobre exposiciones y películas de artistas gays que se mostraban en museos y cines del Distrito de Columbia. Me acuerdo también de pasar muchas horas durante los fines de semana en una librería Borders ubicada cerca de Tyson Corner, el centro comercial más grande de la capital, hojeando los libros de la sección "Escritores gays."

Aceptar públicamente una identidad erótica alternativa requería un ambiente de mayor libertad que el existente en la escuela secundaria y el pueblo virginianos en que enseñé y habité entre 1993 y 1994. Mi mudanza a Connecticut en el otoño de 1994 tendría efectos definitivos en este sentido por dos razones. Por una parte, porque el campus de la Universidad de Connecticut proveyó un espacio óptimo para conocer a otras personas de la misma sexualidad, muchas de ellas también estudiantes internacionales; y, segundo, porque la sexualidad y el género comenzaron a recibir atención más extensa en los cursos universitarios de pre y postgrado. En los 4 años que viví en Storrs conocí a muchas personas que asumían su identidad gay con naturalidad; algunas fueron muy importantes en ayudarme a aceptar la mía. Un amigo puertorriqueño mayor que yo fue quien posiblemente tuvo más impacto directo en el proceso de que abrazara mi nueva identidad. Su influencia fue tal que cuando debí seleccionar un tema de tesis doctoral, decidí investigar cómo los escritores hispanoamericanos representaron el homoerotismo masculino desde finales del siglo XIX hasta fines del XX.

Poder dedicarme a leer por dos años a oscuros escritores homosexuales del pasado y a los estudiosos que por entonces estaban comenzando a publicar los primeros análisis extensos del tema fue una experiencia única. Gracias a la beca que recibí en Trinity College en 1998 para completar la tesis en su recinto, también pude contar inicialmente con la riqueza de las bibliotecas de Nueva Inglaterra. El trabajo que emprendí requería consultar numerosos libros provenientes de múltiples países hispanos, y siempre pude tener acceso a los materiales que necesité; pero, igualmente importante, fue el tiempo libre de que disfruté para avanzar en la investigación. Como muchos estudiantes en Venezuela, sólo pude asistir a la universidad porque trabajaba a tiempo parcial para pagar todos mis gastos personales y educativos. De allí que tener el privilegio de poder dedicarme por dos años a escribir la tesis doctoral fue el mejor regalo que alguna vez recibí. Tengo la seguridad de que si

Déjame que te cuente...

me hubiese quedado o regresado a Venezuela, nunca habría podido escribir el trabajo doctoral que deseaba.

Veintiún años es un buen tiempo para evaluar el impacto que la decisión de venir a Estados Unidos en 1993 tuvo en mí. Convertirme en un inmigrante me hizo una persona más independiente, más responsable y más riguroso conmigo mismo. Cuando te mudas a otro país solo, tienes que asumir que para lograr tener éxito vas a tener que trabajar mucho, y todo el tiempo, porque no tienes a ningún familiar cercano a quien pedirle ayuda y sólo cuentas contigo mismo. La responsabilidad es esencial para ser un buen docente, el oficio que he ejercido desde fines de los años ochenta. Como ilustración: es necesario preparar las lecciones diariamente, aprender mucho y con rapidez, corregir tareas y calificar trabajos y exámenes a tiempo, además de planificar con mucha anticipación el trabajo de cada semestre. Finalmente, cuando aprendes a ser independiente y responsable, tus criterios de calidad, y no solamente para desempeñar tu trabajo, también se modifican. Al cabo de estas décadas me he vuelto más exigente con todo: con las películas que miro, la música que escucho y los libros que leo. Han sido 21 años de múltiples y ricas experiencias; y si tuviera que tomar de nuevo la decisión de mudarme de Venezuela a los Estados Unidos, no lo dudaría ni por un minuto.

Por aquí y por allá

Jaquelin Fematt Dutson

Para Tito

Nací en Nuevo Ideal, Durango, México, un pueblito al este de la Sierra Madre occidental. El nombre de mi pueblo natal siempre me ha enorgullecido: ha sido mi huella de identidad como persona, como mujer. En Durango viví mis primeros años de la infancia, vivíamos en una casita de color pistacho que estaba al lado de la casa de mis abuelitos paternos. Yo jugaba a la víbora de la mar en el patio; a veces mi mamá me contaba cuentos fantásticos al estilo de las mil maravillas mientras comíamos quesadillas con queso de menonita y carne seca que había hecho mi abuelita.

Desde muy temprana edad crecí escuchando historias de "por allá." Dependiendo de donde estaba viviendo en ese momento… "el otro lado" era Estados Unidos o México. Me contaban que mi abuelo paterno había sido un seminarista (antes de casarse con mi abuelita) que había estudiado química. Como buen químico, una vez inventó un detergente que le hizo la competencia al que para entonces era el más vendido en México y acumuló una pequeña fortuna. Desafortunadamente, a causa de un robo, mi abuelito perdió todo en un pedido a la ciudad de México. Sin dinero y con la necesidad de criar a sus diez hijos, se fue "al otro lado" en busca de una mejor suerte. Mi papá había sido maestro de matemáticas en una escuela normal y después fue gerente de banco en Camargo, Chihuahua. Después de la pérdida de la fortuna de su padre decidió abandonar su cómoda vida en el norte del país para acompañar a mi abuelo a los Estados Unidos. Los dos trabajaron por un tiempo en Livingston, California, un pueblito en el valle de San Joaquín, la región agrícola más rica del estado. Mi mamá no terminó sus estudios, se casó a los diez y seis años y se dedicó plenamente a sus tres hijas. Su familia de hacendados había perdido gran parte de su herencia durante la Revolución Mexicana, sus padres también emigraron a los Estados Unidos y trabajaron en el campo en el valle de Salinas, California.

Mi primer viaje al otro lado de la frontera fue cuando empecé a estudiar la primaria. Desde entonces he navegado entre diversos laberintos lingüísticos. Vivíamos en Salinas, California y yo era la intérprete de la casa. Aunque mi papá no estudió el inglés en México, lo hablaba bien y practicaba todos los días con sus cintas "Inglés sin Barreras." Aún así, mis padres siempre me pedían ayuda con el idioma. La verdad era que no dominaba del todo el inglés, a veces me salían las palabras sin querer y la segunda lengua me llegaba como en ecos lejanos que a veces no alcanzaba a comprender, pero esto me sirvió mucho como experiencia. Aprendí el idioma rápidamente y me acostumbré a que todos me hicieran preguntas.

Después de terminar la primaria volví a México, pero esta vez al estado de Aguascalientes, "a la tierra de la gente buena" decía con un gran orgullo mi mamá hidrocálida.

En Aguascalientes volví a vivir entre muchos mundos y desde entonces estos mundos han sido mis puntos de referencia. Estudiaba en la ciudad y vivía cerca del rancho de mis abuelos, en el pueblo de San Francisco de los Romo donde mi papá compró un terreno en una esquina a un lado de la carretera Panamericana.

Mis vivencias más memorables en Aguascalientes son las que pasé los fines de semana en la casa del rancho de mis abuelitos. Venían primos, tíos y amistades de todas partes para celebrar con elotadas y para entonar melodías románticas al son de una guitarra. A veces nos acompañaba mi bisabuela Pachita para cantarnos, "Arráncame la vida". Todos conformaban un romántico ambiente artístico y musical; uno de mis primos tocaba en una rondalla y era maestro de guitarra en la Casa de la Cultura; mi tío abuelo había hecho películas con el actor mexicano, David Reynosa; también tenía una prima que cantaba ópera. Aunque me encanta la música (como también las elotadas), desafortunadamente no heredé ese talento.

Desde que empecé la preparatoria me entró la espinita de estudiar en los Estados Unidos. En las tardes le ayudaba a mis padres en nuestra tiendita de abarrotes. Cuando cerrábamos la tienda, me subía a mi dormitorio a estudiar. Pasé muchas noches en vela estudiando para los exámenes y pensando en mis compañeras del colegio que tenían hermanos que habían terminado un "master's" en los Estados Unidos. Aunque mi familia no tenía los mismos recursos económicos, decidí que después de graduarme de la preparatoria iba a lanzarme a la aventura para terminar una carrera universitaria en los Estados Unidos de América. Mi familia me apoyó y fue así que nos mudamos al Norte.

En Salinas, California vivíamos en un pequeño apartamento a pocas cuadras de la casa donde vivió John Steinbeck. Después me matriculé en el colegio comunitario del pueblo y conocí a la Dra. Silvia Teodorescu. Gracias a ella, se me presentó la oportunidad de estudiar como becaria en el Colegio Isabel la Católica de la Universidad de Granada, España… un viaje aún más "por allá". En España estudié, viajé y me enamoré. Me enamoré del canto jondo, de la poesía de Lorca y de las calles empedradas que me recordaban a los hermosos pueblos de mi país. También me enamoré de un estadounidense y no dejé de estudiar. Quería quedarme en Europa, pero el destino me presentó a mi futuro marido, Douglas. Fue así como mi ruta se fue alargando.

Cuando regresé a Estados Unidos, Douglas y yo nos casamos y después nos mudamos a San Diego, California para estudiar en la Universidad de California en San Diego. Aquí se me abrieron muchas puertas gracias al apoyo de mis nuevas mentoras, la Dra. Beatrice Pita y Susan Kirkpatrick, Profesora Emérita de Literatura. Una de esas puertas me llevó hasta Ieper, Bélgica, un pueblo a menos de dos horas de distancia en tren a Bruselas. En este país trabajé para una empresa de tecnología como lingüista y editora de español para un programa de reconocimiento de voz. Era una empresa con un ambiente trasnacional donde se hablaban cuatro o más lenguas simultáneamente.

Después de radicar en Bélgica regresé a San Diego para trabajar como instructora de Español en la Universidad de California en San Diego. Un día, a causa de un revoloteo de papeles descubrí un anuncio de trabajo en el periódico local de San Diego. Me llamó la atención una plaza para maestro de español en un colegio particular de bachillerato. Hice la solicitud y ahora tengo casi trece años trabajando como profesora de español y de literatura en este colegio. Como educadora aprovecho cada oportunidad para colaborar con colegas en ambos lados de la frontera. Juntos hemos creado varios proyectos culturales y binacionales.

He tenido muchas oportunidades en la vida y cada una de ellas me ha llevado a diferentes lugares "reales y maravillosos". He tenido la gran suerte de conocer a personas generosas que me han ofrecido su apoyo incondicionalmente. Cada quien tiene sus propios caminos que cruzar y su propia historia que contar. Sé que existo en palabras con múltiples significados, pues ahí me ha llevado la vida. Los senderos que he navegado y las rutas que sigo buscando van formando parte de mi continua identidad. Todavía sigo viajando y casi todas las noches me quedo dormida con algún libro sobre mi rostro. Así es mi vida. Así me ha gustado vivir y así seguiré viviendo… por aquí y por allá.

Jaquelin Fematt Dutson

Revuelto

Me he vuelto a revolcar
En el lodazal que emerge de un nopal frente al llano.

Me revuelvo de barro
- en imagen poblada
- trenzuda y con pelo largo.

Ahí caída existo
En silencios, en ecos
En discursos nombrados.

Me gusta el alboroto que hago
En la soledad...
En el bullicio encantado.

Me hecho un trago de Don Pedro
Y el Rey me canto
Y volver y volver a mi tierra otra vez.

El jarabe me bailo
Y en Jalisco yo hago
Lo que no hace ningún mexicano.

Me revuelvo, me grito, me llamo
   De tierra, de barro engretado.

Y me pongo un sombrero y botas de charro
Y camino por el lago llorando a mis hijos
Que han nacido en otro lado.

Cruzo el río y grito en voces extranjeras...
Me despierto frente al mar, desnuda
 y atragantada en la arena... me levanto.

Déjame que te cuente...

ConCiencia

El silencio canta la noche aurora sobre la cuna de mi pensar,
envolviéndome en la vieja ola de lo que fue y lo que podrá.
Gritos de una amarga llorona se acercan ahora al ventanal,
suspiros que corren huyendo a una inocente seguridad.

La luz de una noche sonora escucha la hora como verdad,
cubriéndome blancas y negras palomas que fugan al fértil de mi pesar.
Escapa el ave María con blancos rosarios hacia el alto pedregal,
huellas que sangran y vuelan al evangelio del ángel hogar.

La Libertad Coronada en la isla que no me trajo la Paz,
leyendo nieblas de un airoso vivir con Sor Juana quisiera escapar.
Cenizas de cruces pesadas en el destierro de la intelectualidad
voces de amargos colores despiertan ahora infinita ambigüedad.

Colaboradores

Colaboradores

Alicia Migliarini

In memoriam

Fue profesora de AP español en Mater Dei High School en Santa Ana, California desde 1996. Fue coordinadora de los programas de instrucción de idiomas de CALINK Institute así como también los programas de español e italiano que se ofrecen en Saddleback Community Education. Hispano-hablante nativa nacida en San Luis, Argentina, estudió en el Instituto Católico Privado Aleluya, en la Universidad Católica Argentina. En los Estados Unidos completó sus estudios de enseñanza pre-escolar en Orange Coast College, Computación Aplicada a la Educación e Inglés como Segunda Lengua en la Universidad de California Irvine. Su esposo, sus hijos y su familia de Argentina fueron las personas más importantes en su vida. La recordamos profundamente por su pasión por la música, la poesía, el teatro, la literatura y la cultura latina. Que en paz descanse.

Judith Abella Efdé

Nació en Dortmund, Alemania el 30 de junio de 1970 donde vivió hasta los cinco años de edad. Se crió y educó en Calella, un pueblo pesquero a las afueras de la ciudad de Barcelona, España a donde se mudó con sus padres Manuel Abella Ramón y Magda Efdé en enero de 1976, a los dos meses de morir Francisco Franco. Vino a los EE.UU como estudiante de intercambio para completar los dos últimos años de secundaria y poder graduarse con un certificado internacional. Durante su estancia con la familia de intercambio participó en una competencia de piano, a través de la cual recibió una beca para estudiar en la Universidad de Midwestern State en Wichita Falls, Texas donde obtuvo su bachiller en Piano y en Literatura Hispana. Se mudó a Tucson, Arizona para continuar sus estudios graduados. Recibió dos másters: uno

Déjame que te cuente...

en Lingüística Hispana y otro en Germanística de la Universidad de Arizona. Durante este tiempo tuvo la oportunidad de enseñar español, alemán e italiano en la Universidad de Arizona. Le gusta aprender nuevos idiomas, viajar y es aficionada a la fotografía y la música. Domina varios idiomas: español, alemán, catalán, inglés e italiano, y continúa aprendiendo otros más. Ofrece lecciones privadas de piano y música, y también participa en los servicios musicales de su iglesia. Radica en Tucson y ha estado enseñando español y alemán en Mountain View High School desde 2002.

§§§

Judith Abella (Efdé) was born in Dortmund, Germany on June 30th 1970 where she lived for the first five years of her life. She was raised, however, in a fisherman town north of the city of Barcelona, Spain where she moved with her parents Manuel Abella Ramón and Magda Efdé in January of 1976, two months after the death of Francisco Franco. She came to the United States as an exchange student to complete the last two years of High School in order to graduate with an International Baccalaureate Certificate. During the stay with her host family, she participated in a piano competition, where she received a competitive scholarship to attend school at Midwestern State University, in Wichita Falls, Texas, where she pursued two Bachelor Degrees in Piano Performance and Spanish Literature. She then moved to Tucson, Arizona to continue with her graduate studies. She received two Masters' Degrees from the University of Arizona: one in Hispanic Linguistics, and the other in German Studies. During this time, she taught Spanish, German, and Italian at the University of Arizona. Judith likes learning new languages and traveling, as well as dabbling in photography and music. She is fluent in Spanish, German, Catalonian, English, and Italian, and continues to learn new languages. She teaches private piano and music lessons, and participates in music worship at her church. She resides in Tucson and has been teaching Spanish and German at Mountain View High School since 2002.

Colaboradores

Clementina E. Adams

Nació en la ciudad de Barranquilla, Colombia donde completó su Maestría en Cultura y Literatura Hispanoamericana en la Universidad Estatal del Atlántico. Más adelante obtuvo una segunda maestría seguida del Doctorado en Sistemas Insurreccionales en la Universidad Estatal de la Florida en Tallahassee. Ha enseñado cursos de español, cultura y literatura en la Universidad de Gallaudet, en Washington, D.C. y en la Universidad de Clemson en Carolina del Sur, donde ha enseñado desde el año 1989. Tiene tres libros publicados, al igual que más de treinta y cinco artículos y capítulos en libros, como parte de la selección de presentaciones en conferencias, revistas y libros académicos referidos. Además, ha sido pionera en programas y proyectos en el Departamento de Lenguas en la Universidad de Clemson, tales como "La enseñanza de idiomas a estudiantes de escuelas elementales" (FLES), la inclusión de un programa del Lenguaje de Señales Americano (ASL) como parte de los idiomas ofrecidos en el departamento; y la implementación de una nueva carrera: "Lenguajes y Salud Internacional" (L&IH). Actualmente trabaja en el diseño de un certificado de interpretación médica. Ha sido muy activa en el servicio en el aprendizaje, enfocadas en el mejoramiento de la vida de la comunidad hispana en lo referente a la salud, el aprendizaje y la interpretación, por lo que ha recibido premios y honores a nivel regional, nacional e internacional. Recientemente y por segunda vez recibió el honor de formar parte del grupo de Alianza de Servidores, compuesto de un grupo de facultativos universitarios seleccionados en la universidad (2008-2009 y 2011-2012).

Alma Alfaro

Nació en El Salvador y llegó a Los Ángeles, California a la edad de once años. Fue estudiante del sistema público desde el sexto grado hasta su graduación (1987-1994). Empezó la universidad en Occidental College (1994-1998) y obtuvo los títulos en Literatura Inglesa y Literatura Hispánica. Hizo sus estudios de maestría y doctorado en la Universidad de California Santa Bárbara de donde se graduó en 2004 con un Doctorado en Literatura Hispánica y un énfasis en Estudios de la Mujer. Ha enseñado todos los niveles de lengua y literatura hispánica desde 1998 en la Universidad de California Santa Bárbara, Westmont College y desde el 2004 es profesora en Walla Walla University.

Beatriz Alem de Walker

Profesora Asociada de Español en Abilene Christian University, en Abilene, Texas, desde 1999. Tiene una maestría en Educación de ACU, una maestría en Lenguas Romances y un doctorado en Literatura Española y Latinoamericana de Texas Tech University. Su primer libro publicado por Editorial Corregidor de Buenos Aires, Argentina, se titula *Benedetti, Rosencof, Varela: El teatro como guardián de la memoria colectiva"*(2007). Ha publicado además varios artículos en revistas culturales relacionados con su campo literario y ha presentado ensayos en conferencias a nivel nacional e internacional.

Es ciudadana norteamericana, originaria de Montevideo, Uruguay. La doctora Walker y su familia residen en Texas desde 1995.

Nelda Arroyo

Nació en Monterrey, Nuevo León, México. Se convirtió en residente estadounidense a la edad de once años y empezó su vida en este país en la ciudad de Chicago, Illinois. Fue en esta ciudad que terminó los dos años de educación elemental, que en ese entonces se estilaba hasta el 8º grado, para después continuar en la preparatoria, ambos niveles en colegios privados católicos. Su preparación académica a nivel universitario fue cursada en Loyola University en Chicago, de donde recibió su título de Licenciatura en Psicología. Después de contraer matrimonio en su país natal y de tener a sus primeros dos hijos, regresó a la Universidad de Centros Estudios Universitarios en Monterrey de donde obtuvo su título en psicopedagogía. Impartió clases desde nivel elemental hasta preparatoria en Monterrey y a la pérdida de su esposo regresó a residir a los Estados Unidos donde actualmente imparte cursos de Literatura Hispanoamericana a nivel preparatoria. Después de haber tenido la oportunidad de estar en contacto en el área de educación en dos países distintos, la Sra. Arroyo comparte dos pensamientos con nosotros: "Los jóvenes son iguales en todo el mundo" y "Puedes cambiar el escenario, pero los personajes siempre serán los mismos".

Amalia de Jesús Barreiro (Güemes) Gensman

Nació en la Ciudad de México el 14 de octubre de 1946. Vive en Lawton, Oklahoma donde ha sido educadora por treinta y cinco años. Es coordinadora del Departamento de Lenguas y profesora de español en Eisenhower Senior High School en Lawton. Ha sido consultora de College Board por diez años y ha participado en la evaluación del examen de AP Lengua Española por diez años. En el año 2002 fue nombrada por el gobernador estatal y sirvió como Vice-Presidente del Comité de Selección de Libros de Texto del Estado de Oklahoma. Actualmente es miembro del Comité de Examinación para la Certificación de Maestros del estado. En septiembre de 2010, recibió el premio Arzobispo Eusebio Beltrán como educadora excepcional del año. En marzo de 2014 recibió el Golden Eagle Award por Education de Lawton Public Schools.

Déjame que te cuente...

Marinelly Castillo Zúñiga

Nació en Barquisimeto, estado Lara, la ciudad musical y crepuscular de Venezuela. Obtuvo el título de Licenciada en Contaduría Pública en la Universidad Centro Occidental "Lisandro Alvarado" de Barquisimeto, Venezuela. Reside en los Estados Unidos desde 1998 a donde viajó con la finalidad de estudiar inglés como segunda lengua y luego estudiar una maestría en el área de los negocios. Por cosas de la vida, tuvo la oportunidad de tomar clases de literatura en el Departamento de Lenguas, Literaturas y Culturas de Illinois State University y terminó enamorada de las letras, por lo que en 2002 decidió cambiar su carrera y empezó su Maestría en Cultura y Literatura Latinoamericana. En mayo de 2004 culminó su maestría y desde entonces enseña español como segunda lengua. Ha trabajado en Valencia Community College, Florida; Illinois Wesleyan University, y en la actualidad trabaja en Illinois State University. Se ha desempeñado además como Coordinadora de Club de Español en esta casa de estudios desde 2007.

Marco Tulio Cedillo

Nació y creció en Las Marías, Magdalena, Intibucá, Honduras. Realizó sus estudios primarios, secundarios y de bachillerato universitario en Honduras. En 1990 se casó con una voluntaria del Cuerpo de Paz de Minnesota y desde 1992 radica en los Estados Unidos. En 1995 se graduó con una maestría de East Carolina University en Carolina del Norte. Actualmente trabaja como profesor de español en la universidad de Lynchburg College en Lynchburg, Virginia. Tiene cuatro hijos que son bilingües. Le gusta viajar para conocer otros lugares y está interesado en la literatura y cultura latinoamericanas.

Paulina Ceja

Nació en Sinaloa, México en 1971. Ha vivido en California desde los diez años. Aunque vivió gran parte de su niñez y juventud en la ciudad de Compton, California, desde el 2005, reside en Menifee, California. Asistió a la Universidad de California, Irvine, donde recibió una Licenciatura en Español en 1995 y completó el programa de Credencial de Maestra en 1996. Desde entonces ejerce la noble profesión de maestra. Imparte clases de español y es la responsable del Departamento de Español en la escuela preparatoria Citrus Hill en Perris, California. Ha enseñado el curso de Lengua de Español AP desde el año 2001 y el curso de Literatura de Español AP desde 2003. Ha ayudado a evaluar los exámenes de Lengua de Español AP desde el 2005. Está felizmente casada y tiene dos hijos biológicos y tres adoptados.

Ana Patricia Chmielewski

Nació en San Salvador, El Salvador. Al graduarse de bachiller del Colegio Guadalupano fue honrada con el broche de honor del colegio, una orquídea de plata. Se mudó a Estados Unidos para continuar sus estudios universitarios. Recibió su licenciatura con honores de la Universidad de Tejas de Permian Basin además de convertirse en profesora bilingüe, profesión que practicó por siete años. Obtuvo su maestría de la Universidad de Texas en San Antonio. Actualmente imparte clases de español a nivel universitario. Le interesa la tecnología especialmente su utilidad como instrumento para la enseñanza del español. Su libro electrónico de fábulas bilingües está disponible para todos aquellos que gozan de la lectura didáctica. Ana Patricia disfruta su trabajo y la satisfacción de compartir con la juventud su amor por la enseñanza.

Déjame que te cuente...

Gloria Contreras Ham

Nació en Venezuela, en Cabimas, estado Zulia, una ciudad petrolera a orillas del Lago de Maracaibo, en el noroeste del país. Sus padres son Angel Alfonso Contreras (QEPD) y Gloria Jiménez de Contreras. Tiene dos hermanos y una hermana. Gloria creció en Cabimas y vino a los Estados Unidos recién graduada de la escuela secundaria para ir a la universidad. En 1979 conoció a su esposo, David Alan Ham, en la universidad de Boston, Massachusetts y se casaron en 1980. En 1982 nació su primer hijo, David Javier. En 1986 nació su hija Gloria Adriana y en 1988 nació su hija menor Alejandra María. Comenzó a trabajar de profesora de español en 1993. Actualmente vive con su esposo en Columbia, Carolina del Sur. Enseña español en Spring Valley High School desde el año 2000.

Juana Cortez Bilbao Pignataro

Nació en Calama, Chile –el desierto más árido del mundo– hija de padres chilenos y de descendencia española y boliviana. Se casó en 1966 e inmigró a los Estados Unidos. Es maestra jubilada de escuela primaria del programa bilingüe en Worcester, Massachusetts. Sus pasatiempos son la música, arte, poesía, el ejercicio, nutrición, trabajo y performance cultural chileno comunitario.

Édgar Cota Torres

Creció en Mexicali, Baja California, México, donde vivió durante más de veinte años. Obtuvo un doctorado en español de la Universidad Estatal de Pennsylvania. En 2007 publicó el libro titulado "La representación de la leyenda negra en la frontera norte de México" con la Editorial Orbis Press. También ha presentado y publicado artículos literarios en México, Costa Rica, Colombia,

Martinica, Estados Unidos, España, Italia y Francia. El Dr. Cota Torres ha colaborado como invitado especial en Martinica, Colombia y Costa Rica en donde ha dado presentaciones sobre la frontera México-EE.UU. y su literatura. Actualmente imparte cursos de literatura y cultura latina, chicana y de la frontera México-EE.UU. en la Universidad de Colorado.

Aída Cragnolino

Nació en Buenos Aires en 1938, hija de una familia judía que no mucho antes había escapado del infierno europeo. En 1964 obtuvo su título de Abogada de la Facultad de Derecho de la Universidad de Buenos Aires donde ejerció su profesión por 10 años.

Tuvo que emigrar a los Estados Unidos a consecuencia de la persecución desatada por el régimen militar (1976-1984). En The Ohio State University se graduó con un doctorado en Literatura Latinoamericana. Fue profesora de Español y Literatura Latinoamericana en Long Island University y en Texas Lutheran University por 15 años. Publicó un libro y varios trabajos de teoría literaria. Su compañero de 44 años falleció en 2009.

Diva Ninoschka Cuéllar Rivero

Nació en Magdalena, Departamento del Beni, Bolivia. Hija de Don Carmelo Cuéllar Jiménez y Doña Fanny Rivero Barba. Su padre fue una leyenda y héroe de la Guerra del Chaco (Paraguay-Bolivia, 1932-1935) un prolífico escritor, intelectual, pensador, diplomático, gobernador y senador. Diva se casó muy joven con Steven Lynn Brashear y estudió la carrera de Educación Ocupacional en Texas State University - San Marcos donde también obtuvo su maestría en Filología Hispánica.

Actualmente estudia el Doctorado de Filología Hispánica en

Déjame que te cuente...

la Universidad Texas A&M en College Station. Ha presentado artículos en varias conferencias y simposios. Su pasión es leer y viajar.

Regina Faunes

Profesora asociada en St. Edward's University en Austin, Texas donde trabaja desde 2001. Se recibió con su maestría en Español de la Universidad de Florida, Gainesville y su doctorado en Español de la Universidad de Texas-Austin. Ha publicado poesía, ficción y crítica literaria en diversas revistas relacionadas a su campo. Ha presentado ensayos y colaborado en diversas conferencias. Es ciudadana norteamericana aunque nació en Guatemala y se crió en Chile.

Jaquelin Fematt Dutson

Desde 2001 es maestra de español en el colegio La Jolla Country Day. Participa en varias organizaciones nacionales e internacionales. Recibió la beca EE Ford de Desarrrollo Profesional para el proyecto binacional y bilingüe con la Universidad Autónoma de Baja California, Tijuana y con el dramaturgo mexicano, Hernán Galindo, por *Los Niños de Sal*. Desde 2006 es coordinadora del Examen Nacional de Español (NSE) y la AATSP en San Diego. En 2007 fue coordinadora regional de la conferencia AATSP en esa misma ciudad. Ha participado como AP reader en los exámenes de Lengua de Español desde 2008.

María del Carmen García

Nació y creció en Matamoros, Tamaulipas, una ciudad fronteriza ubicada en el norte de México. Obtuvo su Licenciatura en Administración de Empresas en la Universidad de Texas en Brownsville y ahí mismo se graduó, años más tarde, con una Maestría en Español. Empezó después sus estudios de doctorado en la Universidad de Houston y se graduó en 2005 con una especialización en Literatura Hispana en los Estados Unidos.

Actualmente trabaja en Texas Southern University, en Houston como profesora de lengua y literatura de español.

Blanca Glisson

Instructora Superior de Español en la Universidad de Colorado, en Colorado Springs, Colorado desde el año 1999. Tiene un título de profesora de Educación Elemental de la Universidad de Panamá; trabajó en la ciudad de Panamá en el campo de la enseñanza por un periodo de 20 años. Recibió su Licenciatura en Arte con un énfasis en el idioma español en la Universidad de Colorado, en Colorado Springs, una maestría en Arte con una especialización en la enseñanza del español en la Universidad de Northern Colorado, en Colorado.

Nacida en la ciudad de Panamá, República de Panamá, actualmente reside en los Estados Unidos junto a su familia.

Ana María González

Originaria de la ciudad de Taxco, Guerrero, México. Terminó sus estudios de maestra normalista en Iguala, Guerrero en 1984. Trabajó como maestra de primaria en el área metropolitana de la Ciudad de México y después en el estado de Guerrero. En 1991 se graduó de la Escuela Normal Superior FEP con una Licenciatura en Lengua y Literatura. De 1992 a 1994 laboró como profesora de lengua en el Centro de Enseñanza para Extranjeros (CEPE) de la Universidad Nacional Autónoma de México (UNAM) campus Taxco. En 1994 inició una maestría en la Universidad de Toledo en Ohio para continuar en UMass-Amherst de la cual recibió su doctorado en 2002. Actualmente labora como profesora asociada en la Universidad Luterana de Texas en Seguín donde enseña cursos de lengua, literatura y cultura. Participa activamente en diferentes organizaciones hispanas locales, varias de las cuales realizan un esfuerzo para preservar la historia de los hispanos en el área.

Ha viajado extensamente por Latinoamérica, Europa y Asia, es aficionada a la fotografía y a la poesía; participa continuamente en congresos internacionales de lengua y literatura. Además de múltiples artículos de investigación literaria, entre sus publicaciones se encuentran: el poemario *Oquedad* (2010), la reproducción de la primera colección poética de 1880 de la dominicana Salomé Ureña de Henríquez (2012), Historias de Seguín (2013), la edición crítica y anotada del poema épico *La Cristiada* del español Diego de Hojeda (2012) y los volúmenes I y II (en 2012, 2013 respectivamente) de la presente antología.

María José Goñi Iza

Nació en Irún, en la frontera entre España y Francia, rodeada del mar y las montañas. Creció expuesta a una variedad de culturas lo que desde una edad temprana le hizo apreciar la magnitud y belleza de aprender diferentes idiomas. Tras viajar por varios países vive actualmente en Colorado y pasa sus veranos en Euskadi, en el norte de España. Su interés por las personas la llevó a obtener una Licenciatura en Psicología y una Maestría en Educación en la Universidad del País Vasco, España. En los EE.UU. obtuvo una maestría en Foreign Language Teaching en la Universidad de Greeley, Colorado y Salamanca, España. Trabaja como Senior Instructor en el Departamento de Lenguas y Culturas de la Universidad de Colorado, Colorado Springs.

En su tiempo libre le gusta estar en contacto con la naturaleza, nadar, subir montañas, montar en bicicleta, hacer submarinismo y descubrir en cada día la belleza de la vida.

Antonio Gragera

Nació en Almendralejo, localidad de la provincia de Badajoz, España. Tras una apacible vida sin sobresaltos, y una vez concluídos sus estudios universitarios, decidió pasar un año estudiando inglés en el estado de Maine, EE.UU. De eso hace ya veintitrés años. Tras vivir algunos años dividido entre España y Estados Unidos decidió expatriarse de forma definitiva en 1996, cuando comenzó sus estudios de doctorado en la Universidad de Massachusetts. El doctorado en Lingüística Hispana lo llevó a Texas State University, en San Marcos, donde ha permanecido por doce años intentando ejercer sus facultades.

Andrea Hansis-Diarte

Nació en Ponce, Puerto Rico, hija de Tom y Aurora Hansis. Estudió Ciencias Políticas en la Universidad de Texas en Austin y su Maestría en Salud Pública de la Universidad de Texas Health Science Center–Houston, Facultad de Salud Pública. ¡Definitivamente ha heredado el espíritu aventurero de su madre! Durante la secundaria pasó un verano en Torreón, México, como voluntaria en el YMCA y en la universidad estudió un semestre en Sevilla, España. Después de recibirse de la universidad fue voluntaria del Cuerpo de Paz en Paraguay. En la actualidad vive en Luanda, Angola con su esposo Nelson Diarte y sus hijos Nicolás y Camila.

Déjame que te cuente...

María Hardy-Webb

Ha sido maestra de español por treinta y dos años en Louisville, Kentucky, donde ha vivido esde que llegó de Cuba. Tiene tres hijos. Su primer esposo, Burwell Hardy falleció y después de cuatro años, se casó con Paul Webb, a quien conocía desde que empezó su vida en este país porque era amigo de la familia que la hospedó al llegar. Asistió a Spalding University, University of Louisville y la Universidad Complutense de Madrid. Tiene una Maestría en "World Language Education". Con frecuencia visita Puerto Rico con su familia porque ahí viven su madre, su hermana y otros parientes. Su madre sigue siendo el centro del núcleo familiar y es muy querida por sus hijos. De ella, todos han aprendido a vivir con gratitud, entusiasmo y compasión, que son sus principios de guía. Se siente profundamente agradecida por la vida que ha llevado en este país y por el apoyo y la generosidad de la gente que ha sido parte de su vida.

Wilfredo Hernández

Venezolano de nacimiento (1963) y estadounidense por decisión propia (2012), tiene una licenciatura en Idiomas Modernos (Universidad Central de Venezuela, 1990), una maestría y un doctorado en Letras Hispanas (Universidad de Connecticut, 1998 y 2002, respectivamente). Actualmente es Profesor Asociado de Español en Allegheny College, Meadville, Pensilvania. Ha publicado numerosos artículos sobre literatura hispanoamericana en revistas y volúmenes arbitrados en Estados Unidos, Holanda y Venezuela. Actualmente está concluyendo su primer libro, *Venezuela maricona*, donde analiza obras de tres escritores venezolanos contemporáneos: Isaac Chocrón, Armando Rojas Guardia y Boris Izaguirre.

Colaboradores

Jorge Alfonso Lizárraga Rendón

Nació el 7 de enero de 1964 en la Ciudad de México. Cursó la primaria con beca como ayuda financiera en una escuela Lasallista, el Colegio Cristóbal Colón. Después se pasó al sistema público de educación de México para estudiar en la Secundaria Federal # 17 y la preparatoria en el Instituto Indo Americano. Ingresó a la Universidad Autónoma Metropolitana (UAM) donde estudió un semestre de administración de empresas. Posteriormente se matriculó en una universidad privada, la Universidad Tecnológica de México (UNITEC) donde estudió un año de administración de empresas. En enero de 1985 emigró al norte del país a Ciudad Juárez, Chihuahua. Allí continuó sus estudios de Administración de Empresas en la Universidad Autónoma de Ciudad Juárez (UACJ) hasta que decidió irse a vivir a El Paso, Texas para comenzar una nueva vida. Estudió en El Paso Community College y cuando afianzó el idioma inglés se matriculó en la Universidad de Texas de El Paso (UTEP) en la carrera de psicología. En su tercer año de estudios dejó psicología y se cambió a español, se graduó como maestro en 1995. Desde entonces, ha trabajado en diferentes escuelas preparatorias en El Paso y por un año académico en Austin. Ha estado participando cada verano como AP Reader desde el 2004 y actualmente trabaja en Hanks High School.

José Lobo Fontalvo

Es originario de Colombia. Completó estudios de licenciatura en la Universidad del Atlántico en Barranquilla. Igualmente, hizo una maestría en la Universidad de Maryland Baltimore County y terminó su Doctorado en Alfabetización en Segunda Lengua en la Universidad de Cincinnati. Tiene publicaciones en los Estados Unidos, Colombia, Venezuela, Inglaterra y Alemania.

Déjame que te cuente...

Ana Lucrecia Maradiaga Velásquez

Nicaragüense de nacimiento y californiana de corazón. Se considera una ciudadana del mundo y no cree en las fronteras. Además de su familia su posesión más valiosa es la educación. Su primera licenciatura fue en Español y Filosofía de la Universidad de Loyola Marymount en Los Angeles, California. Enseñó español como segunda lengua y para hispanoparlantes al nivel de preparatoria. Continuó sus estudios en CSULB donde adquirió su maestría en Literatura Española. Impartió clases en Long Beach City College y en Miami Dade College. Actualmente, imparte clases de español en Santa Ana College. Su amor por la enseñanza y las letras es infinito. Su otra pasión, además de la escritura, es la danza.

María Marsh

Nació en la ciudad de Chihuahua y debido al trabajo de su padre en Pemex vivió en Veracruz y Coahuila. Estudió en la Normal Oficial de Torreón y formó parte de la primera generación de graduados. Recibió su plaza de maestra y trabajó por dos años en las montañas de Chihuahua y ocho años en la ciudad. Inició estudios en la Normal Superior y al casarse, se mudó a Oceanside, California lugar donde nació su hijo. Años después se estableció en Texas, donde radica con su segundo esposo, profesor de la Universidad de Texas A&M. María reinició sus estudios y concluyó la licenciatura y una maestría. Actualmente está en proceso de obtener su doctorado en Estudios Hispánicos.

Francisco J. Martínez

Es profesor asociado de español en la Universidad Estatal del Noroeste de Oklahoma; Licenciado en Educación en TESOL de la Universidad de Oriente, Cumaná, Venezuela; Magister en Educación en Docencia e Investigación de la Universidad Simón

Rodríguez, Caracas, Venezuela y Doctor en Educación en Estudios Aplicados a la Educación de la Universidad Estatal de Oklahoma en Stillwater, Oklahoma. Cuenta con más de 20 años de experiencia docente en lenguas extranjeras. Ha sido un lector de AP desde 2009. Ha destacado por su excelencia en la docencia, la investigación y la extensión académica. La mayor parte de su investigación ha sido en la Adquisición del Lenguas. También ha presentado sus trabajos de investigación en las organizaciones relacionadas con idiomas extranjeros a nivel local, regional, nacional e internacional. Recientemente, ha estado enseñando español usando tecnología de punta en educación a distancia así como en aula de clase tradicional.

Rosario Montelongo de Swanson

Originaria de México, es profesora de español y de literatura latinoamericana en la Universidad de Marlboro en Vermont, EEUU. En 2011 recibió el Premio Victoria Urbano en drama por su obra *Metamorfosis ante el espejo de obsidiana* otorgado anualmente por la Asociación Internacional de Literatura y Cultura Femenina Hispánica (AILCFH), misma que fue estrenada en septiembre de 2013. Sus artículos sobre la escritura de mujeres han sido publicados en revistas especializadas como *Letras Femeninas, Hispanic Journal, Hispania, Alba de América, Revista Iberoamericana* y *MARGES* (editada por Le Groupe de Recherche et d'Études sur Les Noir-e-s d'Amérique Latine, Université de Perpignan, Francia).

Mariela Muñoz de Patton

Nació en la ciudad de Panamá en 1952. Hija de Antonio y Leonora Muñoz y la quinta de seis hermanos. Estudió Dibujo de Ingeniería en la Universidad |Tecnológica de Panamá y trabajó

Déjame que te cuente...

por 12 años en esa profesión. En 1984 se casó y se mudó a Lawton, Oklahoma. De 1988 a 1990 vivió en Alemania donde trabajó para el gobierno americano y viajó por muchos paises europeos. En 1990 regresó a Virginia y en 1992 volvió a Oklahoma. Posteriormente obtuvo una maestría en la enseñanza en la Universidad de Cameron en Lawton, con especialización en Lenguas Romances. Ha trabajado como instructora en la misma universidad y actualmente enseña español en Eisenhower High School.

José Hilario Ortega

Nació en México, D.F. Asistió a la Escuela Nacional Preparatoria y se graduó de la Facultad de Filosofía y Letras de la Universidad Nacional Autónoma de México (UNAM) en 1973, donde terminó la Licenciatura en Letras Hispánicas, con especialidad en Literatura Hispanoamericana Contemporánea. En ese mismo año empezó a enseñar en la secundaria y posteriormente en la Universidad Iberoamericana, la Universidad Femenina de México y El Colegio de Bachilleres. En 1974 viajó a España para hacer un curso sobre la enseñanza de la cultura española en la Universidad Complutense de Madrid. En los años de 1975 a 1976 enseñó en la UNAM-San Antonio, Texas. En 1977 volvió a la UNAM en México, pero en 1978 regresó a San Antonio para completar la Maestría en Cultura Hispánica en la Universidad de Texas en San Antonio (UTSA), al mismo tiempo que impartía clases en San Antonio College. En 1979 fue aceptado al programa de doctorado en UT Austin, en donde también impartió clases y se graduó en 1982. Desde 1983 enseña los cursos de AP en Saint Mary's Hall y los Advanced Placement Summer Institutes en varias universidades del suroeste y en México. Ha sido distinguido como uno de los pioneros en este campo y ha recibido muchos premios a lo largo de su carrera.

Colaboradores

Conny Palacios

Nació en Nicaragua y emigró a los Estados Unidos en 1981. Se graduó en el año 1995 con un doctorado en Español de la Universidad de Miami, Coral Gables, Florida. En el año 1997 obtuvo su primera plaza como profesora de español en Withworth College, Spokane, Washington. Actualmente es Profesora Asociada en Anderson University, Anderson, Carolina del Sur. Además de trabajar a tiempo completo en la docencia se dedica a la escritura. Tiene hasta la fecha nueve libros publicados. Entre ellos cuatro son poemarios: *Exorcismo del absurdo* (1999), *Percepción fractal* (1999), *Radiografía del silencio* (2003) y *Poemas que muerden*. En la categoría de ensayo tiene dos libros: *Pluralidad de máscaras en la lírica de Pablo Antonio Cuadra* (1996) y *Helena Ospina: La voz encendida de la poesía mística en Centroamérica*. Un análisis del proceso místico y poético (2008). En narrativa tiene tres novelas: *En carne viva* (1994), *Naraya* (2008) y *Silarsuami* (2011). Es coeditora de una antología titulada: *El Güegüense al pie de Bobadilla: Poemas escogidos de la poesía nicaragüense actual.* (Selección, introducción y notas: Omar García Obregón y Conny Palacios, 2008). Ha sido invitada a leer su poesía en numerosos encuentros su obra ha sido objeto de estudio por parte de la crítica literaria.

Alberto Julián Pérez

Crítico e investigador argentino (Ph.D. New York University, 1986) autor de *Revolución poética y modernidad periférica*, Corregidor, 2009; *Imaginación literaria y pensamiento propio*, Corregidor, 2006; *Los dilemas políticos de la cultura letrada*, Corregidor, 2002; *Modernismo, Vanguardias, Postmodernidad*, Corregidor, 1995; *La poética de Rubén Darío*, Orígenes, 1992 (2da. edición revisada Corregidor, 2011) y *Poética de la prosa de Jorge Luis Borges*, Gredos, 1986. Es Profesor de Literatura Argentina e Hispanoamericana en Texas Tech University y dirige junto con María Fernanda Pampín,

Déjame que te cuente...

la prestigiosa colección *Nueva Crítica Hispanoamericana* para Editorial Corregidor. Ha publicado dos obras de ficción: *La Maffia en Nueva York*, 1988 y *Melodramas políticos*, 2011.

Margarita E. Pignataro

Profesora temporal en Whitman College (2012-2014). Su investigación incluye: estudios de género, civilizaciones del sureste estadounidense, literatura y cultura fronteriza mexicana estadounidense, inmigración latinoestadounidense, estudios religiosos, estudios latinoamericanos y estudios latinoestadounidenses incluyendo media y performance, y poesía y música afrolatina caribeña. Su obra teatral de un acto *A Fifteen Minute Interview with a Latina* se encuentra en *Telling Tongues: A Latin@ Anthology on Language Experience* y otra obra "Bouncing from Bronx Boricua and Chilling with La Latina Chilena" en la revista en línea *Label Me Latina/o*.

Gloria Prieto Puentes

Nació en Barcelona, España. Asistió a la escuela hasta los 14 años y luego empezó a trabajar como vendedora, niñera, cocinera y secretaria. A los 18 años se fue de *Au pair* a Inglaterra para aprender inglés. Volvió dos años más tarde a España y empezó la secundaria. Consiguió la licenciatura en Filología Inglesa por la UCB de Barcelona. Dio clases de inglés en escuelas secundarias y tradujo libros para la Editorial Blume. Tuvo su único hijo en 1992. En 1998 se trasladó a vivir a Texas donde radica hasta la actualidad. En Texas obtuvo una Maestría en Educación Bilingüe de Southern Methodist University (SMU). Ha traducido 21 libros, realizado múltiples presentaciones didácticas a los nuevos profesores visitantes y ha trabajado en SMU. Actualmente radica en Dallas y es profesora en UT Arlington y en una escuela primaria.

Colaboradores

Lydia Rodríguez

Nació en California y creció bilingüe y bicultural, alternando su residencia entre Estados Unidos y México. Recibió su Doctorado en Lenguas Romances de la Universidad de Cincinnati en 1999 con especialización en Literatura Latinoamericana y Literatura Latina Estadounidense. Se incorporó al profesorado académico de la Universidad de Indiana de Pennsylvania (IUP) en el otoño de 2000. Sus últimos proyectos más recientes incluyen la publicación de *Mosaico literario sobre autoras latinoamericanas y caribeñas* (2008), *Laura Esquivel's Quantum Leap in the Law of Love* (2010), Preface. *The Novels of María de Zayas* (2010), así como numerosas presentaciones nacionales e internacionales. En 2009 fue invitada a Southern Connecticut State University para realizar una presentación sobre las voces de las escritoras latinoamericanas. Sus proyectos actuales de investigación incluyen un libro de texto sobre la literatura para los estudiantes de pregrado. Sus intereses de investigación incluyen autoras latinoamericanas del siglo XX y XXI, escritoras latinas estadounidenses, estudios culturales y de género, además de la teoría crítica.

Marisol Rodríguez de Lort

Originaria de Perú, es Profesora Adjunta de la Universidad de Concordia de Portland, Oregón y del Programa de Crédito Dual de Portland Community College y James Madison High School de Portland Public Schools. Bachiller en Ciencias de la Comunicación de la Universidad de Lima; Licenciada Profesional en Medios de Comunicación de la Universidad de Lima; Maestría en Español de la Universidad Estatal de Portland, Oregón (PSU),

Su primer programa televisivo en español "Oye como va" (1992-1993) ganó el Premio como "El mejor video bilingüe a nivel nacional" (TVCA). Compositora y creadora de un prestigioso programa de enseñanza de español a distancia para las escuelas públicas de

Déjame que te cuente...

Portland, "Hola, hola" dirigido a niños de kínder a tercer grado. Cuenta con más de 120 capítulos por cada nivel y es televisado en Portland. Recibió el premio a "La mejor maestra " de las escuelas comunitarias de Portland (PCC).

Teresita María Ronquillo

Nació en Camagüey, Cuba donde cursó todos sus estudios hasta la universidad. En 1984 se graduó de la Licenciatura en Educación, con la especialidad de Español y Literatura en el Instituto Superior Pedagógico José Martí. Laboró en este centro de estudios hasta que en 1996 se fue a México para estudiar Lingüística Hispánica en la UNAM. Decidió no regresar para Cuba y perdió el derecho a defender la tesis y recibir un título; cruzó la frontera en agosto del 2000 y pidió asilo político. Estudió en la Universidad de Nuevo México la Maestría en Artes, Español y el doctorado en Educación y Bilingüismo. Ha trabajado en diferentes estados a nivel de secundaria y universidad. Participa como AP Reader desde 2006 hasta la fecha. Actualmente es Instructora Adjunta de Español en la Universidad de Miami.

José Salvador Ruiz Méndez

Nació en la ciudad de Mexicali donde vivió hasta los 20 años de edad. Sin embargo, desde los 17 años empezó la vida de transfronterizo, es decir, era uno de tantos que cruzaba todas las mañanas la frontera para cursar estudios en Caléxico, California y regresaba por las tardes a Mexicali. Emigró a San Diego para cursar la educación superior y vivió en esa ciudad por trece años. Cursó la maestría en Español en San Diego State University y posteriormente se doctoró en Literatura de la Universidad de California en San Diego. Es maestro de español y literatura hispanoamericana en Imperial Valley College desde 2004.

Colaboradores

María Lourdes Sabé Colom

Nació en Barcelona, España. Recibió su certificado de maestra de la Escuela Universitaria del Profesorado de Educación General Básica (1987). Cuenta con una Licenciatura en Geografía e Historia de la Universidad de Barcelona (1991), una Maestría en Español de Southern Connecticut State University (1998) y un Doctorado en Lenguas Modernas en Francés y Español de Middlebury College (2007). Desde 1994 enseña español en el Departamento de Español y Portugués de Yale University.

Lillian Downing Taylor

Nació y creció en México. Emigró a los Estados Unidos en 1986 y asistió a la Universidad de Texas-Pan American y desarrolló su carrera como docente en el Valle de Río Grande por veinte años. Actualmente vive con su esposo Chet, quien se dedica a la poesía, en Seguin, Texas.

Rita Tejada

Nació en la República Dominicana y se graduó Summa Cum Laude con una Licenciatura en Educación, con una concentración en Filosofía y Letras, de la Pontificia Universidad Católica Madre y Maestra en Santiago, República Dominicana. Tiene una maestría de la Universidad de Emory en Atlanta, Georgia y un doctorado de la Universidad Estatal de la Florida en Tallahassee, Florida. Ella escribe sobre literatura y cultura dominicanas y ha publicado "El pesimismo en tres novelas dominicanas de la posguerra: *De abril en adelante, Currículum, El síndrome de la visa* y *La otra Penélope*" (Mellen Press, 2006). Ganó el Premio Nacional de Literatura de la República Dominicana 2007 en la categoría ensayo con su libro *Mujeres, Eros y Tánatos en el romancero dominicano*

Déjame que te cuente...

(Letra Gráfica, 2006). Es Profesora Asociada de Español en Luther College, Decorah, Iowa y miembro de las sociedades de honor Phi Kappa Phi y Sigma Delta Phi.

Bernardo Torres

Dominicano de nacimiento, llegó a los Estados Unidos en 1977. Recibió una maestría en Novela Latinoamericana del Siglo XX en la Universidad de Binghamton. Desde entonces ha trabajado en el área de la enseñanza de la lengua española en varios colegios y universidades: College of Saint Rose, Brooome Community College, Fulton-Montgomery Community College, Union College, Skidmore College e Ithaca College.

Ha publicado en el área de la tecnología y la enseñanza así como sobre temas literarios: *Some technologies, trends, and price break troughs offering advantage to teachers in the 21st Century*, co-editor. Fifth Annual Teaching in the Community Colleges ONLINE Conference. *Valoración e ironía en "Arráncame la vida" de Ángeles Mastretta*. Ensayo presentado en la 10th Annual Conference for Modern Languages and Literature. Binghamton University. *Revisiting the Black Side of the Web* en la Third Annual Teaching in the Community Colleges Online Conference: *Trends and Issues in Online Instruction, KCC*. Co-editor *Experiences and conclusions on what and how to coach students in multimedia theory and multimedia creation in a variety of contexts*. (ED-MEDIA/ED-TELECOM 97, Association for the Advancement of Computing in Education). Co-editor *So you want your language students to create multimedia content for distance learning!* Teaching in the Community Colleges, presentado en la Second Annual Teaching in the Community Colleges Online Conference: Trends and Issues in Online Instruction, Kapiolani Community College, Honolulu, Hawaii. Artículo *Libertad y subjetividad en "La niebla" de María Luisa Bombal*. De la Letra, 1(2), SUNY at Albany. Artículo *Los avatares de Ana Ozores*. De la Letra. 1(1), SUNY.

Colaboradores

María Dolores Torrón Gómez

María Dolores o Loli, como le llaman su familia y amigos, nació en San Juan, Puerto Rico el 13 de marzo de 1964. Hija de don José Torrón, de Galicia, España y Marie Rose Lebron de Santurce, Puerto Rico. Creció en un ambiente completamente bilingüe al que se añadió otro dialecto: el gallego. Hizo sus estudios en la Universidad de Puerto Rico, recinto de Río Piedras, en la Facultad de Humanidades. Aspiraba a ser periodista y escritora. Al cabo de un año, obtuvo una beca completa a través de La Tuna de la UPR. Mantuvo su beca por cuatro años, con muchas oportunidades de concursar, cantar en diversos escenarios y viajar a España en los veranos de 1985 y 1986 para estudiar literatura. Se graduó con la carrera de Estudios Hispánicos en el area de Literatura en 1987 y publicó su tesina sobre Alfonsina Storni en la revista universitaria de su facultad.

En 1988 se mudó a Miami, Florida y empezó una Maestría en Educación en la Universidad Internacional de la Florida. Ha logrado una sólida y exitosa carrera como maestra bilingüe, mentora y desempeñó un excelente trabajo como directora del Departamento de Lenguas Modernas en Miami. Se certificó nacionalmente con el National Board en 2004 y ese mismo año se hizo lectora del programa AP. Después de radicar en Boston por un tiempo para que su hijo asistiera a la universidad, estableció su residencia en Richmond, Virginia donde se prepara para terminar sus estudios doctorales en educación y trabajar en traducciones médicas.

Gabriel Trujillo Muñoz

Poeta, narrador y ensayista. Miembro correspondiente de la Academia Mexicana de la Lengua desde 2011. Creador emérito de Baja California en 2012. Ha publicado libros de poesía, ensayo, crónica, periodismo cultural, narrativa policiaca, histórica, fronteriza, de ciencia ficción y fantasía. Su obra ha sido traducida al inglés, japonés, francés, alemán e italiano. Novelas suyas han sido publicadas en España (Bellacqua), Argentina (Lumen), Colombia (Norma), Canadá (Les Allusifs), Italia (Feltrinelli), Francia (Gallimard) y Alemania (Unionsverlag). Entre sus obras más recientes se encuentran *Trenes perdidos en la niebla* (Jus, 2010), *Moriremos como soles* (Grijalbo, 2011), *La falsa memoria* (Librería El Día, 2013) y *Poemas civiles* (Amargord, España, 2013).

Mayela Vallejos Ramírez

Costarricense de nacimiento, tiene una familia pequeña compuesta por sus padres (en grata memoria) y un hermano casado, su cuñada y cinco sobrinas. Creció en Costa Rica hasta que llegó a Reed College, Portland Oregon en 1987 para hacer una pasantía. Ese viaje cambió su vida totalmente. Tuvo la oportunidad de obtener una maestría en West Virginia University y luego un doctorado en Literatura Latinoamericana con énfasis en escritoras en la Universidad de Nebraska-Lincoln. En la actualidad es profesora de Colorado Mesa University en literatura, cultura y lengua. Esto le permite compartir con sus estudiantes todos sus conocimientos, sus sueños y sus proyectos. Su trabajo es muy positivo y le brinda gran satisfacción personal.

Cecilia Vázquez

Nació en la Ciudad de la Habana, Cuba. Allí pasó su niñez y adolescencia. Obtuvo el título de Licenciada en Economía de la Universidad de la Habana en 1994. Llegó a los Estados Unidos a la edad de 24 años. Cursó sus estudios de Maestría en Español en New Mexico State University de donde se graduó en 1997. Un año más tarde decidió mudarse a Miami. Ha participado en la evaluación del examen de AP por cinco años. Desde 1999 enseña español en el Departamento de Idiomas de la Universidad de Miami en Florida, donde vive actualmente con su esposo y sus dos hijas.

Johanny Vázquez Paz

Nació en San Juan, Puerto Rico. Posee una licenciatura de la Universidad del Estado de Indiana y una maestría de la Universidad de Illinois en Chicago. Su libro *Streetwise Poems/Poemas callejeros* fue publicado por la editorial Mayapple Press en el 2007. Editó la antología *Between the Heart and the Land/Entre el corazón y la tierra: Latina Poets in the Midwest* publicada por la editorial MARCH/Abrazo Press en el 2001. Sus poemas han sido publicados en muchas revistas y antologías, como la compilación *Poetas sin tregua* que incluye varias poetisas puertorriqueñas de la generación de los ochentas. Su obra también es parte de la antología *En la 18 a la 1* (Vocesueltas, 2010) de escritores latinoamericanos residentes en Chicago. Actualmente es profesora de español en Harold Washington College localizado en Chicago, Illinois. La autora invita a todos a su página cibernética TINTA DERRAMADA: http://johannyvazquezpaz.blogspot.com/

Myriam Villalobos

Es maestra de español en una escuela privada en Boston. Es nativa de Chile donde obtuvo su Licenciatura en Filosofía en la Universidad Católica de Chile y sus estudios de posgrado en Biología del Conocimiento en la Universidad de Chile. Ha escrito algunos libros en el área del aprendizaje publicados en Chile para el perfeccionamiento de maestros, trabajó para el gobierno democrático en capacidad emprendedora para mujeres y jóvenes de escasos recursos. Siguió posteriormente a su venida a los Estados Unidos

Déjame que te cuente...

su maestría en Lenguas y Cultura Españolas en la Universidad de Salamanca, obtuvo su Maestría en Educación en la Universidad de Northeastern. Sigue sus estudios de maestría en psicología en Lesley University. Vive con su esposo y su hijo en Walpole, MA donde continúa explorando temas relativos a la adquisición de lenguas, el aprendizaje y la psicología, especialmente en los temas relativos a los desafíos emocionales que enfrentan los inmigrantes cuando vienen a este país.

Esther Villarino Kahn

Nació y creció en Barcelona, en la costa mediterránea de España. Barcelona es una ciudad bilingüe y su familia también es bilingüe. Sus primeras palabras fueron en catalán, uno de los cuatro idiomas que se hablan en España. Estudió Turismo en Barcelona y luego se marchó a Londres, Inglaterra. Más tarde se mudó a Nueva York. En 1998, llegó a la zona de Washington, donde recibió su Maestría en Español. Ha enseñado en Northern Virginia Community College y en Howard University.

Agradecimiento

Gracias a todos los que respondieron a mi llamado para este proyecto.

Contenido

Volumen I

Alicia Migliarini – Argentina
Coplas: Déjame que te cuente 9

Conny Palacios – Nicaragua
Déjame que te cuente 13

Amalia Gensman – México
Dos en una 23

María Dolores Torrón Gómez – Puerto Rico
Cartas de mi padre 31

Antonio Gragera – España
Como en las películas 35

María Barrera Sheldon – México
*¿Por qué me convertí en una maestra de lengua extranjera,
por qué de español? Déjame que te cuente…* 39

José Lobo Fontalvo – Colombia
El olor de las rosas en medio del caos 43

Marinelly Castillo Zúñiga – Venezuela
De los números a las letras 49

Lillian Taylor – México
No puedo quejarme 53

Lourdes Sabé Colom – España
En el país de las limousines 59

María Hardy-Webb – Cuba
Siguiendo sus pasos 63

Jorge Alfonso Lizárraga Rendón – México
EE.UU, mi nuevo hogar 67

Alma Alfaro – El Salvador
Sueños y esperanzas de una salvadoreña 71

Ana María González – México
: *El dinero no se recoge con la escoba* 75

Johanny Vázquez Paz – Puerto Rico
: *En dos maletas* 83
: *Sentada en la arena mirando el mar* 85
: *Oda al regreso* 86

José Ortega – México
: *Déjame que te cuente…* 87

Clementina Adams – Colombia
: *Destino y laberintos* 93

Rita Tejada – República Dominicana
: *Trayectos de mi vida* 105

Nelda Arroyo – México
: *Volver* 107

Andrea Hansis-Diarte – Argentina
: *Recuerdos de mi madre* 111

Gloria Contreras Ham – Venezuela
: *Mi historia, en breve* 115

Lydia Rodríguez – México
: *Cosas que he aprendido al cambiar de un país a otro* 123

Volumen II

Alicia Miglarini — Argentina
: *Coplas* 135

Beatriz Alem de Walker — Uruguay
: *"Yo soy yo y mi circunstancia":*
: *historia de una inmigrante renuente* 139

María del Carmen García — México
: *Retrospectiva fronteriza* 145

María José Goñi Iza — España
El triángulo de mi vida 151

Marisol Rodríguez de Lort — Perú
Tus ojos y mi reflejo 155

Ana Lucrecia Maradiaga Velásquez — Nicaragua
Una vida llena de silencios/Faith 161

Marco Tulio Cedillo — Honduras
Bajo las estrellas y sobre las montañas 167

Teresita Ronquillo — Cuba
Entre libros y experiencia... déjame que te cuente ... 173

Édgar Cota Torres — México
Herencia 179

Regina Faunes — Chile/Guatemala
Alegría con filo 189

Ana María González — México
Entre dos mundos 191

Gloria Prieto Puentes — España
América por América 195

José Salvador Ruiz Méndez — México
No había tenido tiempo de contarte, 'apá 201

Margarita E. Pignataro — Chile/Bolivia
Descendencia boliviana 207

Juana Cortez Bilbao Pignataro — Chile
Experiencia de una chilena 209

Mayela Vallejos-Ramírez — Costa Rica
Sueños de una niña 213

Amalia Barreiro Gensman — México
Seguimos viviendo 221

Esther Villarino Kahn — España
Me fui con la música a otra parte 223

Myriam Villalobos — Chile
   Memorias de "Un Día sin Inmigrantes".................... 233

Cecilia Vázquez — Cuba
   Dichosa yo... 237

María Marsh — México
   Odisea 243

Blanca Glisson — Panamá
   Consecuencias funestas de la prepotencia y las ansias de poder.. 247

Diva Ninoschka Cuéllar Rivero — Bolivia/Paraguay
   De aquí y de todas partes...................................... 251

Volumen III

Amalia Barreiro de Gensman – México
   Entre universos.. 263

Gabriel Trujillo Muñoz – México
   Hacia el norte: fragmentos de una memoria familiar 265
   1968: Hacia la tormenta....................................... 275

Rosario Montelongo de Swanson – México
   De canciones de amor y otras penas..................... 279

Paulina Ceja – México
   El que persevera alcanza.. 287
   Ataúd para dos..291

Alberto Julián Pérez – Argentina
   Plegaria 293
   La caída... 294

Ana María González – México
   La de los jugos... 295
   Los desterrados..299

Beatriz Alem-Walker – Uruguay
  Mi aventura americana y la literatura 301

Juana Pignataro – Chile
  Tierra lejana 305

Amalia Barreiro Gensman – México
  La quinta de once 307

Francisco Martínez – Venezuela
  Una sabia decisión 313

Aída Cragnolino – Argentina
  Migración y exilio 319

Ana Patricia Chmielewski – El Salvador
  Recuerdos 323

Nadine Patton a Mariela M. de Patton – Panamá
  Cuando una palabra no alcanza a decirlo 327

Margarita E. Pignataro – Chile/Bolivia
  La migración, la ansiedad y "México Lindo" 331

Judith Abella Efdé – Alemania/España
  ¡Ahora sé quien soy! 337

Bernardo Torres – República Dominicana
  Camina mi camino 341

Wilfredo Hernández – Venezuela
  21 años después 343

Jaquelin Fematt Dutson – México
  Por aquí y por allá 349

Colaboradores 355

Agradecimiento 387

www.ingramcontent.com/pod-product-compliance
Lightning Source LLC
Chambersburg PA
CBHW031131160426
43193CB00008B/99